Zeitschrift für Betriebswirtschaft

Ergänzungsheft 3/2001

E-Business
Management mit E-Technologien

ZfB-Ergänzungshefte

1/97 Marketing
Schriftleitung: Horst Albach
188 Seiten. ISBN 3 409 13952 4

2/97 Finanzierung
Schriftleitung: Horst Albach
124 Seiten. ISBN 3 409 13953 2

3/97 Personal
Schriftleitung: Horst Albach
192 Seiten. ISBN 3 409 13954 0

4/97 Betriebswirtschaftslehre und Rechtsentwicklung
Schriftleitung: Horst Albach/Klaus Brockhoff
136 Seiten. ISBN 3 409 13955 9

1/98 Betriebliches Umweltmanagement 1998
Schriftleitung: Horst Albach/Marion Steven
186 Seiten. ISBN 3 409 13956 7

2/98 Finanzierungen
Schriftleitung: Horst Albach
200 Seiten. ISBN 3 409 13957 5

1/99 Innovation und Investition
Schriftleitung: Horst Albach
142 Seiten. ISBN 3 409 13958 3

2/99 Innovation und Absatz
Schriftleitung: Horst Albach
176 Seiten. ISBN 3 409 11455 6

3/99 Finanzmanagement 1999
Schriftleitung: Horst Albach
212 Seiten. ISBN 3 409 11509 9

4/99 Planung und Steuerung von Input-Output-Systemen
Schriftleitung: Horst Albach/Otto Rosenberg
178 Seiten. ISBN 3 409 11493 9

5/99 Krankenhausmanagement
Schriftleitung: Horst Albach/Uschi Backes-Gellner
209 Seiten. ISBN 3 409 13959 1

1/2000 Corporate Governance
Schriftleitung: Horst Albach
152 Seiten. ISBN 3 409 11600 1

2/2000 Virtuelle Unternehmen
Schriftleitung: Horst Albach/Dieter Specht/Horst Wildemann
260 Seiten. ISBN 3 409 11628 1

3/2000 Hochschulorganisation und Hochschuldidaktik
Schriftleitung: Horst Albach/Peter Mertens
223 Seiten. ISBN 3 409 13960 5

4/2000 Krankenhausmanagement 2000
Schriftleitung: Horst Albach/Uschi Backes-Gellner
160 Seiten. ISBN 3 409 11764 4

1/2001 Personalmanagement 2001
Schriftleitung: Horst Albach
188 Seiten. ISBN 3 409 11801 2

2/2001 Controlling-Theorie
Schriftleitung: Horst Albach/Ulf Schiller
160 Seiten. ISBN 3 409 11833 0

E-Business
Management mit E-Technologien

Schriftleitung

Prof. Dr. Dr. h.c. mult. Horst Albach
Prof. Dr. Horst Wildemann

GABLER

Die Deutsche Bibliothek – CIP-Einheitsaufnahme

Zeitschrift für Betriebswirtschaft : ZfB. – Wiesbaden :
Betriebswirtschaftlicher Verl. Gabler
　Erscheint monatl. – Aufnahme nach Jg. 67, H. 3 (1997)
　Reihe Ergänzungsheft: Zeitschrift für Betriebswirtschaft /
　Ergänzungsheft. – Fortlaufende Beil.: Betriebswirtschaftliches
　Repetitorium. – Danach bis 1979: ZfB-Repetitorium
　ISSN 0044-2372
2001, Erg.-H. 3. E-Business – Management mit E-Technologien. – 2001
E-Business / Schriftl.: Horst Albach, Horst Wildemann, – Wiesbaden :
Gabler, 2001
　(Zeitschrift für Betriebswirtschaft ; 2001, Erg.-H. 3)
　ISBN-13: 978-3-409-11876-7　　　　e-ISBN-13: 978-3-322-86548-9
　DOI: 10.1007/978-3-322-86548-9

Alle Rechte vorbehalten

© Betriebswirtschaftlicher Verlag Dr. Th. Gabler GmbH, Wiesbaden 2001
Softcover reprint of the hardcover 1st edition 2001
Lektorat: Ralf Wettlaufer

Der Gabler Verlag ist ein Unternehmen der Fachverlagsgruppe BertelsmannSpringer

Das Werk einschließlich aller seiner Teile ist urheberrechtlich geschützt. Jede Verwertung außerhalb der engen Grenzen des Urheberrechtsgesetzes ist ohne Zustimmung des Verlags unzulässig und strafbar. Das gilt insbesondere für Vervielfältigungen, Übersetzungen, Mikroverfilmungen und die Einspeicherung und Verarbeitung in elektronischen Systemen.

http://www.gabler.de
http://www.zfb-online.de

Höchste inhaltliche und technische Qualität unserer Produkte ist unser Ziel. Bei der Produktion und Verbreitung unserer Bücher wollen wir die Umwelt schonen: Dieses Buch ist auf säurefreiem und chlorfrei gebleichtem Papier gedruckt. Die Einschweißfolie besteht aus Polyäthylen und damit aus organischen Grundstoffen, die weder bei der Herstellung noch bei der Verbrennung Schadstoffe freisetzen.

Die Wiedergabe von Gebrauchsnamen, Handelsnamen, Warenbezeichnungen usw. in diesem Werk berechtigt auch ohne besondere Kennzeichnung nicht zur der Annahme, daß solche Namen im Sinne der Warenzeichen- und Markenschutz-Gesetzgebung als frei zu betrachten wären und daher von jedermann benutzt werden dürften.

Gesamtherstellung: Konrad Triltsch, Print und digitale Medien GmbH, D-97199 Ochsenfurt-Hohestadt

Inhalt

Zeitschrift für Betriebswirtschaft, Erg.-Heft 3/2001

Editorial VII

Supply Chain Management mit E-Technologien
Univ.-Professor Dr. Dr. habil. Horst Wildemann, München 1

Geschäftsmodelle und Perspektiven des industriellen Einkaufs im Electronic Business
o. Univ.-Professor Dr. Wolfgang Kersten, Hamburg 21

E-Commerce-Funktionen in PPS- bzw. ERP-Systemen
Univ.-Professor Dr.-Ing. Norbert Gronau, Oldenburg 39

Desintermediation im B2B-Bereich – Perspektiven aus Sicht der Produzenten
Professor Dr. Kai-Ingo Voigt, Nürnberg 53

E-Technologien in dezentralen Innovationsprozessen
Empirische Untersuchung unter besonderer Berücksichtigung von Internet-basierten Innovationsprozessen
Dr. Oliver Gassmann, Ebikon 73

Sicherung von Projektqualität durch Telekooperation
Dipl.-Wirtschaftsing. Matthias Loose, Dipl.-Kfm. Stephan Schröder und Professor Dr. Gerhard Schünemann, Stralsund 91

Multimedia in der Lehre: Entwicklungen und Wirtschaftlichkeitsaspekte
Professor Dr. Günter Fandel und Dipl.-Oec. Cathrin Hegener, Hagen. 111

Interaktive Lehrmethoden im Supply Chain Management durch Planspiele und Simulation
o. Professor Dr. Günther Zäpfel und Univ. Ass. Mag. Bartosz Piekarz, Linz 135

Inhalt

ZfB · Grundsätze und Ziele 162
ZfB · Herausgeber / Internationaler Herausgeberbeirat IX
ZfB · Impressum / Hinweise für Autoren X

E-Business
Management mit E-Technologien

Die E-Technologien revolutionieren die Geschäftsprozesse im Management. E-Technologien reduzieren die Transaktionskosten in einzelnen Geschäftsprozessen wie Vertrieb, Entwicklung oder Produktion und Logistik. Transparenz und die Geschwindigkeit werden zum Erfolgsfaktor für Geschäftsideen, die E-Technologien als fördernde Instrumente einsetzen. Durch diese Transparenz werden im Vertrieb Kundenprofile in kürzerer Zeit deutlich und führen durch eine geschickte Kombination von kundennutzenstiftenden Leistungspaketen zu einer effizienten Nutzung der Entscheidungskriterien von Käufern. In der Produktion und Logistik gilt es, virtuelle Wertschöpfungsketten und physische Abwicklungsprozesse zu verknüpfen, um eine weltweite Marktpräsenz zu erreichen.

Dieses Sonderheft will, gestützt auf Theorie und Praxis, Chancen und Risiken, aber auch Anwendungsfelder und Entwicklungsperspektiven sowie Forschungsaktivitäten des E-Business im Management aufzeigen.

Der Beitrag von *Horst Wildemann* untersucht, in welcher Form E-Technologien im Supply Chain Management eingesetzt werden können. Hierbei werden die derzeitigen Leitlinien im Supply Chain Management dargestellt und ihre Optimierung mittels elektronischen Kommunikationsmedien beschrieben. E-Technologien werden als Enabler für neue Ansätze im Supply Chain Management diskutiert und Konzepte und Methoden zur Nutzung von E-Technologien im Supply Chain Management vorgestellt.

Im zweiten Kapitel zeigt *Kersten* in seinem Beitrag, basierend auf Analysen von 74 internationalen B2B-Marktplätzen, empirischen Erhebungen bei 28 Anwenderunternehmen sowie intensiven Diskussionen im Rahmen des Arbeitskreises e-supply, Geschäftsmodelle und Perspektiven des industriellen Einkaufs im Electronic Business auf. Eine besondere Bedeutung kommt hierbei den virtuellen Marktplätzen zu, deren Transaktionsmechanismen von intelligenten Matching-Funktionen für Angebot und Nachfrage über Katalogsysteme bis hin zu Modellen der dynamischen Preisfindung reichen.

Der Beitrag von *Gronau* konzentriert sich auf die Frage der E-Commerce-Funktionen in PPS- und ERP-Systemen. Grundlage für diesen Beitrag ist eine im Herbst 2000 durchgeführte Marktuntersuchung, an der sich 40 Anbieter von ERP-Systemen beteiligten. Ziel des Aufsatzes ist es, diese Ergebnisse den Anforderungen der Anwender von E-Commerce-Lösungen gegenüberzustellen.

Dieser Beitrag leitet über zum Beitrag von *Voigt*, der Desintermediation im B2B-Bereich – Perspektiven aus Sicht der Produzenten untersucht. Er betrachtet den Produktionsverbindungshandel und rundet das Bild durch die Ergebnisse einer empirischen Untersuchung von Unternehmen aus der Automobilindustrie ab.

Gassmann verdeutlicht in seinem Beitrag des dritten Kapitels dieses Sonderheftes den Einsatz von E-Technologien in dezentralen Innovationsprozessen. Auf Basis von 290 semistrukturierten Interviews wird die Rolle von E-Technologien beim Einsatz in traditionellen verteilten Teams vorgestellt und anhand von Fallstudien vertieft. Als Ergebnis können drei Typen von neuen Internet-getriebenen Innovationsprozessen identifiziert werden, die näher beleuchtet werden.

Der Beitrag von *Loose/Schröder/Schünemann* beschäftigt sich mit der Sicherung von Projektqualität durch Telekooperation. Am Beispiel der Stephan Schröder Gesellschaft zeigen die Autoren auf, wie die im konventionellen Projektmanagement auftretenden Probleme durch projektbezogene Bildung von virtuellen Unternehmen auf innovative Weise gelöst werden.

Das vierte Kapitel des Sonderhefts beleuchtet den Einsatz von E-Technologien in der Lehre. *Fandel/Hegener* legen die Möglichkeiten der multimedialen Lehre dar. Beispielhaft werden die Phasen des Erstellungsprozesses CD-ROM-basierter Lehrsoftware mit Hilfe der Netzplantechnik abgebildet. Erstellungsprozesse und -kosten von multimedialen Dateikursen unterschiedlicher Entwicklungsstufen werden miteinander verglichen und Ursachen für Unterschiede in den Erstellungskosten aufgezeigt.

Diesen Aspekt der interaktiven Lehrmethoden führen *Zäpfel/Piekarz* weiter, indem sie auf interaktive Lehrmethoden im Supply Chain Management durch Planspiele und Simulation eingehen. Sie diskutieren, wie durch den multimedialen Charakter der einzelnen Planspiele die darin enthaltenen Konzepte den Studierenden erfolgreich vermittelt werden können.

HORST ALBACH und HORST WILDEMANN

Supply Chain Management mit E-Technologien

Von Horst Wildemann

Überblick

- Der Beitrag untersucht, in welcher Form E-Technologien im Supply Chain Management eingesetzt werden können. Hierbei werden die derzeitigen Leitlinien im Supply Chain Management dargestellt und deren Optimierung mittels elektronischer Kommunikationsmedien beschrieben.

- In diesem Beitrag werden die E-Technologien als Enabler für neue Ansätze im Supply Chain Management aufgezeigt. Es werden die Eigenschaften der E-Technologien beschrieben und Leitlinien, welche die Eigenschaften verbinden, erarbeitet.

- Es wird dargestellt, welche Konzepte und Methoden zur Nutzung von E-Technologien im Supply Chain Management bestehen.

Eingegangen: 23. Februar 2001

Univ.-Professor Dr. Dr. habil. Horst Wildemann, Technische Universität München, Lehrstuhl für Betriebswirtschaftslehre mit Schwerpunkt Logistik, Leopoldstr. 145, 80804 München, Tel.: 089/36078-100, Fax: 089/36078-111, Internet: http://www.bwl.wiso.tu-muenchen.de, e-mail: Prof.Wildemann@bwl.wiso.tu-muenchen.de.

© Gabler-Verlag 2001

Aufgrund der zunehmenden Komplexität der Marktbedingungen, der gestiegenen Kundenanforderungen und Markttransparenz hinsichtlich der Produkte und der daraus entstehenden Komplexität von Prozessen und Organisationsformen haben Informationsschnittstellen innerhalb einzelner Unternehmen und in der Wertschöpfungskette laufend zugenommen. Die Folge sind vielfach komplexe, intransparente und schwerfällige Abläufe. Auf der Betrachtungsebene der Wertschöpfungskette verstärkt sich diese Problematik im Vergleich zu einzelnen Unternehmen, da die unternehmensspezifisch entstandenen Organisationsabläufe übergreifend effizient zusammenwirken müssen. Es stellt sich die Frage, wie elektronische Medien und Technologien eingesetzt werden können, um die Wertschöpfungskette hinsichtlich Kosten und Transparenz zu optimieren.

A. Supply Chain Management

I. Definition und Wirkungsrichtungen

„Als Supply Chain Management (SCM) kann die Planung, Steuerung und Kontrolle des gesamten Material- und Dienstleistungsflusses, einschließlich der damit verbundenen Informations- und Geldflüsse, innerhalb eines Netzwerkes von Unternehmen und deren Bereichen verstanden werden, die im Rahmen von aufeinanderfolgenden Stufen der Wertschöpfungskette an der Entwicklung, Erstellung und Verwertung von Sachgütern und/oder Dienstleistungen partnerschaftlich zusammenarbeiten, um Effektivitäts- und Effizienzsteigerungen zu erreichen" (Hahn, 2000) (vgl. Frohlich et al., 2001; Levy et al., 2000; Wildemann, 2000).

Die Supply Chain umfaßt die Aktivitätenkette von der Rohmaterialgewinnung bis hin zur Entsorgung. Sie verknüpft, wenn sie optimal gesteuert wird, durch strikte Kundenorientierung die Nachfrage- mit der Zulieferseite und betrifft alle logistischen Unternehmensfunktionen in Beschaffung, Produktion, Distribution und Entsorgung. Bereits innerhalb jedes der Unternehmen in einer Supply Chain entstehen durch Aufteilung der Wertschöpfungsaktivitäten auf verschiedene Bereiche Schnittstellen im Produkt-, Informations- und Kapitalfluß. Durch Erweiterung auf die Supply Chain-Ebene ergeben sich neue unternehmensübergreifende Schnittstellen. Die Folge daraus ist, daß interne Prozeßverbesserungen in den an der Wertschöpfung beteiligten Unternehmen nicht ausreichen und sämtliche Ineffizienzen in der gesamten Prozeßkette vom Rohstoff bis hin zum Endverbraucher zu beseitigen sind. Eine ganzheitliche Optimierung der unternehmensübergreifenden Wertschöpfungskette ist anzustreben.

Die Vorteile einer schnittstellenübergreifenden, effizienten Zusammenarbeit hinsichtlich Kosten, Zeit und Qualität innerhalb der Supply Chain ergeben sich aus

- der Schaffung von Transparenz über die gesamte Wertschöpfungskette,
- einer hieraus resultierende Vermeidung von Informationsasymmetrien,
- der Verbesserung der Kosten- und Leistungsstruktur sowie
- einer Veränderung der Bilanzstruktur der Unternehmen.

Best Practice-Analysen zeigen, daß Versorgungsketten von erfolgreichen Unternehmen annähernd doppelt so schnell sind wie die schlechterer Unternehmen und darüber hinaus weitere Verbesserungspotentiale aufzeigen: Es sind signifikante Steigerungen der Produktivität indirekter Bereiche festzustellen. Die Gründe hierfür liegen in der Verkürzung der Auftragsdurchlaufzeit und in Bestandssenkungseffekten über die ganze Wertschöpfungskette. Produktivitätsfortschritte können durch den Mechanismus der Problemerkennung, Problembeseitigung und Bestandssenkung erreicht werden. Diese Verbesserungen resultieren aus der Strategie, die Teiloptima einzelner Unternehmen durch ein an der Wertschöpfungskette orientiertes Gesamtoptimum zu ersetzen. Die damit verbundene Reduzierung des Umlaufvermögens ermöglicht die Verbesserung der finanziellen Kennzahlen. Effizientes Supply Chain Management ermöglicht somit eine effiziente, nachfragekonforme Belieferung des Marktes.

II. Probleme des Supply Chain Managements

Ein Problem des Supply Chain Managements ist die unzureichende Beherrschung der wachsenden Produkt- und Prozeßkomplexität. Hierdurch werden mehrere Faktoren negativ beeinflußt. Die Fixkostenbelastungen in den direkten und indirekten Bereichen erhöhen sich durch den steigenden Koordinationsaufwand mit externen und internen Partnern. Probleme ergeben sich weiterhin bei der Auslastung vorhandener Kapazitäten durch Inkonsistenz der verschiedenen Informations- und Produktionsplanungssysteme. Weitere negative Einflußfaktoren wie Nachfrageschwankungen, Informationsdiskontinuitäten und der daraus resultierende Peitscheneffekt (vgl. Lee et al., 1997) sind ebenso zu berücksichtigen. Die verzerrte Weitergabe der Nachfrageinformation entlang der logistischen Kette führt zu Bedarfsschwankungen auf den vorgelagerten logistischen Stufen und damit zu Ineffizienzen. Als Hauptursachen des Peitscheneffekts müssen die Gründe für Auftragsschwankungen betrachtet werden. Dabei sind zwei Aspekte zu unterscheiden, die einerseits auf dem Verhalten des Managements und andererseits auf technischen Einflüssen be-

Abb. 1: Der Einsatz von E-Technologien im Wertschöpfungsprozeß

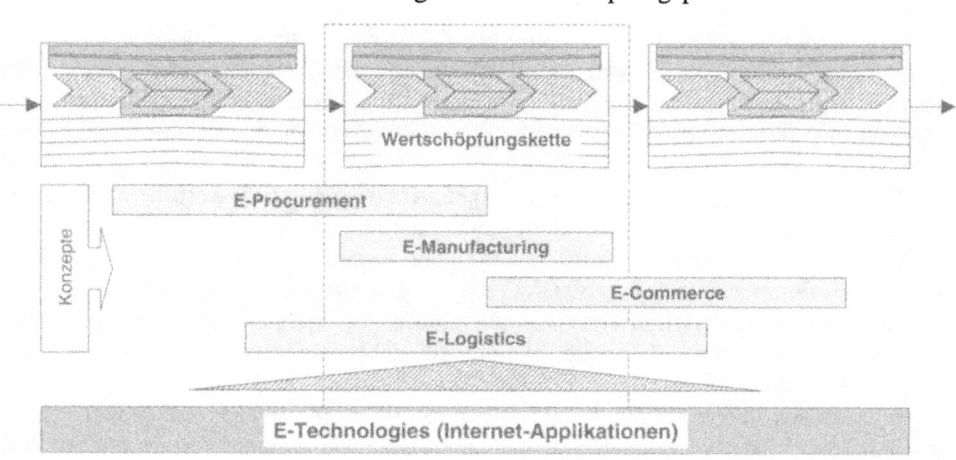

ruhen. Die in niedrigen Wertschöpfungsstufen zunehmende Prognoseunsicherheit erschwert eine effiziente Logistik durch die Notwendigkeit des Vorhaltens von Sicherheitsbeständen. Die Bündelung von Aufträgen führt zu einer Erhöhung der Losgrößen. Preisschwankungen führen zu Schwankungen der Nachfrage. Viele Kunden bestellen bei ihren Lieferanten mehr oder weniger Material, als ihr tatsächlicher Bedarf erfordert. Die Informationen innerhalb einer Logistikkette sind daher verzerrt. Die Folge sind Doppelarbeit in der Organisation, hohe Bestände, unzufriedene Kunden, Umsatzeinbußen sowie ineffektive Produktionsplanung und -steuerung.

Hierdurch stellt sich nun die Frage, inwiefern die Probleme und Defizite innerhalb des Supply Chain Management-Prozesses durch den Einsatz von elektronischen Kommunikationsmedien verbessert werden können, und ob E-Technologien ein wirksames Differenzierungsinstrument darstellen (vgl. Abbildung 1). Hierzu werden Leitlinien entwickelt und Verbesserungsmöglichkeiten durch E-Technologien untersucht.

B. Leitlinien für die Gestaltung des Supply Chain Managements

I. Komplexität durch Kundenorientierung beherrschen

Stagnierendes Marktwachstum verstärkt das Anbieten von kundenorientierten Produkt- und Serviceleistungen. Effekt daraus ist eine Erhöhung der Komplexitätstreiber innerhalb der Wertschöpfungskette. Wer im Wettbewerb erfolgreich sein will, muß einen Einklang herstellen zwischen den komplexen Anforderungen, die von der Umwelt an das Unternehmen gestellt werden, und der Komplexität der Aktionen, mit denen Anforderungen erfüllt werden. Die zunehmende Dynamik der Unternehmensumwelt und die stark gestiegene Komplexität führen in vielen Unternehmen in eine Situation, in der sie die extern geforderte Komplexität intern nicht mehr bewältigen können und einen chaotischen, unbeherrschbaren und ineffizienten Zustand einnehmen. Mit jeder Verdopplung der Varianten steigen die Kosten der Unternehmen um 20–30%. Gleiches gilt für ihre Lieferanten. Diese Probleme resultieren aus Defiziten bei Produktgestaltung und -aufbau sowie aus Prozeßstrukturen, die den neuen Anforderungen nicht gewachsen sind. Der steigenden Komplexität im Unternehmen kann durch ein durchgängiges Komplexitätsmanagement wirkungsvoll begegnet werden. Die Einsparpotentiale liegen in den Variantenkosten sowie in den Bereichen von Entwicklungs-, Logistik- und Beschaffungskosten. Möglichkeiten zur Umsatzsteigerung ergeben sich durch modulare Produktstrukturen, die die Erschließung von neuen Kunden und Märkten ermöglichen, ohne die Komplexität im Unternehmen zu steigern. Nachfrageänderungen und -schwankungen, Kundenzahl sowie Sortimentsgröße und -tiefe sind Komplexitätstreiber, die nicht zuletzt auch aus der Globalisierung und Dynamik der Märkte resultieren. Sie drücken sich in der Anzahl und Änderungshäufigkeit der Varianten einzelner Leistungen aus. Die Vielfalt der Leistungen resultiert nicht nur aus Unterschieden des materiellen Produkts, sie manifestiert vielmehr die von den Kunden gewünschten materiellen und immateriellen Leistungskombinationen (vgl. Kersten, 2001; Wildemann, 1999).

Zunehmende Komplexität der Abläufe verursacht Kostensteigerungen. In mehr als 60 Unternehmen konnte bei Projekten zum Komplexitätsmanagement festgestellt werden, daß die Zahl der Varianten pro Produkt und die Gesamtzahl der jeweils produzierten Varianten sehr eng mit dem jeweiligen Kostenanstieg korreliert sind. In der Regel ging der Variantenanstieg auch mit einem steigenden Umsatz und damit einer Betriebsvergrößerung einher, wobei die Variantenzahl gegenüber dem Mengenwachstum überproportional zunahm. Dies kann zum einen damit erklärt werden, daß Kannibalisierungseffekte innerhalb der Produktpalette einsetzen. Die Erfüllung individueller Kundenwünsche kann die Kunden zwar zunehmend binden, verursacht jedoch auch hohe Komplexitätskosten im gesamten Unternehmen.

Ein weiterer oft vernachlässigter Aspekt ist, daß durch bestehende Steuerungssysteme im Unternehmen oftmals kein Anreiz für die Mitarbeiter besteht, Komplexität in den Prozessen zu vermeiden. Die Folge ist eine ständig steigende Variantenanzahl, da man möglichst alle Kundenwünsche erfüllen möchte. Einkäufer werden an Materialkostensenkung, Globalisierung und Beschaffungssicherheit gemessen. Besonders stark wirken sich fehlende Anreize zur Komplexitätsvermeidung im Bereich der Entwicklung aus, da der Entwickler an Herstellkosten, Funktion und Termin gemessen wird. Da diese Komplexitätstreiber in unterschiedlich starkem Umfang auf alle Unternehmensbereiche wirken, ist mit punktuellen Maßnahmen die Komplexität nicht in den Griff zu bekommen.

Um den Quellen der Komplexität entgegenzutreten, können verschiedene Strategien zur Komplexitätsreduzierung in Entwicklung, Beschaffung, Produktion und Vertrieb angewandt werden. Hierzu sind in erster Näherung die Verlagerung des Variantenbestimmungspunktes, kundenindividuelle Massenfertigung, Anpassung des Produktionsvolumens an die Kundenbedürfnisse und Einsatz von E-Technologien zu nennen.

Grundlegend für alle strategischen Stoßrichtungen ist jedoch der Wandel vom Verkäufer- zum Käufermarkt, was eine Verlagerung von betriebsbezogenen zu marktbezogenen Zielen mit sich bringt. Dies verlangt von der Produktionsplanung und -steuerung, daß die Wichtigkeit der Auslastung der Produktions- und Fertigungsanlagen in den Hintergrund tritt und statt dessen Durchlaufzeiten, Termintreue und Bestandshöhen die Regel- und Meßgrößen darstellen. Generell ist anzustreben, die Fertigung der Produkte erst nach Eingang des Auftrages zu beginnen, da eine Lagerfertigung im Falle hoher Variantenzahlen zu erheblicher Kapitalbindung und Lieferschwierigkeiten führen würde (vgl. Wiendahl, 1996). Eine auftragsbezogene Fertigung kann jedoch aufgrund der Komplexität des Produkts zu erheblichen logistischen Schwierigkeiten führen, was eine weitgehende Vorfertigung der Produkte benötigt. Eine Strategie zur Komplexitätsverringerung ist demnach die Reduzierung der – hauptsächlich von Marketing und Vertrieb festgelegten – Variantenanzahl eines Produkts und die Verlagerung des Variantenbestimmungspunktes soweit wie möglich hin zum Ende der Wertschöpfungskette. Der Variantenbestimmungspunkt ist der Zeitpunkt innerhalb der Wertschöpfungskette, ab welchem der Auftrag einem bestimmten Kunden oder einer bestimmten Kundengruppe zugeordnet ist und vor welchem der Auftrag kundenanonym gefertigt wird.

Ein weiterer Einflußfaktor der Komplexität in der Wertschöpfungskette ist ihre Flexibilität hinsichtlich der Kundenanforderungen. Hierbei kann generell zwischen Produktflexibilität und Volumenflexibilität unterschieden werden (vgl. Vickery et al., 1999). Bei der Betrachtung der Produktflexibilität ist die immer größer werdende Nachfrage des Kunden nach maßgefertigten Gütern und Dienstleistungen zu niedrigen Preisen von Bedeutung (vgl. Pine, 1993), was in der Industrie zu Konzepten der kundenindividuellen Massenfertigung

(Mass Customization, Plattformstrategien) führt. Mass Customization fußt im wesentlichen auf einer starken Modularisierung der Produkteigenschaften und -komponenten, die, vom Kundenwunsch ausgehend, in möglichst großer Vielzahl kombiniert und geliefert werden können. Die Modulfertigung des Produktes überspannt hierbei den Großteil der Wertschöpfungskette, wobei Komplexitätstreiber auf Zulieferunternehmen vorverlagert werden und somit für den Hersteller im Ausmaß geringer und beherrschbarer sind.

Der zweite Typus der Flexibilität der Wertschöpfungskette – die Volumenflexibilität – zielt darauf ab, das Produktionsvolumen innerhalb der gesamten Zulieferkette schnell und kostengünstig auf Änderungen im Markt hinsichtlich der Nachfragemenge anzupassen. Hierbei ist zu beachten, daß sich eine rasche Anpassung des Produktionsvolumens direkt auf die Kundenzufriedenheit auswirkt, z.B. durch Vermeidung von Lieferengpässen bei unvorhergesehenen Nachfragesteigerungen. Eine effektive und effizientere Anpassung der Volumenflexibilität an die Kundenbedürfnisse trägt demnach ebenfalls zur Vermeidung von Komplexitätstreibern in der Wertschöpfungskette bei.

Demnach muß, um den wesentlichen Quellen der Komplexität – Produktvarianten, Vielzahl der Prozesse und sich ändernde Marktbedingungen – entgegenzutreten, die Wertschöpfungskette vom Kunden her mittels auftragsbezogener Fertigung, kurzen Durchlaufzeiten und hoher Flexibilität im Zuliefer- und Produktionsnetzwerk gesteuert werden. Die Rolle der E-Technologien zielt im wesentlichen auf die Erfassung und Weitergabe des Kundenwunsches an die Partner der Wertschöpfungskette sowie dessen optimale Prozeßsteuerung hinsichtlich Durchlaufzeit, Bestandshöhe Termintreue und Kosten.

In diesem Zusammenhang kommen drei Aspekte der E-Technologien zur Geltung

- Entkopplung von Produkt und Information,
- Schaffung von Informationstransparenz und
- Schaffung vollkommenerer Märkte.

Die Entkopplung von Produkt und Information ist ein wesentliches Steuerinstrument, das die Möglichkeit einer flexiblen Anpassung der Produktionskapazität an die Marktnachfrage mittels elektronischer Kommunikationsmedien erhöht. Hier können vor allem Potentiale im Bereich von Logistikabläufen der Materialbeschaffung und -wirtschaft erhoben werden. Dies ist möglich, da mit herkömmlichen Kommunikationsmethoden die Informationen über Produktmenge, Produkteigenschaften und exakten Standpunkt am Produkt selbst mitgeführt werden, bei einer Entkopplung von Produkt und Information können jedoch Informationen wie die exakte Standortbestimmung mittels Telematiksystemen zentral abgerufen und eventuelle Änderungen in die Steuerung der Logistik aufgenommen werden.

Die Schaffung von Informationstransparenz zielt darauf ab, Informationsdefizite und -asymmetrien abzubauen, die durch interne und externe Schnittstellen in der Wertschöpfungskette hervorgerufen werden, um so den Kundenwunsch effizient über die gesamte Wertschöpfungskette realisieren zu können.

Im Hinblick auf die Reduzierung von Kosten können E-Technologien vor allem bei homogenen Zuliefergütern die Schaffung vollkommenerer Märkte ermöglichen. Durch die internetgestützte Publikation der Bedarfe kann die potentielle Anzahl der Zulieferer erhöht und so der Kostendruck bei den Lieferanten gesteigert werden. Weiterhin kann mit der Durchführung von Online Auktionen der Einstandspreis eines Produktes erheblich gesenkt werden. Aus der Durchführung von 84 Online Auktionen über mehrere Materialgruppen, beginnend von Strom über Stearin und Butterfett bis zu Schmiedemaschinen und zeichnungsbezogenen Teilen im Umfang von € 1,8 Mrd., konnten durchschnittliche Preisreduzierungen von 13,2% im Jahre 2000 erzielt werden.

II. Konzentration auf Kernkompetenzen

Märkte, die unter starkem Wettbewerbsdruck stehen und durch effiziente Kostenstrukturen charakterisiert sind, zwingen Unternehmen, sich an Best Practice-Lösungen in ihrem Marktsegment zu orientieren. Dies hat zur Folge, daß die zur Verfügung stehenden Investitionsbudgets nur auf begrenzten Geschäftsfeldern eingesetzt werden, um die Kompetenzen auszubauen und den Vorsprung vor der Konkurrenz zu sichern. Hierbei müssen sich Unternehmen auf die Optimierung der wertsteigernden Geschäftsprozesse konzentrieren, was zu einer fehlenden oder suboptimalen Prozeßorientierung in Randbereichen führen kann.

Die Folge dieser Überlegungen ist, daß sich Unternehmen Wettbewerbsvorteile nur sichern und ausbauen können, wenn sie sich auf Fähigkeiten konzentrieren, bei denen das zur Verfügung stehende Investitionsbudget und die Ausrichtung der Geschäftsprozesse ausreichen, um diese Vorteile dauerhaft zu erhalten. Diese Kernkompetenzen lassen sich als Basis definieren, auf welcher ein Unternehmen strategische Vorteile hinsichtlich Aktivitäten, Fähigkeiten und Know-how erreichen kann, um eine Differenzierung vom Wettbewerb zu erreichen, und die aus der Sicht des Kunden wertvoll erscheinen (vgl. Handlbauer, 1995; Johnson et al., 1999; Wildemann, 2001).

Problem hierbei ist jedoch, daß durch die Konzentration auf Kernkompetenzen das vom Kunden gewünschte Aufgabenspektrum nicht mehr von einem einzigem Unternehmen erfüllt werden kann. Der Kunde erwartet ein Bündel von Kernkompetenzen, das ihm Leistungen schnell, günstig und zu hervorragender Qualität in einem Unternehmensnetzwerk zur Verfügung stellt.

Folglich muß sich das Aufgabenspektrum des Supply Chain Managements hinsichtlich der Kernkompetenzen auf das Management von Netzwerken mit wechselnden Partnern konzentrieren.

Die Effizienz und Effektivität dieser Aufgabe kann durch den Einsatz von E-Technologien in den Punkten

- Abbau von Informationsdefiziten und -asymmetrien zwischen Partnern der Wertschöpfungskette,
- Verringerung der Lieferantenwechselkosten und
- Informationsbeschaffung

gesteigert werden. Hierbei müssen Kommunikationsmedien so eingesetzt werden daß sie auch potentielle Partner der Wertschöpfungskette dazu befähigen, Produkte, Leistungen und Unternehmensprozesse zu den vom Kunden geforderten Spezifikationen innerhalb kurzer Zeit zu entwickeln und anzubieten. Dies ermöglicht eine Erhöhung des Wettbewerbs innerhalb der Wertschöpfungskette und somit eine agilere Gestaltung des Zuliefernetzwerks.

III. Abbau von Informationsasymmetrien

Das Problem von Kooperationspartnern, die horizontal hintereinandergeschaltet für einen gemeinsamen Kunden Leistungen erbringen, ist die Weitergabe von relevanten Kunden- und Steuerungsinformationen. Informationen, die an einem Ende der Kette erzeugt werden, erreichen die relevanten Adressaten nicht zum richtigen Zeitpunkt oder nur teilweise in modifizierter Form. Es liegen Informationsasymmetrien vor (vgl. Meffert, 1998; Muhlemann et al., 1992; Wildemann, 2000).

Ursachen hierfür sind:

- unvollständige Beschreibungen der Aufträge,
- unterschiedliche IT-Systeme,
- eine häufige Störanfälligkeit der Prozesse,
- opportunistisches Verhalten,
- Zeitverzögerungen der Informationsweitergabe und
- unterschiedliche Steuerungsprinzipien.

Das zentrale Problem ist, daß ein Abbau der Informationsasymmetrien erst durch eine Kombination von organisatorischen und informationstechnologischen Lösungen möglich ist. Die Aufgabenstellung des Supply Chain Managements muß deshalb Maßnahmen zur Reduzierung der Probleme unter Einbeziehung organisatorischer sowie informeller Aspekte liefern (vgl. Abbildung 2). Erster Ansatzpunkt ist das Monitoring der Wertschöpfungskette hinsichtlich Durchlaufzeiten, Kosten und Beständen. Weiterhin müssen Entscheidungsspielräume organisatorisch eingeräumt werden, um eine dezentrale Reaktion auf sich ändernde Bedingungen zu ermöglichen. Hierzu ist es notwendig, daß potentielle Entscheidungsträger frühzeitig Zugang zu präventiven Informationen wie Marktvorhersagen und Wechsel von Zulieferfirmen erlangen, um notwendige Maßnahmen baldmöglichst umsetzen zu können. Eine Dezentralisierung kann mit der Implementierung des Holprinzips durchgeführt wer-

Abb. 2: Effizientes Wertschöpfungsmanagement

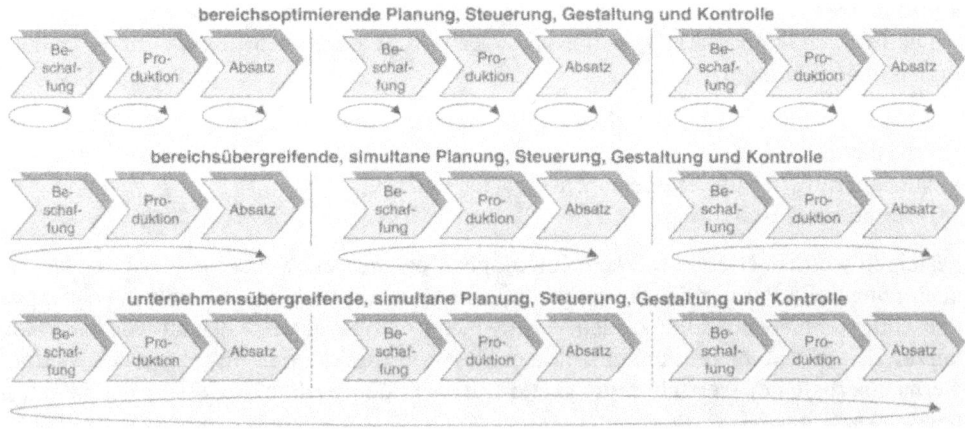

den. Hierbei werden eigenständige Regelkreise im Informations- sowie Produktionsprozeß geschaffen, bei denen Defizite und Asymmetrien einfacher zu beherrschen sind.

Die Beteiligten der Wertschöpfungskette sind so miteinander zu vernetzen, daß an jeder Stelle in der Supply Chain eine hohe Informationsverfügbarkeit in bezug auf die relevanten Geschäftsprozesse erreicht wird. Wenn eine solche Vernetzung innerhalb der Supply Chain nicht adäquat ausgeprägt ist, zieht dies Koordinationsaufwand sowie Fehlleistungen und daraus entstehende Kosten nach sich. E-Technologien ermöglichen schnelle und einfach handhabbare Kopplungsmöglichkeiten wie Customer Relationship Management (vgl. Gosney, 2000; Wildemann, 2000), das durch schnelle und effiziente Weitergabe der Kundenwünsche die logistische und operationale Ausrichtung der Wertschöpfungskette erleichtert und somit die Kundenbindung erhöht.

IV. Verkürzung der Durchlaufzeiten

Verkürzte Produktlebenszyklen und ständig steigende Anforderungen an Lieferzeit und Liefertreue erfordern ein am Faktor Zeit ausgerichtetes Unternehmen. Dabei verhalten sich Prozeßorientierung und Zeitorientierung zueinander komplementär, da die Erfolgspotentiale einer prozeßorientierten Organisationsstruktur nicht ohne eine Fokussierung auf Zeitverkürzungsziele in allen Geschäftsprozessen zu erschließen sind. Die Prozeßdurchlaufzeit stellt unter dem Aspekt der Kostenminimierung ein dominantes Optimierungskriterium eines Geschäftsprozesses dar.

Ein Unternehmen innerhalb einer Wertschöpfungskette muß in erster Näherung dafür sorgen, daß die Prozesse innerhalb des eigenen Unternehmens schnell ablaufen können. Die Optimierung der eigenen Prozesse darf dabei nicht unabhängig von der Optimierung der Prozesse der Supply Chain erfolgen, sondern sollte auf diese abgestimmt sein. Die internen und unternehmensübergreifenden Schnittstellen und weitere Hindernisse, die sich einem flüssigen Arbeitsablauf in den Weg stellen, können dabei als wesentliche Verursacher von Langsamkeit und Intransparenz sowie einer mangelnden Anpassungsgeschwindigkeit von unternehmerischen Strukturen angesehen werden.

Generell können Hindernisse für kurze Durchlaufzeiten in

- produktbezogene,
- geschäftsprozeßbezogene und
- unternehmenskulturbezogene Hindernisse

gegliedert werden (vgl. Wildemann, 2001). Produktbezogene Hindernisse können auf der Materialbeschaffenheit, einer hohen Ausschuß- oder Nacharbeitsrate, den Herstellkosten oder der Marktpreissetzung basieren. Eine Reduzierung der geschäftsprozeßbezogenen Hindernisse innerhalb der Wertschöpfungskette setzt eine wertanalytische Betrachtung der Prozeßzeiten voraus. Hierbei sind vor allem überflüssige Abläufe in den Geschäftsprozessen, Nachbesserung versus Prävention, nicht wertschöpfende versus wertschöpfende Prozesse, Schnittstellen, Wartezeiten, Losgrößen sowie Engpässe im Prozeßablauf von Bedeutung. Das weitaus größte Potential im Hinblick auf Durchlaufzeiten bietet die Reduzierung von unternehmenskulturbezogenen Hindernissen wie Anreizsysteme, Kontrollen, Datenintegrität, Bereichs- und Funktionsdenken sowie Organisationsstrukturen.

Um diese Hindernisse zu identifizieren ist eine sequentielle Analyse aller Unternehmensprozesse notwendig.

Um gezielte Maßnahmen zur Beseitigung der Hindernisse einzusetzen, muß ein Meßkonzept für Geschäftsprozesse entworfen werden, das die wesentlichen Steuergrößen

- Nachliegezeit,
- Weiterleitung,
- Vorliegezeit,
- Rüsten und
- Bearbeiten

beinhaltet. Ein daraus resultierendes Durchlaufzeitmanagement erfordert Voraussetzungen hinsichtlich Führungskonzeption, Kompetenz und Entscheidungsspielraum der Mitarbeiter sowie die Kenntnis der Bedürfnisse interner und externer Kunden, um es jedem Mitarbeiter zu ermöglichen, aus einem erkannten Verbesserungsbedarf selbständig den Problemlösungsprozeß durchzuführen.

Die wesentlichen Inhalte für Gestaltungsempfehlungen zur Reduzierung der Durchlaufzeiten mit Hilfe von E-Technologien sind in den Logistikabläufen durch Vorverlagerung von Erkenntnisprozessen des Lieferanten, die zu einer Erhöhung der Flexibilität und Verkürzung der Lieferzeiten führt, zu suchen. Hierbei gilt es, die Planungssystematik unternehmensübergreifend zu optimieren. Dies kann über ein Datenmodell, durch eine einheitliche Struktur der Datenträger bezüglich Aufstellungsplänen, Dokumentation sowie durch automatisierte Versendung von Faxen aus SAP/DFÜ-Anbindungen und dadurch mögliche Vorkommissionierung beim Lieferanten realisiert werden.

V. Qualitätscontrolling von Material- und Informationsflüssen im Supply Chain Management

Die Qualitätsziele für Unternehmen sind maximale Kundenzufriedenheit bei gleichzeitiger Minimierung der Fehler- und Prüfkosten (vgl. Wildemann, 2001). Mangelndes Qualitätsmanagement orientiert sich nur am Qualitätsverständnis der Erprüfung von Qualität, bezogen auf das Produkt, nicht jedoch am Prozeß. Die Ursachen für das veränderte Controlling sind in veränderten Unternehmensstrukturen, Abweichungen von den traditionellen Geschäftsprozessen durch Kunden- oder Marktänderungen, Störungen und vermehrten Schnittstellen zu suchen. Ein Problem bei der Einführung von Controllingprozessen in die Supply Chain ist die Schaffung einer selbstlernenden Wertschöpfungskette. Hierzu ist es notwendig, unternehmensübergreifende Verhaltensregeln, Transparenz und Frühwarnsysteme zu installieren und laufend zu koordinieren. Eine prozeßorientierte Betrachtungsweise erfordert die externe und interne Anwendung des Kunden-Lieferanten-Prinzips (Wildemann, 2001).

- Der Kunde muß seine Anforderungen formulieren können.
- Die Anforderungen des Kunden müssen erkannt werden.
- Die in eigener Verantwortung erzeugten Prozeßergebnisse sind auf Fehlerhaftigkeit, das heißt auf Abweichung von Kundenanforderungen, zu überprüfen und die Prozesse entsprechend zu gestalten.

- Die Sicherung der eigenen Prozesse, um zuverlässig über die Leistung der Partner in der Wertschöpfungskette urteilen zu können.
- Die Sicherung der Prozeßqualität durch hinreichende Qualität der Inputfaktoren
  - Organisationsstruktur,
  - Ausrüstung,
  - Verfahren und
  - Leistungsstandards.

Die Methodik zur Einführung von Qualitätscontrollingsystemen in der Wertschöpfungskette kann in vier Schritten dargestellt werden (vgl. Wildemann, 2001).

1. Ermittlung der Einflußfaktoren der Qualität.
2. Festlegung der Ansatzpunkte von Qualitätsmaßnahmen je Einflußfaktor.
3. Darstellung der Konsequenzen, die sich daraus für die Handlungen aller Partner in der Wertschöpfungskette ergeben.
4. Förderung des Qualitätsdenkens und die Verantwortung aller Beteiligten für die Qualität durch ständiges Beobachten, Analysieren und Kommunizieren der Meßgrößen.

Controlling wird so als Steuerungsinstrument einer von den Grundsätzen der Vertrauensorganisation geprägten Koordinationsinstanz verstanden. Charakteristisch ist die Verlagerung des Controllingverständnisses, weg von einer reglementierten Fremdkontrolle, hin zu einer auf Zielvereinbarungen basierenden Selbststeuerung von Wertschöpfungs- und Managementprozessen innerhalb der Supply Chain (vgl. Zäpfel, 2000; Weber, 1999; vgl. Abbildung 3).

Ein solcher Wandel im Controllingverständnis schafft die notwendigen Freiräume für eigenverantwortliches Handeln und bietet die Möglichkeit zur Steuerung und Koordination der übergreifend festgelegten Ausrichtung (vgl. Abbildung 4). Die Erhöhung der Prozeßorientierung im Controlling erfordert neben einer Neuausrichtung des Kostencontrolling durch prozeßkosten- und zielkostenorientierte Ansätze eine stärkere Fokussierung der am Markt relevanten Erfolgsfaktoren Qualität und Zeit. Im Bereich des Supply Chain Controllings können insbesondere internetbasierte Tools Hilfestellung leisten, um die rele-

Abb. 3: Controlling von Meßgrößen

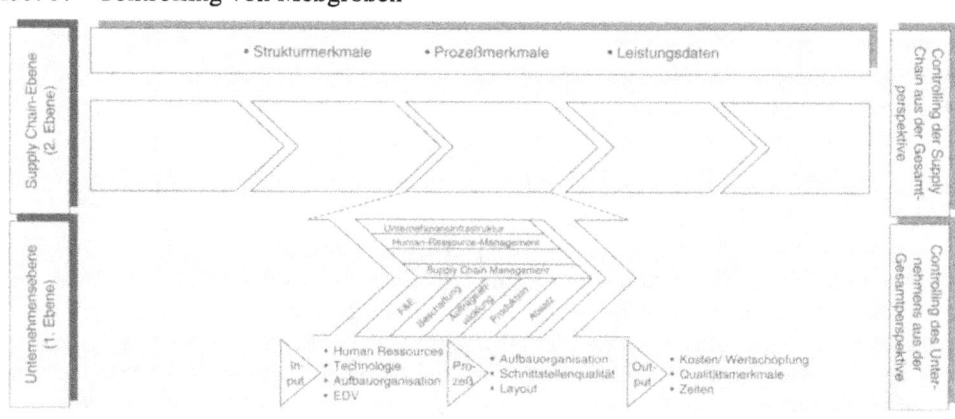

Abb. 4: Informations-, Material- und Zahlungsfluß in flexiblen Netzwerken

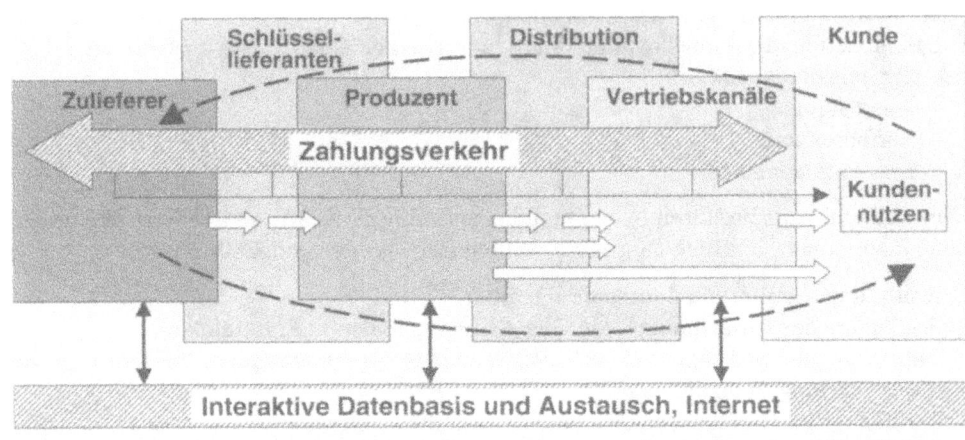

vanten Steuerungsgrößen schneller und präziser zu erheben sowie einfacher den interorganisationalen Wertschöpfungsprozeß zu koordinieren.

C. E-Technologien als Enabler für neue Ansätze im Supply Chain Management

E-Technologien dienen zur Erfassung, Speicherung und Verteilung von explizierter Information und produzieren durch Verknüpfung und Analyse der explizierten Daten neue Informationen für verschiedene Supply Chain Partner. In diesem Sinn können E-Technologien als Enabler für neue Ansätze des Supply Chain Managements gesehen werden.

Die Eigenschaften von E-Technologien

- der Abbau von Informationsassymetrien,
- die Erzeugung von Transparenz,
- die Erleichterung der Prozeßbeherrschung,
- die Erhöhung der Prozeßgeschwindigkeit und
- die Möglichkeit, Fähigkeiten zu managen,

spiegeln sich in den Werttreibern Umsatzwachstum, Kundennutzen, Produktivität, Wettbewerbsposition und Imitationsschutz wider.

Der Abbau von Informationsasymmetrien führt zu weniger Koordinations- und Fehlleistungsaufwand und reduziert somit nachhaltig die Kosten. Durch Informationstransparenz über Kundenwünsche kann in der Supply Chain der Kundennutzen in den Mittelpunkt der Prozeßorganisation gestellt werden, um so eine engere Kundenbindung zu erreichen. Die Reduzierung von internen sowie unternehmensübergreifenden Informationsbarrieren trägt durch zwei Faktoren zur Leistungsverbesserung bei. Um die Wettbewerbsposition zu verbessern, können E-Technologien eingesetzt werden, um die Prozesse beherrschbar zu machen, ihre Geschwindigkeit zu erhöhen und am Markt umzusetzen.

Aufgrund effektiverer Informationsbereitstellung können Komplexitäten in den Unternehmensprozessen reduziert und somit die Produktivität erhöht werden. Weiterhin werden dadurch die Produktions- und Unternehmensprozesse hinsichtlich der Durchlaufzeit verkürzt und die Position im Vergleich zum Wettbewerb verbessert. Um diese Wettbewerbsvorteile auf lange Sicht zu sichern, können elektronische Kommunikationsmedien ebenso dazu benutzt werden, die Fähigkeiten des Unternehmens zu steuern, um damit Barrieren zum Schutz vor Imitation durch die Konkurrenz zu schaffen. E-Technologien ermöglichen demnach eine Evolution hin zu vernetzten, problemorientierten und flexiblen Supply Chain-Strukturen.

Durch die interorganisatorische Arbeitsteilung entstehen Netzwerke, die durch vielfältige Informations- und Materialflüsse gekennzeichnet sind. Schwächen innerhalb dieser Strukturen existieren derzeit hinsichtlich der funktionalen Vollständigkeit der Informationen aufgrund von Kommunikationsschwächen der verschiedenen Informationssysteme. Durch das Konzept der Netzwerkbildung von ERP-Komponenten wird dieses Defizit überwunden. Es ist anzustreben die derzeitige funktionsorientierte Aufstellung der IT-Systeme in eine problemlösungsorientierte, modulare Struktur umzuwandeln, um die Komplexität der informationstechnologischen Infrastruktur gering zu halten. Dies hat zur Folge, daß ein am Kundennutzen ausgerichtetes System entsteht, das durch eigenständige kleine Regelkreise die Komplexität der Informationsinfrastruktur verringert und so die schnelle und flexible Steuerung der Wertschöpfungskette erleichtert. Problem hierbei ist, daß den verschiedenen Modulen der Supply Chain Management-Software unterschiedliche Quell-Programmiersprachen zugrunde liegen, die nur durch sehr hohen Programmieraufwand zu einem ganzheitlichem System zusammengefaßt werden können. Es ist deshalb darauf zu achten, daß diesen IT-Infrastrukturen neue, komponentenorientierte Programmierungsansätze zugrunde liegen (z.B. XML), mit denen individuelle, kundenspezifische Lösungen leichter realisiert werden können.

Die strategische Bedeutung von E-Technologien für die Gestaltung der Supply Chain ist ebenso zu betrachten. E-Technologien führen dazu, daß der globale Markt vermehrt an Relevanz gegenüber regionalen Märkten gewinnt. Durch Informationstransparenz werden unvollkommene Märkte in vielen Produktbereichen zu vollkommeneren Märkten. E-Technologien reduzieren folglich auch den Einfluß von regionalen Marken und Traditionen am Markt, hin zur vermehrten Wichtigkeit des „first move". Dies beinhaltet ebenso, daß virtuelle Wertschöpfungsketten Größe und Leistungstiefe ersetzen. Hierbei ist zu beachten, daß nichtbilanzierte Vermögenswerte wie Kundenbesitz und Wissen unternehmenswertbestimmend werden und Massenmarketing durch „Segment of One-Marketing" ersetzt wird.

D. Konzepte und Methoden der Nutzung von E-Technologien in Supply Chains

Auf der Methodenseite haben die Hersteller der elektronischen Kommunikationsmedien und der dazugehörigen Software ihre Applikationen zunehmend von Material

Abb. 5: E-Technologien in der Beschaffungs- und Produktionslogistik

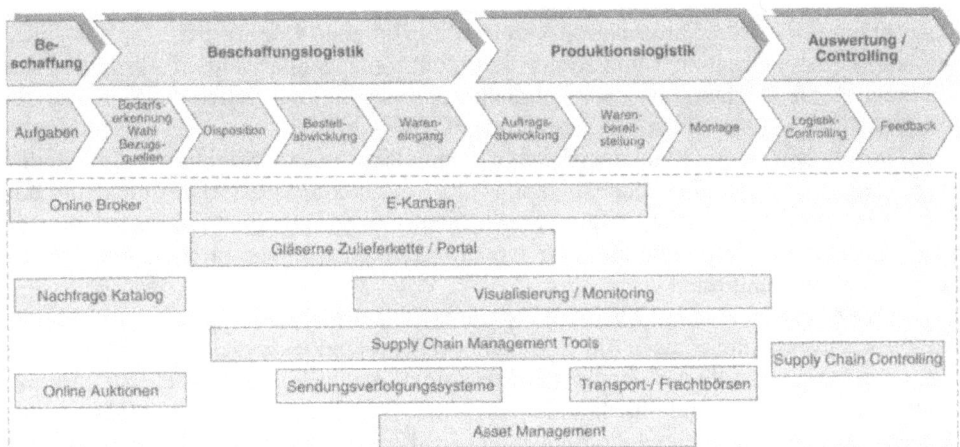

Resource Planning-Systemen hin zu Supply Chain Management-Systemen geändert. Allerdings werden häufig auch marginale Änderungen genutzt, den Begriff Supply Chain Management aufzeigen zu können. Eine Weiterentwicklung der IT-Produkte im Sinne der Einbeziehung von E-Technologien ist noch nicht im wünschenswerten Maß erfolgt. Es sind verschiedene Anwendungen der E-Technologien denkbar, um die unterschiedlichen Prozesse der Supply Chain zu optimieren. Abbildung 5 zeigt eine Aufstellung von E-Technologien, die für das Supply Chain Management sinnvoll eingesetzt werden können.

Hervorgehoben werden können die Konzepte des Web-Portals, das in der Phase der Bedarfserkennung und Auftragsabwicklung ansetzt, die Supply Chain Management Tools, die insbesondere auf die Phasen Auftragsabwicklung, Distribution Zulieferer und Disposition beim Abnehmer wirken, das Konzept des Virtuellen Lagers, das die Phasen Disposition, Einkauf, Auftragsabwicklung und Distribution der Ware unterstützt, E-Cash sowie das Supply Chain Controlling am Ende der logistischen Kette zur Auswertung und Kontrolle der Logistikkosten und -leistungen.

Die für das Management wichtigen Aspekte, die durch die Nutzung von E-Technologien hinzukommen, sind im wesentlichen

- die Steuerung über elektronische Marktplätze,
- automatisierte Monitoringsysteme,
- elektronische Kanbansysteme und
- Online Auktionen im Ein- und Verkauf.

Weiterhin werden Unternehmensprozesse wesentlich vereinfacht. Dies erfolgt durch elektronische Abrufe der Aufträge, automatische Ermittlung der Kundenbedarfe sowie Internetportale, die den Automatisierungsgrad verschiedener Funktionen wie die Angebotseinholung wesentlich erhöhen.

Wichtig bei allen methodischen Ansätzen ist, daß alle Bausteine mit der Steuerung der gesamten Wertschöpfungskette verknüpft werden. So sind die einzelnen Methodenbausteine zu den Konzepten

- Electronic Sourcing,
- Elektronische Produktion,
- Electronic Logistics und
- Customer Relationship Management

zusammenzufassen. Die Höhe der Effizienzsteigerung ist dabei davon abhängig, inwieweit die Partner der Wertschöpfungskette dazu bereit sind, diese Konzepte unternehmensübergreifend über die gesamte Zulieferkette auszugestalten.

I. Konzepte zur Nutzung des Internet für die Beschaffung

Aufgabe der Beschaffungslogistik ist es, die benötigten Güter durch Gestaltung des Material- und Informationsflusses zwischen Beschaffungsmarkt und Abnehmer im Unternehmen bedarfsgerecht bereitzustellen. Ziel ist eine möglichst produktions- oder verbrauchssynchrone Direktanlieferung ohne kostenintensive Kontrollaktivitäten, Transporte, Umverpackungen und Zwischenlagerungen. Darüber hinaus ist die Arbeitsteilung in mehrstufigen Abnehmer-Lieferanten-Beziehungen unter Einbezug von Logistikdienstleistern neu zu definieren. Häufig werden heute erste Schritte der Beschaffungspartner bereits als E-Procurement oder Electronic Sourcing ausgewiesen und danach keine weiteren Schritte zur Ausweitung der Aktivitäten vorgenommen. WWW-Homepages der Lieferanten und E-Mail-Anbindung beider Marktpartner liefern jedoch nur einen geringen Beitrag zur Erreichung der Ziele, da sie meist nur andere Kommunikationsformen ergänzen.

1) Elektronische Kataloge

Sofern der Anbieter seine Präsenz im Internet verstärken will, nutzt er hierzu elektronische Kataloge. Der Kunde findet darin schnell und gezielt die von ihm benötigten Informationen über ein Produkt. Häufig zeigen solche Kataloge nur einen Teil des Sortiments und die darin gebotenen Informationen beantworten nicht die Fragen des Kunden. Die Angebote spiegeln meist eine Push-Strategie wider, die Impulse gehen also vom Vertrieb aus. Es handelt sich um homogene Güter mit einheitlicher Spezifizierung und festen Preisen ohne Verhandlungsmöglichkeiten.

2) B2B-Märkte

Im Gegensatz zum Business-to-Consumer-Markt treten im für Supply Chains wichtigeren Business-to-Business-Markt weitere Eigenheiten hinzu: Es handelt sich bei den Beschaffungsbedarfen um individuell spezifizierte Güter. In den elektronischen Kataloganageboten sind daher die Leistungsumfänge der Angebote für Produkte verschiedener Hersteller unterschiedlich, so daß ein Vergleich nur eingeschränkt möglich ist, die angebotenen Produkte nicht den Erfordernissen und Wünschen des Kunden entsprechen und eine echte Markttransparenz nicht erreicht wird. Die additiv angebotene Möglichkeit, anschließend sofort online bestellen zu können, hilft dabei nicht.

Die entscheidenden Impulse gehen im B-to-B-Markt von der Nachfrageseite aus (Pull-Strategie). Die Heterogenität und Komplexität der Güter erfordert, daß der Nachfrager seinen genau definierten Bedarf als Anfrage oder Ausschreibung publiziert. Hierauf können dann die Anbieter reagieren und in eine Verhandlungssituation eintreten, die eine flexible Preisfindung zuläßt.

3) Virtuelle Märkte

Die bisherige Shop-Lösung, bei der ein Anbieter seine Leistungen mehreren Nachfragern offeriert, wird durch einen virtuellen Markt abgelöst, auf dem viele Anbieter auf viele Nachfrager treffen (vgl. Abbildung 6). Die Nachfrager haben zuvor ihren klar definierten Bedarf einschließlich vorgegebener Vertragsbedingungen publiziert. Insbesondere für Supply Chains erscheint diese Form der Beschaffung sinnvoll, da sich ein gewisser Zwang zur Festlegung von unternehmensübergreifenden Standards ergibt. Gleichzeitig ist ein virtueller Markt für alle Mitglieder der Supply Chain höchst transparent. Als zusätzlicher, aus der Transparenz resultierender Faktor läßt sich festhalten, daß in virtuellen Märkten auch die Bündelung von Bedarfen einfacher durchzuführen ist als in traditionellen Vorgehensweisen.

In einem festgelegten Zeitraum wird nun auf diesem virtuellen Marktplatz eine reverse Auktion durchgeführt: Die (An-)Bieter haben nun die Gelegenheit, ihre Gebote (= Preis) für den ausgeschriebenen Beschaffungsbedarf per Internet zu machen, die Höhe der Gebote wird dabei auch allen Auktionsteilnehmern dargestellt. Das niedrigste Gebot, also der geringste Einstandspreis, erhält üblicherweise schließlich den Zuschlag.

Somit erfüllen Online-Auktionen die von den Marktpartnern auf Beschaffungs- und Vertriebsseite gesetzten Anforderungen und dienen somit als Transaktionsform der Zukunft,

Abb. 6: Shop- und Marktplatz-Konzepte

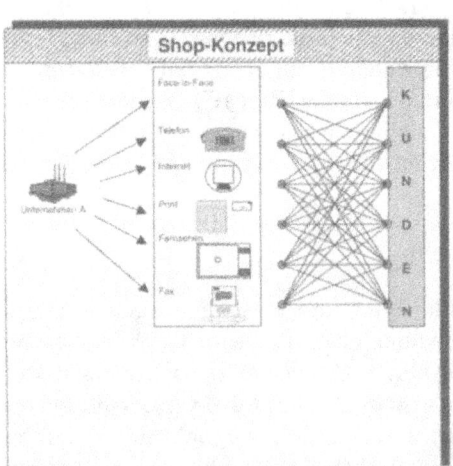 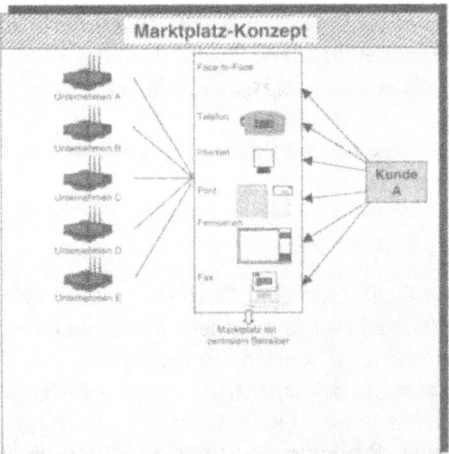

das die bisherigen Prozesse vielfach ablösen wird. Auch von Marktforschungsinstituten wird ein weltweit stark wachsendes Gesamtvolumen prognostiziert, das selbst bei der geringsten Schätzung im industriellen Bereich im Jahre 2002 bei über 50 Milliarden US-Dollar liegen wird.

Manche der virtuellen Marktplätze bieten zusätzliche Dienstleistungen an, um ein Full-Service-Angebot zur Nutzung von Online-Auktionen unterbreiten zu können. Hierzu zählen die Zusammenarbeit mit Logistikdienstleitstern und die Einbindung weltweit vertretener Gutachter-Büros, um die Erfüllung der qualitativen Ansprüche der Nachfrager an jedem Ort verifizieren zu können. Für eine Supply Chain bedeutet dies, daß über den virtuellen Markt nicht nur die Güter, sondern gleichzeitig auch der Güterfluß geregelt wird und dafür keine Kapazitäten vorgehalten werden müssen.

II. Konzepte zur Nutzung des Internets für die Produktionslogistik

Die Verwendung von Internet-gestützten Produktionslogistiksystemen hat einerseits zum Ziel, den die logistischen Dienstleistungen begleitenden Informationsfluß zu steuern und andererseits den Planungs- und Koordinationsaufwand zu verringern. Dies bedeutet, daß alle oder eine Vielzahl von Partnern der Supply Chain kompatible Systeme verwenden sollten, um so die Wertschöpfungskette unternehmensübergreifend zu verbessern.

Im Rahmen einer Optimierung der Material- und Informationsflußbeziehungen zwischen Abnehmern und Lieferanten innerhalb der Supply Chain gewinnt der Aufbau von E-KANBAN-Regelkreisen mit vorgelagerten Unternehmen zur Reduzierung von Durchlauf- und Wiederbeschaffungszeiten sowie von Beständen an Bedeutung. E-KANBAN ist ein elektronisch unterstütztes System der Produktionssteuerung nach dem Holprinzip, das permanente Eingriffe einer zentralen Steuerung in den Produktionsablauf überflüssig macht und sich ausschließlich am Kundenbedarf orientiert (vgl. Abbildung 7). Es ist also prädestiniert, innerhalb der Supply Chain die notwendige Versorgung mittels E-Technologien zu realisieren.

Abb. 7: E-KANBAN innerhalb des Supply Chain Managements

Eine Einführung von E-KANBAN-Regelkreisen zu vorgelagerten Unternehmen bedarf einiger Voraussetzungen. Die Auswahl der KANBAN-fähigen Teile ist dabei ebenso wichtig wie die Auswahl geeigneter Lieferanten. Eine E-KANBAN-Anbindung erfordert vom Lieferanten Anpassungen an die Produktionsplanung des Abnehmers. Daraus resultieren veränderte Liefermengen und Abrufe, die von der Produktion des Zulieferers bewältigt werden müssen. Der große Vorteil der Supply Chain ist jedoch, daß diese Anpassungen bereits vorab zum Großteil umgesetzt wurden. Die Umstellung auf E-KANBAN oder andere E-Technologien ist daher weniger tiefgreifend als für andere Firmen. Potentiale können somit schneller gehoben werden. Durch die Just-In-Time-Anlieferung, die mit E-KANBAN realisiert werden kann, können Bestände und Durchlaufzeiten in der gesamten Prozeßkette gesenkt werden. Durch die selbststeuernden Regelkreise wird die Komplexität in der Logistikplanung reduziert. Die Planungs- und Steuerungsabteilungen der Abnehmer werden entlastet und die Kosten für den Beschaffungsprozeß gesenkt. Als weiterer Vorteil für den Abnehmer ist neben der produktionssynchronen Anlieferung die Reduzierung von Bearbeitungsvorgängen aufgrund von E-Technologien wie E-Cash anzuführen. Durch den Wegfall von Vorgängen können zusätzliche Einsparpotentiale realisiert werden. Die Bestellung kann direkt dezentral am Bedarfsort erfolgen. Dadurch wird die Einkaufsabteilung zusätzlich entlastet.

Literatur

Frohlich M. T., Westbrook R.: Arcs of integration: an international study of supply chain strategies, in: Journal of Operations Management, 19 (2001) 2, S. 185–200.
Gosney, John W.: Customer relationship management essentials, Prima Tech, USA – Roseville 2000.
Hahn, D.: Problemfelder des Supply Chain Management, in: Wildemann, H. (Hrsg.): Supply Chain Management, Tagungsband der Kommission für Produktionswirtschaft, München 2000, S. 9–21.
Handlbauer, G.: Kernkompetenzen in internationalen Unternehmungen, in: H. H. Hinterhuber (Hrsg.): Die Herausforderung der Zukunft meistern. Frankfurt 1995.
Kersten, W.: Vielfaltsmanagement – Integrative Lösungsansätze zur Optimierung und Beherrschung der Produkte und Teilevielfalt, in: TCW-report Nr. 31, München 2001.
Johnson, G., Scholes, K.: Exploring Corporate Strategy, Prentice Hall Europe, 5. Auflage, London 1999.
Lee, Padmanabhan und Whang: The bullwhip effect in supply chains, in: Sloan Management Review (Spring, 1997), S. 93–102.
Levy M., Grewal D.: Supply chain management in a networked economy, in: Journal of Retailing, 76(2000)4, S. 549–568.
Meffert, H.: Marketing – Grundlagen marktorientierter Unternehmensführung, 8. Aufl., Wiesbaden, 1998.
Muhlemann, A., Oakland, J., Lockyer, K.: Productions and Operations Management, Pittman Publishing, 6. Aufl., London, 1992.
Pine, B. J.: Mass Customization: The New Frontier in Business Competition, in: Harvard Business School Press, Boston, 1993.
Poirier, C. C.: Advanced Supply Chain Management, San Francisco, 1999.
Ross, D.: Competing through Supply Chain Management, New York 1998.
Vickery, S., Calantone, R., Dröge, C.: Supply Chain Flexibility: An Empirical Study, in: Journal of Supply Chain Management, 35(1999)3, S. 414–427.
Weber, J., Dehler, M.: Effektives Supply Chain Management auf Basis von Standardprozessen und Kennzahlen, Dortmund 1999.

Wiendahl, H. P.: Produktionsplanung und -steuerung, in: Eversheim, W. und Schuh, G. (Hrsg.) Betriebshütte – Produktion und Management, 7. Auflage, Berlin 1996, Kap. 14-1.

Wildemann, H.: Durchlaufzeit-Halbe – Leitfaden für Zeitreduzierungen in Wertschöpfungs- und Geschäftsprozessen, 9. Aufl., München 2001.

Wildemann, H.: Globalisierung – Unternehmensführung und -steuerung.in globalen Märkten, München 1999.

Wildemann, H.: Efficient Consumer Response – Leitfaden zur konsumentenorientierten Neugestaltung von Distributionskanälen und Warengruppen, München 2001.

Wildemann, H.: E-Commerce – Leitfaden zum Einsatz von E-Technologien in der Wertschöpfungskette, München 2001.

Wildemann, H.: Einkaufspotentialanalyse – Programme zur partnerschaftlichen Erschließung von Rationalisierungspotentialen, 2. Aufl., München 2000.

Wildemann, H.: Komplexität: Vermeiden oder beherrschen lernen, in: Harvard Business Manager, 6 (1999), S. 33–53.

Wildemann, H. : Leitfaden Electronic Sourcing – Nutzung von IT-Systemen für die Beschaffung, München 2001.

Wildemann, H: Supply Chain Management – Leitfaden für unternehmensübergreifendes Wertschöpfungsmanagement, München 2001.

Zäpfel, G.: Prozeßwirtschaftlichkeit – Controlling logistischer Prozesse durch eine prozeßorientierte Leistungsrechnung, TCW-report, München 2000.

Zusammenfassung

Es konnte gezeigt werden, daß für die Planung, Steuerung und Koordination von Supply Chains neue Instrumente genutzt werden können. Die als E-Technologien zu bezeichnenden, meist Internetbasierten Tools bieten dabei insbesondere Vorteile hinsichtlich der Schnelligkeit, Einfachheit und Transparenz und somit erhöhter Controlling-Fähigkeit. Diese Vorteile wirken auf die wesentlichen Probleme in der Supply Chain, die insbesondere im Bereich Transparenz und Abstimmung zu sehen sind. Notwendig ist jedoch auch weiterhin eine Untersuchung der entstehenden E-Technologien, die Festlegung der Anwendungsfelder und die Bewertung der betriebswirtschaftlichen Wirkungen. Schon heute bieten E-Technologien jedoch Unternehmen und größeren Zusammenschlüssen von mehreren Unternehmen wie in Supply Chains hohe Verbesserungspotentiale und Möglichkeiten zur Verbesserung der Marktstellung.

Summary

It has been shown, that new instruments can be used for planning, controlling and co-ordinating of supply chains. The mostly internet based tools, called E-Technologies, offer hereby especially advantages with respect to speed, simplicity, transparency and co-ordination, resulting in an increased ability to control business processes. These advantages attack the general problems within the supply chain, which are especially based within the areas of transparency and co-ordination. It is still necessary to explore the developing E-Technologies, their area of application and the impacts they have on business processes. Already today, E-Technologies offer high potentials for single companies and supply chain networks.

84: Planungsrechnung und Controlling (JEL M43)
42: Logistik (JEL M53)

Geschäftsmodelle und Perspektiven des industriellen Einkaufs im Electronic Business

Von Wolfgang Kersten*

Überblick

- Das Internet verändert den Wettbewerb und stellt die Unternehmen vor vielfältige neue Herausforderungen. So gilt es einerseits eine neue Technologie zu beherrschen und auf die eigenen Geschäftsprozesse anzuwenden. Andererseits müssen die durch das Internet ausgelösten Veränderungen der Marktstrukturen mit neuen Marktteilnehmern, veränderten Wettbewerbs-situationen und neuen Spielregeln möglichst frühzeitig erkannt und in eigene Geschäftsstrategien umgesetzt werden.

- Eine besondere Bedeutung kommt hierbei den virtuellen Marktplätzen zu, deren Transaktionsmechanismen von intelligenten Matching-Funktionen für Angebot und Nachfrage über Katalogsysteme bis hin zu Modellen der dynamischen Preisfindung reichen.

- Die Möglichkeiten zur Materialkosten- und Prozeßkosteneinsparung durch virtuelle Marktplätze führen dazu, daß derartige Cyberintermediäre verstärkt in die Geschäftsprozesse eingebunden werden, obwohl der Schwerpunkt der Internetnutzung bislang vorwiegend auf Informationsbeschaffung und -übermittlung und weniger auf dem konkreten Bestellvorgang liegt.

- Dieser Beitrag basiert wesentlich auf Analysen von 74 internationalen B2B-Marktplätzen, empirischen Erhebungen bei 28 Anwenderunternehmen sowie intensiven Diskussionen mit Anbietern und Nutzern im Rahmen des vom Verfasser durchgeführten Arbeitskreises e-Supply.

Eingegangen: 23. Februar 2001

o. Univ.-Professor Dr. Wolfgang Kersten ist Inhaber des Lehrstuhls für Produktionswirtschaft und Leiter des gleichnamigen Arbeitsbereichs an der Technischen Universität Hamburg-Harburg. TUHH, Arbeitsbereich Produktionswirtschaft, Schwarzenbergstr. 95, 21073 Hamburg, e-mail: w.kersten@tu-harburg.de. Forschungsschwerpunkte: Optimierung von Produktions- und Entwicklungsprozessen, Wissensmanagement, Vielfaltsmanagement, Electronic Business.

© Gabler-Verlag 2001

A. Das Internet verändert den Wettbewerb

Der Geschäftsverkehr im Internet wächst so schnell, daß die Prognosen über künftige Umsätze mindestens einmal monatlich angehoben werden. Unternehmen, die kurzfristig noch Wettbewerbsvorteile erringen oder mittelfristig zumindest Wettbewerbsnachteile vermeiden wollen, müssen schnellstmöglich diese Technologie in ihren Geschäftsprozessen nutzen.[1] Damit stellt das Internet die Unternehmen vor vielfältige strategische und operative Herausforderungen: Mit dem Internet gilt es eine neue Technologie zu beherrschen und in die eigenen Geschäftsprozesse zu integrieren. Dazu müssen die technischen, organisatorischen und personellen Voraussetzungen geschaffen werden. Darüber hinaus müssen als Grundlage für die Formulierung und Umsetzung einer eigenen e-Business-Strategie die Veränderungen der strategischen Rahmenbedingungen durch neu strukturierte Märkte mit neuen Marktteilnehmern, erhöhter Transparenz und Geschwindigkeit sowie neuen Mechanismen und Spielregeln frühzeitig erkannt und berücksichtigt werden.

Die Ausgangssituation der Unternehmen auf dem Weg zum Electronic Business ist gekennzeichnet durch ein ganzes Bündel aktueller Rahmenbedingungen und Herausforderungen (vgl. Abb. 1). So stehen die Unternehmen in einem kontinuierlichen Globalisierungsprozeß, der nahezu ausnahmslos alle Branchen erfaßt hat. Die Unternehmen stehen damit einerseits unter dem Druck globaler Konkurrenz im eigenen Land und müssen andererseits ihre eigenen Leistungen weltweit anbieten und vermarkten. Global wettbewerbsfähig zu sein fordert von den Unternehmen auch die Nutzung der globalen Beschaffungsmärkte und eine international verteilte Wertschöpfung. Insbesondere kleine und mittlere Unternehmen können diesem Druck allein und aus eigener Kraft kaum Stand halten. Wie die Entwicklungen der Automobilindustrie zeigen, führt dies entweder zu immer größeren Konglomeraten auf der Zulieferantenseite oder zu einer steigenden Vernetzung

Abb. 1: Aktuelle Herausforderungen der Unternehmen

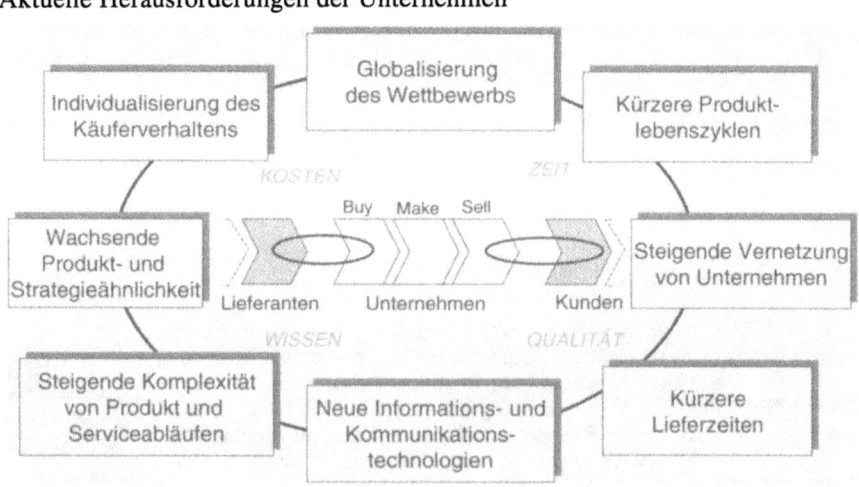

im Wertschöpfungsprozeß. Dabei konzentrieren sich alle Beteiligten auf ihre Kernkompetenzen.[2]

Auch auf der Produktseite stehen die Unternehmen vor großen Herausforderungen. Produkte und Serviceleistungen werden immer komplexer, während die Unterschiede zu den Wettbewerbern immer kleiner werden. Die Produktlebenszyklen haben sich in den letzten Jahren deutlich verkürzt, so daß die Anforderungen hinsichtlich Entwicklungs- und Vermarktungsgeschwindigkeit deutlich gestiegen sind. Zusätzlich fordern sowohl private als auch industrielle Kunden möglichst individuelle Komplettlösungen und verlangen gleichzeitig eine äußerst kurzfristige Lieferung. Dynamische Produktdifferenzierung[3] und Mass Customization[4] sind konzeptionelle Antworten auf diese Herausforderungen.

Aktuelle Informations- und Kommunikationstechnologien spielen in diesem Kontext eine Doppelrolle: Einerseits stellen sie selbst eine große Herausforderung dar, die strategisch, technisch, organisatorisch und personell bewältigt werden muß. Andererseits befähigen sie die Unternehmen zur Bewältigung der oben genannten Herausforderungen.[5] Besondere Bedeutung kommt hierbei dem Internet zu, das zumindest prinzipiell den Unternehmen eine globale Marktpräsenz bzw. Lieferantensuche ermöglicht. Gleichzeitig eröffnet das Internet auch kleineren und mittleren Unternehmen neue und häufig auch direktere Wege zur Kommunikation mit Kunden und Lieferanten. Mit Hilfe intelligenter Konfiguratoren kann der Kunde sein Produkt über das Internet in direkter Interaktion mit dem Hersteller individuell zusammenstellen. Mit dieser internetgestützten Selbstindividualisierung können Hersteller eine wesentliche Komponente der Mass Customization Strategie kostengünstig umsetzen.[6] Allerdings gelten globale Reichweite und direkte Erreichbarkeit auch für den Wettbewerber, deren Angebot nur noch einen Mausklick entfernt ist. Zusätzliche Wettbewerber und erhöhte Angebotstransparenz aller Wettbewerber führen zu einer weiteren Verschärfung des Wettbewerbs durch das Internet. Der Nutzung internetgestützter Geschäftsprozesse zur Erhöhung des Kundennutzens durch Beschleunigung und Erbringung kundenindividueller Leistungen sowie zur Komplexitätsbeherrschung und Kostenreduzierung kommt daher eine große strategische Bedeutung zu.[7]

B. Geschäftsmodelle im Electronic Business

Electronic Business ist ein Überbegriff für die strategische Anwendung von computergestützen Informations- und Kommunikationstechnologien zur Erreichung der Unternehmensziele einschließlich der entsprechenden Ausgestaltung und Neuordnung von Geschäftsprozessen. Electronic Business schließt somit den auf die Abwicklung von Vertriebs- und Beschaffungsprozessen im Internet fokussierten Begriff des Electronic Commerce ein und erfasst zusätzlich die elektronische Unterstützung aller Stufen des Wertschöpfungsprozesses, z.B. durch e-Design, e-Manufacturing und e-Logistics sowie der administrativen Geschäftsprozesse.[8]

Im Electronic Commerce hat sich in den letzten Jahren eine Vielzahl unterschiedlicher Geschäftsmodelle entwickelt, die von klassischen Handelstransaktionen über ergänzende Dienstleistungen, wie z. B. Trust Services und Information Brokerage, bis hin zu virtuellen Märkten und Collaboration Platforms reicht. Im folgenden werden internetgestützte Geschäftsmodelle allerdings nicht allgemein und in der Breite untersucht, sondern insbesondere unter dem Aspekt des internetgestützen industriellen Einkaufs aus der Perspektive von Abnehmern und Zulieferanten vertieft.

I. Phasen und Beteiligte internetgestützter Geschäftsmodelle für den industriellen Einkauf

Analog zu konventionellen Geschäftsmodellen finden sich auch bei Geschäften im Electronic Business die Phasen Kontaktanbahnung, Verhandlung und Abwicklung.[10] In diesen Phasen gibt es jeweils eine Dualität klassischer und internetgestützter Vorgehensweisen. So kann die Kontaktanbahnung aus der Sicht des Lieferanten sowohl über Fachzeitschriften, Messen und Direktansprachen etc. als auch internetgestützt erfolgen. Zur Kontaktanbahnung über das Internet kommen sowohl Internetwerbung über Banner und Links als auch die Präsenz auf virtuellen Marktplätzen in Betracht. Der Abnehmer seinerseits wertet klassische Medien genauso aus wie die Angebote auf virtuellen Marktplätzen. Zusätzlich kann er seinen Bedarf auf virtuellen Marktplätzen oder einer eigenen Purchasing Site veröffentlichen. In den meisten Fällen werden Lieferanten und Abnehmer mehrere Wege parallel gehen und das Internet als zusätzlichen Vertriebs- und Beschaffungskanal nutzen.

Den virtuellen Marktplätzen kommt dabei zunehmend eine herausragende Rolle als Drehscheibe zwischen Zulieferanten und Abnehmern zur Zusammenführung von Angebot und Nachfrage zu.[11] Kleine und mittlere Unternehmen realisieren hier die Chance einer branchenweiten oder branchenübergreifenden Präsenz bzw. Suchmöglichkeit. Großunternehmen nutzen virtuelle Marktplätze nicht nur als Vertriebskanal sondern auch als Beschaffungsplattform, obwohl sie über einen ausreichenden Bekanntheitsgrad und hinreichende Marktmacht verfügen, um eigene Purchasing Sites erfolgreich zu betreiben.

In der Verhandlungsphase gibt es ebenfalls eine Dualität von konventionellen und internetgestützten Vorgehensweisen. So können selbst bei Kontaktanbahnung über virtuelle Marktplätze Angebote und Verhandlungen auf traditionellem Wege abgewickelt werden, wenn geeignete Transaktionsmechanismen noch nicht zur Verfügung stehen. Da sich zahlreiche Marktplätze derzeit noch in der Aufbauphase befinden, ist dies gar nicht selten der Fall. Andererseits können gerade auch konventionelle Direktkontakte genutzt werden, um geeignete Teilnehmer für internetgestützte Transaktionsmechanismen, wie z.B. Reverse Auctions, zu selektieren. Dies ist insbesondere dann erfolgversprechend, wenn der Auktionsanbieter über ein hohes Maß an Einkaufsexpertise verfügt und in einem entsprechenden Netzwerk agieren kann.

In der Abwicklungsphase konkurrieren wiederum konventionelle und internetgestützte Vorgehensweisen. Die Unterstützung der Logistik durch internetbasierte Sendungsverfolgung bzw. internet-/WAP-basiertes Anlieferungsmanagement bietet hier ein großes Optimierungspotential. Die Realisierung dieses Potentials stellt eine wesentliche Voraussetzung zur Erfüllung der erhöhten Geschwindigkeits- und Flexibilitätsanforderungen dar, die sich aus der durch Electronic Business beschleunigten Anbahnungs- und Verhandlungsphase ergeben.[12] Die aufgezeigten Abläufe lassen zudem erkennen, daß im Electronic Business neben Zulieferanten, Abnehmern und Logistikdienstleistern vor allem die virtuellen Marktplätze als Intermediäre eine wesentliche Rolle in den Geschäftsmodellen spielen.

II. Business-to-Business-Geschäftsmodelle auf virtuellen Marktplätzen

Eine Gegenüberstellung der klassischen und der internetgestützten Zuliefer-/Abnehmerbeziehung macht deutlich, daß auch hier große Parallelitäten bestehen. Im klassischen Fall wird der industrielle Einkauf insbesondere über Direktverhandlung bzw. Zwischenhandel sowie ggfs. auch über Bedarfsveröffentlichungen, z.B. in Form von Ausschreibungen für Bauprojekte, getätigt. Dem stehen entsprechende internetgestützte Vorgehensweisen gegenüber. So kann beispielsweise der Direktverkauf online über eine Website des Zulieferanten erfolgen, die als Katalog (z.B. conrad.de) oder als Konfigurator (z.B. dell.de) ausgestaltet ist. Einen zunehmend wichtigeren Spezialfall stellt darüber hinaus die digitale Lieferung bestellter Dokumente dar.

Unternehmen, wie z.B. Siemens, HP, VDO etc., schreiben Bedarfe online auf eigenen Procurement Webpages aus, die z. T. auch schon mit Transaktionsmechanismen wie Reverse Auctions ausgestattet sind. Zulieferanten suchen diese Bedarfe eigenständig und geben Angebote ab bzw. beteiligen sich an den Auktionsterminen. Voraussetzung für den Erfolg einer eigenen Procurement Webpage sind allerdings Größe und Bekanntheitsgrad des Unternehmens, damit eine ausreichende Nutzungsfrequenz der Website gegeben ist. Kleine und mittlere Unternehmen sind deshalb auf virtuelle Marktplätze als Intermediäre angewiesen.

Virtuelle Marktplätze führen Angebot und Nachfrage über das Internet online zusammen.[13] Sie richten sich entweder als horizontale Marktplätze branchenübergreifend auf ein bestimmtes Produktspektrum, wie z.B. Büromaterial oder MRO-Teile, aus oder konzentrieren sich als vertikale Marktplätze auf einzelne Branchen, wie z.B. Flugzeugbau, chemische Industrie oder Bauindustrie.[14] Der Trend geht eindeutig zu vertikalen sowie fokussierten vertikalen Marktplätzen, die sich innerhalb einer Branche noch weiter spezialisieren.[15] Diese Marktplätze besitzen sehr spezifisches Branchen-Know-how und können die für die Kundenbindung wichtigen Dienstleistungen des Marktplatzes besser auf den spezifischen Kundenkreis zuschneiden. So hat beispielsweise der Chemie-Marktplatz Cheop eine spezielle Synonymdatenbank mit mehr als 300.000 Einträgen für die gehandelten Chemikalien aufgebaut, damit Nachfrage und Angebot begrifflich überhaupt zusammengebracht werden können.

Virtuelle Marktplätze unterscheiden sich nicht nur bzgl. ihrer branchenspezifischen bzw. branchenübergreifenden Ausrichtung, sondern auch hinsichtlich der angebotenen Transaktionsmechanismen (vgl. Abb. 2). Darüber hinaus unterscheiden sich virtuelle Marktplätze von Portalen, die sich als reine Informationsverzeichnisse ohne Transaktionen positionieren.[16]

Schwarze Bretter veröffentlichen konkrete Angebote und Bedarf als Online-Ausschreibung und unterstützen die Zusammenführung von Angebot und Nachfrage durch mehr oder weniger intelligente Matching-Funktionen. So können beispielsweise Bedarfe anstelle einer allgemeinen Ausschreibung aktiv gezielt an geeignete Lieferanten auf dem Marktplatz weitergeleitet werden. Aus den eingehenden Angeboten können vom Marktplatzbetreiber gleich die günstigsten Offerten selektiert werden, so daß der Nachfrager nur die besten Angebote erhält. Die Nutzung derartiger Matching-Funktionen setzt ein hohes Vertrauen in Unabhängigkeit, Kompetenz und Leistungsfähigkeit des Marktplatzbetreibers voraus.

Abb. 2: Transaktionsmechanismen virtueller Marktplätze

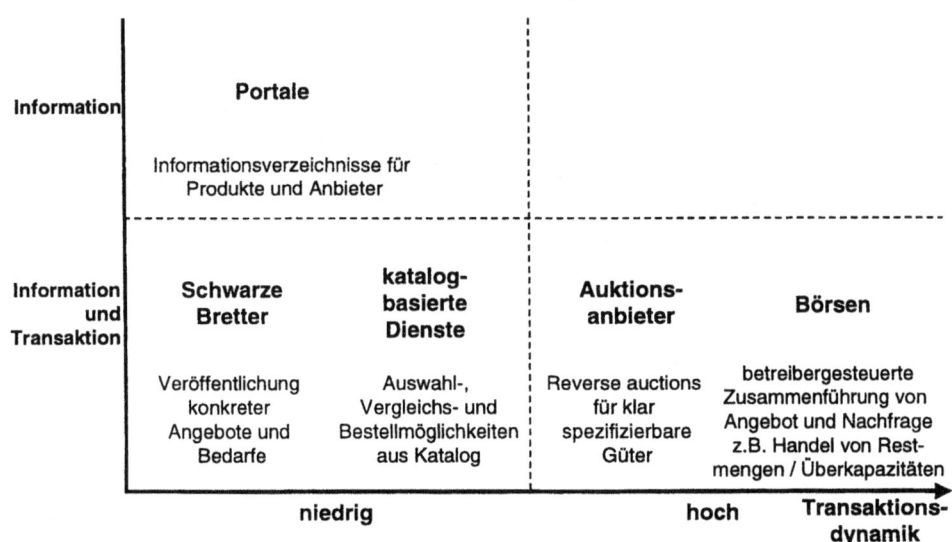

Katalogbasierte Marktplätze führen Einzelkataloge unterschiedlicher Lieferanten zu einem Multi-Lieferanten-Katalog zusammen, so daß der Nachfrager Auswahl-, Vergleichs- und Bestellmöglichkeiten aus einer Vielzahl von Angeboten hat. Problematisch sind allerdings die unterschiedlichen Benutzeroberflächen der Marktplätze, da in der Regel mehrere katalogbasierte Marktplätze zu unterschiedlichen Produktgruppen genutzt werden müssen. Vertikale Marktplätze versuchen dies durch ein branchenspezifisch komplettes Angebot zu umgehen und so die Kunden dauerhaft an sich zu binden.

Eine weitere Form der Marktplätze bietet Auktionsmechanismen für den industriellen Einkauf an. Hier werden für genau spezifizierte Einkaufsbedarfe im Rahmen von sogenannten umgekehrten Auktionen die preisgünstigsten Lieferangebote ermittelt. Alle Lieferanten bieten während der meist ein- bis dreistündigen Auktion online über das Internet und können zeitgleich den aktuellen Stand der Wettbewerbsgebote am Bildschirm anonym verfolgen. So entsteht eine Markttransparenz und Marktdynamik, die bei der klassischen Vorgehensweise des Einkaufs mit getrennten Verhandlungsrunden bei den potentiellen Lieferanten bei weitem nicht erreicht wird.

Eine weitere Form der dynamischen Preisfindung stellen die Börsen dar. Bei den Börsen werden Angebot und Nachfrage betreibergesteuert zusammengeführt. Analog zu Aktien- und Warenbörsen werden die Kontraktpreise aus den jeweiligen Geboten dynamisch ermittelt. Schwerpunkt der Börsen ist der Handel mit Restmengen und Überkapazitäten, wie z.B. bei Strom.

Neben diesen Transaktionsmechanismen etabliert sich derzeit auch das Pool-Buying, eine internetgestützte Bündelung von Einkaufsbedarfen mehrerer Unternehmen, auf ersten virtuellen Marktplätzen. Gerade kleine und mittlere Unternehmen können dadurch bei Standardteilen deutliche Einsparungen erzielen.

III. Nutzen der Business-to-Business-Geschäftsmodelle für die Unternehmen

Der steile Anstieg der Umsätze im internetgestützten Business-to-Business-Geschäftsverkehr belegt den Erfolg der gezeigten Geschäftsmodelle am Markt. Basis dafür sind die hohen Nutzenpotentiale dieser Geschäftsmodelle für Abnehmer und Zulieferanten (vgl. Abb. 3).

Virtuelle Märkte ermöglichen den Abnehmern die Erschließung neuer Beschaffungsquellen.[17] Dabei stehen für die Abnehmer die möglichen Einsparungen im Vordergrund. Erste Erfahrungen aus den USA zeigen, daß die Einsparungen aus Reverse Auctions je nach Materialgruppe zwischen etwa 5 und 35% des bisherigen Einkaufspreises liegen. In Deutschland wurden durchschnittlich etwa 14% erzielt.[18] Für den Einkauf bedeutet dies ein erhebliches kurzfristig erschließbares Einsparpotential. Voraussetzung ist häufig eine Erweiterung des bestehenden Lieferantenkreises, da die Auktionsmechanismen erst ab einer Mindestteilnehmerzahl von etwa 5 Lieferanten richtig zur Wirkung kommen. Damit werden Lieferantenbewertungen erforderlich, sofern nicht eine vertrauenswürdige Lieferantenbewertung durch den Marktplatzbetreiber vorliegt. Als weiterer positiver Effekt ergibt sich für die Abnehmer eine zunehmende Unabhängigkeit des Verhandlungserfolges von Personen, da die Preisfindungsmechanismen vom System vorgegeben werden.

Nicht nur auf die Einkaufspreise, sondern vor allem auch auf die Prozeßkosten und Durchlaufzeiten des Einkaufs- und Beschaffungsprozesses zielt das Konzept der katalogorientierten Marktplätze, wenn sie im Direct Purchasing Verfahren genutzt werden. Dann können die Abteilungen eines Unternehmens, z.B. C-Teile, über das Internet direkt aus Katalogen beschaffen, ohne jedesmal den Einkauf einschalten zu müssen.[19]

Die Einsparpotentiale des Direct Purchasing sind enorm. Bisherige Erfahrungen zeigen, daß die Prozeßkosten des Einkaufs um bis zu 90% reduziert und die Durchlaufzei-

Abb. 3: Vorteile der Nutzung virtueller Marktplätze

ten in der Beschaffung mehr als halbiert werden können.[20] Damit werden Kapazitäten im Einkauf freigespielt, die für die auf virtuellen Märkten zunehmenden strategischen Einkaufsaufgaben der Lieferantensuche und -bewertung dringend benötigt werden.

Für die Zulieferanten steht die Erschließung überregionaler bzw. globaler Marktpotentiale sowie die Reduzierung ihrer Vertriebskosten im Vordergrund. Aber auch für die Lieferanten ergeben sich Vorteile aus den Auktionen. Durch die Transparenz der Wettbewerbsgebote erhalten sie eine eindeutige Rückmeldung über ihre preisliche Wettbewerbsfähigkeit – im Gegensatz zu den verhandlungstaktisch geprägten Aussagen der Einkäufer. Außerdem entfallen langwierige Verhandlungsrunden, an deren Ende doch kein Auftrag steht.

Aus Sicht der Zulieferanten ist eine weitere Preisreduzierung natürlich wenig erstrebenswert. Trotzdem können sie sich den virtuellen Märkten auf Dauer nicht entziehen, so daß ihre Schlüsselfrage lautet: *Wie kann das Unternehmen optimal auf die Teilnahme an virtuellen Marktplätzen und Auktionen vorbereitet werden?* Dazu gehört nicht nur die EDV-Seite, sondern vor allem die Einstellung der Unternehmensorganisation auf die Geschwindigkeit des Internet. So vergehen von der Formulierung des Einkaufsbedarfs bis zur Durchführung der Auktion meist nur wenige Wochen. In dieser Zeit muß die Kalkulation des Auftrags entsprechend der vereinbarten Spezifikation stehen und die Strategie für die Auktion bis hin zum Ausstiegspunkt definiert sein.

C. Stand der Nutzung von Electronic Business im industriellen Einkauf

I. Generelle Entwicklung von Electronic Business

Verbreitung und Anwendung von Electronic Business bzw. Electronic Commerce sind derzeit Gegenstand zahlreicher Studien.[21] Kernaussagen sind die rasch wachsenden Nutzerzahlen, die steil ansteigenden Umsatzprognosen sowie die hohen Zuwächse bei den Anbieterzahlen.

Generell hat die Zahl der Internetnutzer weltweit stark zugenommen. Weltweit wurden Anfang 2000 ca. 330 Mio. Nutzer ermittelt, davon in Europa ca. 92 Mio.[22] Die jährlichen Zuwachsraten liegen in den nächsten Jahren voraussichtlich bei etwa 25%. In der Bundesrepublik Deutschland wurden im August 2000 bereits 18 Mio. Internetnutzer registriert.[23] Davon sind schon etwa die Hälfte im e-Commerce aktiv geworden und haben Produkte und Dienstleistungen über das Internet bestellt (vgl. Abb. 4). Die schnelle Verbreitung des Internet im privaten Bereich und der bereits jetzt hohe Anteil der e-Consumer kann als Indikator dafür gewertet werden, daß dieser neuen Technologie bei der Integration in den Arbeitsprozeß in den Unternehmen grundsätzlich niedrigere Akzeptanzbarrieren als bei anderen neuen Technologien entgegenstehen. Akzeptanzprobleme werden weniger aus der Technologie selbst als vielmehr aus den mit der Einführung verbundenen organisatorischen Veränderungen entstehen.

Alle Umsatzprognosen für den elektronischen Handel über das Internet weisen steil nach oben und werden regelmäßig weiter nach oben korrigiert. Zu Beginn des Jahres wurde erwartet, daß der weltweite Umsatz über das Internet von ca. 250 Mrd. US-$ im Jahre 2000 auf etwa 1.300 Mrd. US-$ (2003) ansteigt.[24] Gleichzeitig fällt der Anteil des Busi-

Abb. 4: Endkonsumentenhandel im Internet

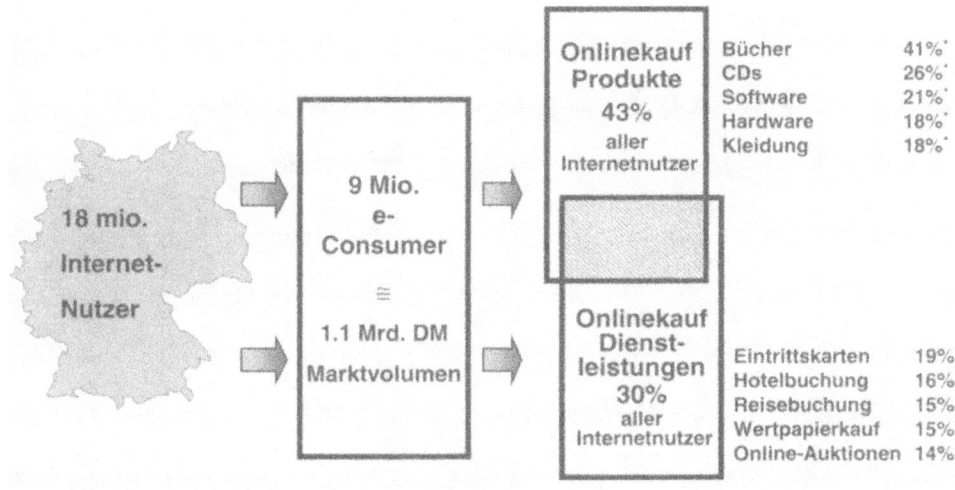

Quelle: Daten aus GfK Online – Monitor, 6. Untersuchungswelle, August 2000

ness-to-Consumer-Handels am Gesamtvolumen von etwa 23% auf 13%. Mittlerweile wurde die Umsatzgesamtprognose auf 400 Mrd. US-$ für das Jahr 2000 bzw. 1.800 Mrd. US-$ für das Jahr 2003 angehoben.[25] Trotz der Unschärfen und Abgrenzungsprobleme in den Prognosen sowie der Unterschiede zwischen den verschiedenen prognostizierenden Instituten dokumentieren diese Zahlen eindrucksvoll die Bedeutung des internetgestützten Handels für die Unternehmen sowie die Dominanz des Business-to-Business-Segments.

II. Entwicklung der virtuellen Marktplätze

Von besonderer Bedeutung für die Entwicklung des elektronischen Handels sind virtuelle Marktplätze, die Nachfrage und Angebot internetgestützt gezielt zusammenführen. Ihr Anteil am elektronischen Handelsvolumen liegt im Jahr 2000 noch unter 15%, steigt bis zum Jahr 2003 jedoch auf rund 50% des Gesamtvolumens an.[26] Vor diesem Hintergrund ist die Entwicklung der Anzahl virtueller Marktplätze in den vergangenen 12 Monaten nicht überraschend. Waren im Herbst 1999 nur ca. 332 Marktplätze weltweit aktiv, so wurden im Juni 2000 bereits 1090 Marktplätze und im August 2000 sogar schon 1376 Marktplätze ermittelt (vgl. Abb. 5). Diese Entwicklung setzt sich sehr dynamisch fort – fast täglich kommen neue virtuelle Marktplätze hinzu. Die USA nehmen mit einem Anteil von fast 70% der bestehenden Marktplätze eine absolut dominierende Vorreiterrolle ein. Die Bundesrepublik Deutschland hatte mit 133 Marktplätzen im Juni einen Anteil von ca. 12% und lag damit weltweit bereits an zweiter Stelle.[27]

Abb. 5: Zahl der Onlinemarktplätze im B2B-Handel Weltweit

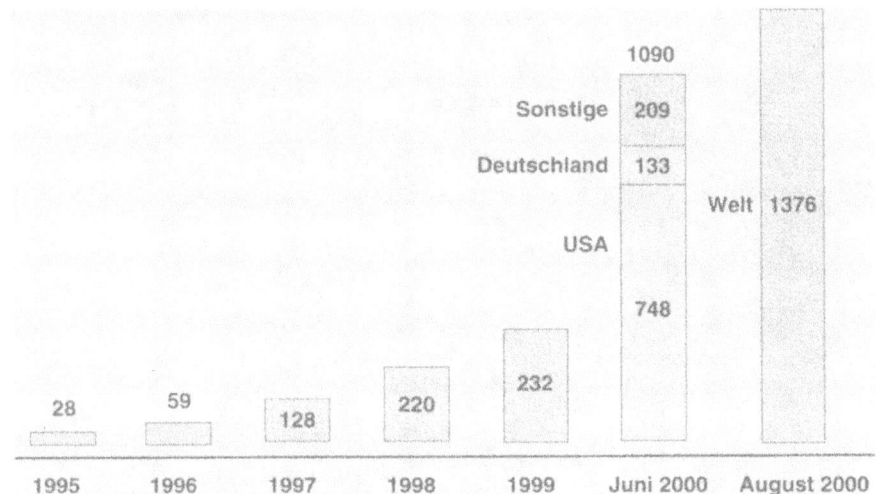

Quelle: Berlecon Research (2000)/Deloitte Consulting (2000)

Die hohen Zahlen virtueller Marktplätze führen direkt zu der Problematik der Überlebensfähigkeit. Eine Analyse einzelner Branchen lässt erkennen, daß z. T. schon mehr als 10 Marktplätze auf dem gleichen Gebiet aktiv sind, wie z.B. in der chemischen Industrie. Es ist deshalb zu erwarten, daß dauerhaft nur etwa ein Drittel der Marktplätze überlebensfähig ist.

Für Abnehmer und Zulieferanten gilt es deshalb, aus der großen Vielfalt konkurrierender Marktplätze die für das eigene Geschäft relevanten und bestgeeigneten Plattformen zu selektieren.[28] Kriterien dafür sind insbesondere

– Anzahl und Bedeutung der Marktteilnehmer,
– angebotene Transaktionsmechanismen und Dienstleistungen,
– Partnerschaften und Vernetzungen mit anderen Marktplätzen und Dienstleistern,
– Unabhängigkeit und Integrität des Marktplatzbetreibers,
– Branchen- und Managementkompetenz des Führungsteams,
– Ausbaufähigkeit und Flexibilität der technischen Basis sowie
– Geschäftsmodell und Tarifstruktur des Marktplatzes.

Vor dem Hintergrund der allgemeinen Diskussion über die Überlebensfähigkeit zahlreicher Unternehmen der New Economy sowie im Hinblick auf die zu erwartende Marktbereinigung der virtuellen Marktplätze können so Stabilität und strategische Perspektiven des Marktplatzbetreibers fundiert analysiert werden. Eine nutzwertanalytische Vorgehensweise mit interdisziplinär durchgeführter Gewichtung und Bewertung führt zu einer Rangreihe der potentiellen Marktplatzpartner. Am Ende dieses Prozesses steht nicht nur ein Marktplatz, da derzeit kein Marktplatz alle Bedürfnisse allein abdecken kann. Vielmehr ergibt sich ein Portfolio derjenigen Marktplätze, die den Bedarf des Unternehmens bestmöglich abdecken. Diese Vorgehenssystematik hilft Rückschläge für die eigene e-Business-Strategie durch die Bindung an nicht überlebensfähige Marktplätze zu vermeiden.[29] Allerdings erfordert eine fundierte Bewertung der genannten Kriterien erhebliches Knowhow, so daß gerade kleine und mittlere Unternehmen vielfach auf externe Unterstützung angewiesen sind.

III. Stand der Nutzung im industriellen Einkauf

Wie intensiv werden Internettechnologien heute und in den nächsten Jahren von den Unternehmen im industriellen Einkauf genutzt? Diese Frage stand im Mittelpunkt einer in diesem Jahr vom Verfasser durchgeführten empirischen Erhebung bei 28 mittleren und großen Unternehmen. Als Ergebnis lässt sich grundsätzlich festhalten, daß die Schwerpunkte heute noch ganz eindeutig auf der Nutzung des Internets zur Informationsgewinnung sowie zur Übermittlung von Anfragen und Angeboten liegen (vgl. Abb. 6–8). Allerdings planen in den nächsten 2–3 Jahren fast 70% der befragten Unternehmen die Bestellung über das Internet. In Verbindung mit den prognostizierten Umsatzzuwächsen für den internetgestützten Business-to-Business-Handel wird deutlich, daß das Internet für den Einkauf künftig eine absolute Schlüsseltechnologie darstellt.

In der Phase der Beschaffungsanbahnung nutzen das Internet bereits heute 71% der befragten Unternehmen zur Informationsgewinnung und gut die Hälfte der Unternehmen für die Übermittlung von Anfragen und Angeboten sowie die Suche in Produktkatalogen (vgl. Abb. 6). Mindestens drei Viertel aller Unternehmen werden das Internet für diese Einkaufsaufgaben in den nächsten Jahren nutzen. Erstaunlich ist allerdings die Quote von im-

Abb. 6: Internetnutzung im Einkauf: Anfrage und Angebot

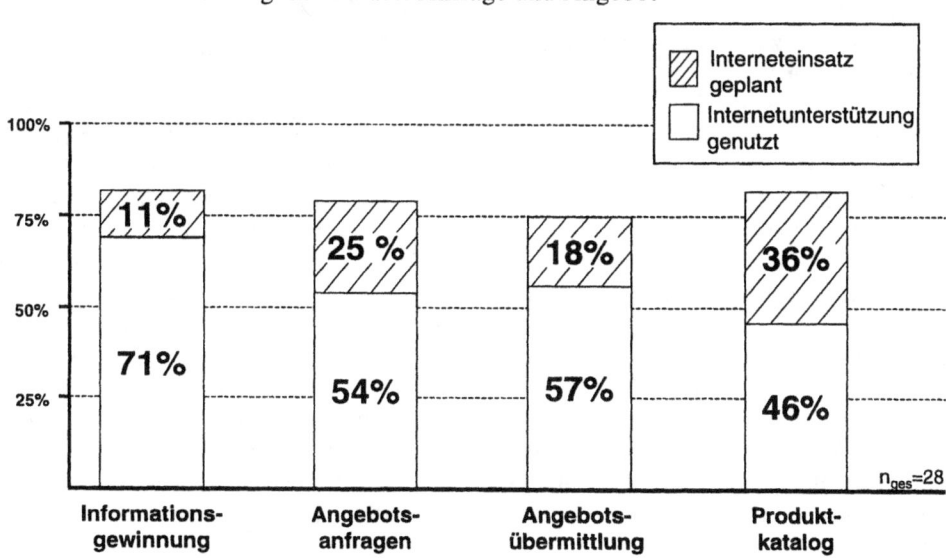

Abb. 7: Internetnutzung im Einkauf: Konfiguration und Bestellung

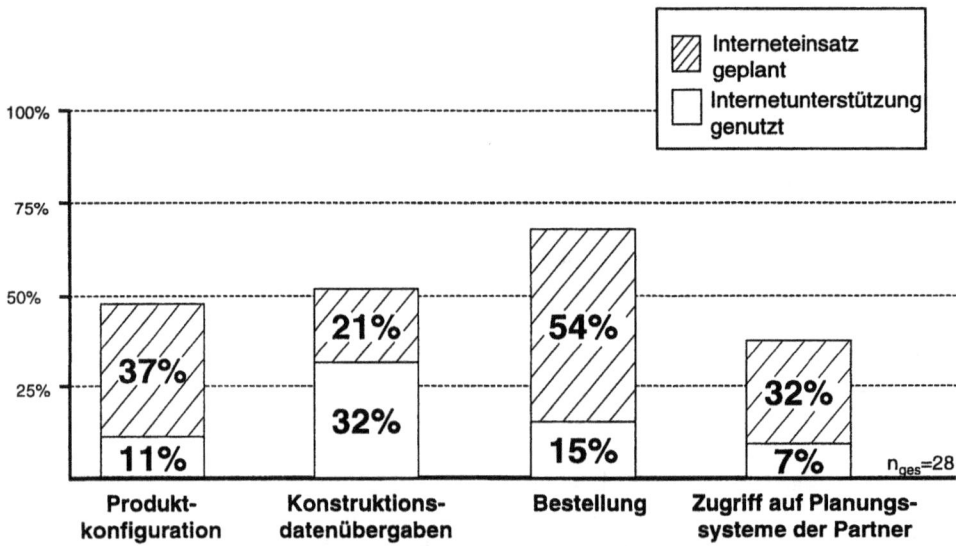

merhin jeweils fast 25% der Unternehmen, die das Internet nicht für diese grundlegenden Einkaufsaufgaben nutzen wollen. Hier fehlen zum Teil einfach noch Voraussetzungen bzw. das Bewußtsein für das Potential der Internetnutzung in den Geschäftsprozessen des Einkaufs.

Wesentlich niedriger liegen die Nutzungsquoten in der Phase der konkreten Beschaffungsvereinbarung (vgl. Abb. 7). Nur 11% der befragten Unternehmen nutzen die Möglichkeit zur Konfiguration zu beschaffender Produkte über das Internet, nur 15% nutzen die Möglichkeit zur Bestellung über das Internet und sogar nur 7% greifen über das Internet auf Planungssysteme der Partner zu. Immerhin ein Drittel nutzt das Internet bereits heute zur Übergabe von Konstruktionsdaten. Eine Erweiterung des Betrachtungshorizonts auf die nächsten zwei bis drei Jahre zeigt allerdings, daß dann bereits 70% aller befragten Unternehmen über das Internet bestellen wollen. Etwa die Hälfte der Konstruktionsdaten wird internetgestützt ausgetauscht. Ähnliche Trends gelten bezüglich der Produktkonfiguration. Im Hinblick auf die seit längerem intensiv geführte Diskussion über Supply Chain Management überrascht allerdings, daß nur knapp 40% der befragten Unternehmen internetgestützten Zugriff auf die Planungssysteme der Partner nehmen wollen.

Verhältnismäßig niedrig liegen auch die Anwendungsquoten in der Abwicklungs- und After-Sales-Phase (vgl. Abb. 8). Am weitesten verbreitet ist hier noch die Zahlung über das Internet, gefolgt von internetgestützten Lieferankündigungen und Sendungsverfolgungen via Tracking und Tracing. Rechnungsstellung und Reklamationsbearbeitung nimmt heute nur ein Zehntel der Unternehmen über das Internet vor. Etwa die Hälfte der befragten Unternehmen wird diese Aufgaben innerhalb der nächsten zwei bis drei Jahre internetgestützt erledigen. Lediglich die Lieferankündigungen bleiben in der Anwendung etwas zurück.

Abb. 8: Internetnutzung im Einkauf: Abwicklung und After Sales

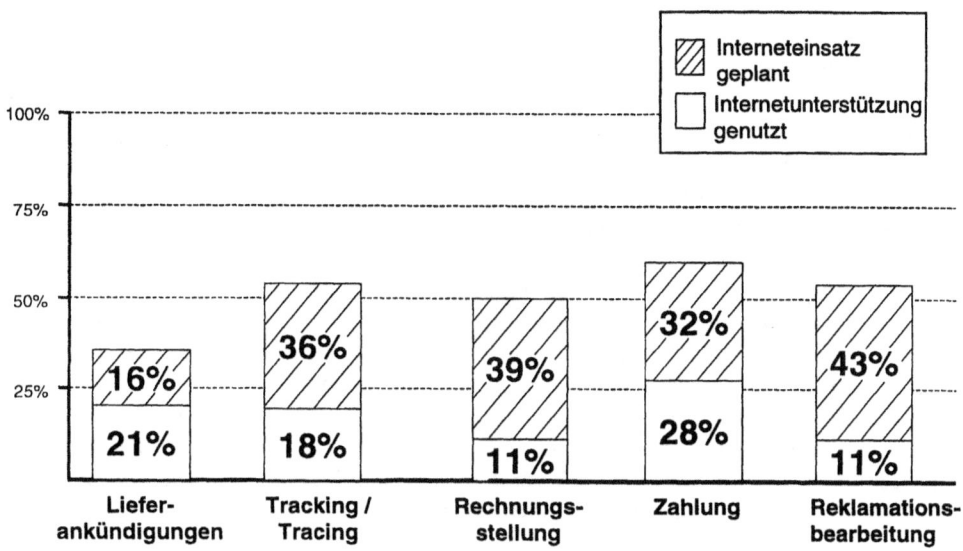

Generell lassen die empirischen Ergebnisse erkennen, daß das Internet in großer Breite in die Geschäftsprozesse des Einkaufs integriert werden wird. Die Unternehmen müssen die Einführung internetgestützter Einkaufsprozesse zügig vorantreiben – weniger um Wettbewerbsvorteile zu erringen, sondern mehr um Wettbewerbsnachteile zu vermeiden.

D. Ausblick

Der Trend zum Electronic Business im Einkauf ist unaufhaltsam. Immer mehr Unternehmen beteiligen sich am Business-to-Business Handel virtueller Marktplätze und unterstützen ihre Einkaufsfunktionen durch das Internet. Aufgrund der bereits jetzt zu hohen Anzahl virtueller Marktplätze zeichnet sich gegenwärtig ein Trend zu Marktplatznetzwerken starker Partner und zu Meta-Marktplätzen ab. Netzwerke starker Partner bilden sich technologie- und strategiebedingt jeweils um die 3 großen Anbieter von Marktplatzlösungen für das Internet: Commerce One, Ariba und Oracle. Diese Entwicklung muß von den Unternehmen bei der Entscheidung für Marktpartner unbedingt berücksichtigt werden, da ein Umstieg auf jeden Fall zusätzlichen Aufwand bedeutet.

Ein gutes Beispiel für Meta-Marktplätze ist der gerade von der Deutschen Telekom gestartete virtuelle Marktplatz T-Mart. Hier werden zahlreiche Funktionalitäten, Transaktionsmechanismen und Services branchenübergreifend und branchenspezifisch verfügbar gemacht. Die unterstützten Funktionen reichen von der Akquisition über die Verhandlung von Rahmenverträgen und Preisen bis hin zu Dienstleistungen in den Bereichen Logistik und Abrechnung. Um dieses breite Leistungsangebot sicherstellen zu können, werden eine Vielzahl von Marktplatz- und Serviceanbietern unter dem Dach des Telekom-Marktplatzes gebündelt agieren. Das umfassende Leistungsangebot lässt in Verbindung mit der Solidität des Betreibers erhebliche Wettbewerbsvorteile für dieses Marktplatzkonzept im Vergleich zu kleineren Anbietern erwarten und wird damit den Selektionsprozeß forcieren.

Aus unternehmensinterner Sicht ist der Einführungsstrategie internetgestützter Geschäftsprozesse besondere Aufmerksamkeit zu widmen. In dieser Strategie sind EDV-, Organisations- und Personalmaßnahmen zu priorisieren und in ihrer zeitlichen Abfolge festzulegen. Als fundierte Basis für die Formulierung der Einführungsstrategie und die konkrete Ausgestaltung der Einführungsprojekte ist deshalb ein e-Business-Audit empfehlenswert, mit dessen Hilfe die Stärken und Schwächen des eigenen Unternehmens im Hinblick auf die Einführung internetgestützter Geschäftsprozesse ermittelt und Handlungsbedarfe aufgezeigt werden.[30] Große Bedeutung kommt dann der konsequenten projekthaften Durchführung der Einführungsprozesse zu. Fehlen Einführungsstrategie und systematische Einführungsprozesse, laufen die Unternehmen Gefahr sich zu verzetteln, anstatt mit dem Interneteinsatz gezielt voranzukommen. Dies ist strategisch ähnlich nachteilig wie ein verspäteter Einstieg in einen internetgestützten Einkauf.

Anmerkungen

* Meinem wissenschaftlichen Mitarbeiter, Herrn Dipl.-Ing.oec. Tobias Held, danke ich sehr herzlich für die tatkräftige Unterstützung bei den empirischen Untersuchungen und der Durchführung des Arbeitskreises.
1 Vgl. Scheer/Habermann, 1999, S. 14.
2 Zur Verbindung von Kernkompetenzmanagement und E-Technologie vgl. Wildemann, 2000a, S. 18 ff.
3 Vgl. Kaluza, 1989.
4 Vgl. Pine, 1993; Piller 1998.
5 Vgl. Wildemann, 2001, S. 11 ff.
6 Vgl. hierzu Piller/Schoder, 1999, S. 1116 f.; zur Wechselwirkung zwischen e-Commerce und Logistik vgl. auch Alt/Schmid, 2000, S. 75 ff.
7 Vgl. Wildemann, 2000a, S. 57 f; Hecker, 2000, S. 216; Mattes, 1999, S. 4 f.
8 Zu einem ähnlichen übergeordneten Begriffsverständnis kommen Hartman/Sifonis, 2000, S. XVII f.; zum e-Commerce-Begriff vgl. Block, 1999, S. 38 ff.; Dolmetsch, 2000, S. 27; Mattes, 1999, S. 2.
9 Vgl. Timmers, 1998, S. 4 ff.
10 Vgl. hierzu auch Strub 1999, S. 67 ff.
11 Vgl. Sculley/Woods, 1999, die virtuelle Marktplätze als die Schlüsselanwendung der industriellen Internet-Revolution einstufen.
12 Vgl. hierzu Bird, 1999, S. 17.
13 Zum Begriff elektronischer Märkte vgl. Arnold, 1999, S. 286 ff.
14 Vgl. Kersten, 2000, S. 8.
15 Vgl. Berlecon Research, 2000, S. IV.
16 Zu Transaktionsmechanismen auf virtuellen Marktplätzen vgl. insb. Sculley/Woods, 1999, S. 73 ff.; Wildemann, 2000b; Hamm/Brenner 1999, S. 131 ff.; Renner, 1999, S. 163 ff.; Brenner/Lux, 2000; Brenner/Zarnekow, 2000, S. 57 ff.
17 Vgl. Arnold, 1999, S. 298 f.
18 Vgl. Wildemann, 2000b.

19 Vgl. Renner, 1999, S. 188 ff.
20 Vgl. Bogaschewsky, 2000, S. 34; vgl. auch Renner, S. 185 ff.; etwas niedrigere Potentiale nennt Brack, 2000, S. 66f.
21 Vgl. z.B. Berlecon Research, 2000; Schwarz, 2000; regelmäßig neue Daten veröffentlichen u.a. Forrester (www.forrester.com) und IDC (www.idc.com)
22 NUA Internetsurvey, März 2000 (www.nua.ie).
23 GfK Online-Monitor, 6. Untersuchungswelle, August 2000 (www.gfk.de).
24 www.forrester.com, Stand 17. Februar 2000.
25 www.forrester.com, Stand 11. September 2000.
26 www.forrester.com, Stand 11. September 2000.
27 Berlecon Research, 2000, S. III ff.
28 Vgl. Kersten, 2000, S. 8.
29 Zu den Überlebensrisiken virtueller Marktplätze vgl. Oulios, 2000, S. 44 ff.; Reischauer, 2000, S. 68 ff.
30 Vgl. Hartman/Sifonis, 2000, S. 295 ff.

Literatur

Alt, R./Schmid, B. (2000): Logistik und Electronic Commerce – Perspektiven durch zwei sich wechselseitig ergänzende Konzepte, in ZfB 70 (2000) 1, S. 75–99.
Arnold, U. (1999): Nutzung elektronischer Märkte für die Beschaffung, in: Nagel, K., Piller, F., Erben, R. (Hrsg.): Produktionswirtschaft 2000 – Perspektiven für die Fabrik der Zukunft, Wiesbaden 1999, S. 286–299.
Berlecon Research (2000): B2B-Marktplätze in Deutschland, Berlin, Juli 2000.
Bird, A. (1999): Die unternehmerischen Fähigkeiten von morgen werden schon gestern gebraucht, in: Information Management & Consulting 14 (1999) Sonderausgabe, S. 15–18.
Block, C. H. (1999): Einführung in das Internet und Internet-Technologien, in: Strub, M. (Hrsg.): Der Internet-Guide für Einkaufs- und Beschaffungsmanager, Landsberg/Lech 1999, S. 15–64.
Bogaschewsky, R. (2000): Tod auf dem Weg ins Eldorado, in: Logistik heute (2000), 7–8, S. 34–35.
Brack, K. (2000): E-procurement: the next frontier, in: Industrial Distribution (2000) Jan., S. 65–67.
Brenner, W./ Lux, A. (2000): Virtual Purchasing, Leinfelden-Echterdingen 2000.
Brenner. W./Zarnekow, R. (2000): Trends in der internetbasierten Beschaffung, in: Beschaffung aktuell (2000) 2, S. 57–59.
Deloitte Consulting (2000): The Future of B2B – A New Genesis, An e-View by Deloitte Consulting and Deloitte & Touche (www.deloitte-consulting.de), 2000
Dolmetsch, R. (2000): E-procurement: Einsparungspotentiale im Einkauf, München u.a. 2000.
Hamm, V./Brenner, W. (1999): Potentiale des Internet zur Unterstützung des Beschaffungsprozesses, in: Strub, M. (Hrsg.): Der Internet-Guide für Einkaufs- und Beschaffungsmanager, Landsberg/Lech 1999, S. 123–151.
Hartman, A./Sifonis, J. (2000): Net Ready: Strategies for Success in the E-conomy, New York u. a. 2000.
Hecker, R. (2000): Online-Business und Elektronische Märkte erfordern spezifische Geschäftsmodelle, in: Wildemann, H. (Hrsg.): Kernkompetenzen und E-Technologien managen, München 2000.
Kaluza, B. (1989): Erzeugniswechsel als unternehmenspolitische Aufgabe, Berlin 1989.
Kersten, W. (2000): Das Internet verändert den Einkauf, in: Der Zuliefermarkt 6 (2000) 5, S. 8–10.
Mattes, F. (1999): Electronic Business-to-Business: E-Commerce mit Internet und EDI, Stuttgart 1999.
Oulios; M. (2000): Boomende Branche mit Suizidgefahren, in: IT.Services (2000) 10, S. 44–47.
Piller, F. (1998): Kundenindividuelle Massenproduktion, München/Wien 1998.
Piller, F./Schoder, D. (1999): Mass Customization und Electronic Commerce, in: ZfB 69 (1999) 10, S. 1111–1136.
Pine, B. J. (1993): Mass Customization, Boston 1993.

Reischauer, C. (2000): Teure Lektion, in: Capital (2000) 19, S. 68–73.
Renner, Th. (1999): Produktkataloge und kostengünstige Beschaffungsprozesse im Intranet und Internet, in: Strub, M. (Hrsg.): Der Internet-Guide für Einkaufs- und Beschaffungsmanager, Landsberg/Lech 1999, S. 153–191.
Scheer, A. W./Habermann, F. (1999): Electronic Buiness: vom Why now? zum Let's go!, in: Information Management & Consulting 14 (1999) Sonderausgabe, S. 7–14.
Schwarz, P. (2000): Nicht länger die Augen verschließen, in: VDI-Nachrichten (2000) 8 v. 25.2.2000, S. 8.
Sculley, A. B./Woods, W. A. (1999): B2B Exchanges – The Killer Application in the Business-to-Business Internet Revolution, ISI Publications 1999.
Strub, M. (1999): Der Einkaufsprozeß und sein Internet-/Intranet-Potential, in: Strub, M. (Hrsg.): Der Internet-Guide für Beschaffungsmanager, Landsberg/Lech 1999, S. 65–87.
Timmers, P. (1998): Business Models for Electronic Markets, in: EM Electronic Markets 8 (1998) 2, S. 3–8.
Wildemann, H. (2000a): Kernkompetenz-Mangement: Mit intelligenten Technologien Kunden binden, in: Wildemann, H. (Hrsg.), Kernkompetenzen und E-Technologien managen, München 2000.
Wildemann, H. (2000b): Electronic Sourcing, München 2000.
Wildemann, H. (2001): E-Technologien: Wertsteigerung durch E-Technologien in Unternehmen, München, 2001.

Zusammenfassung

Das Internet verändert den Wettbewerb und stellt die Unternehmen vor neue Herausforderungen. Neue Geschäftsmodelle mit neuen Spielregeln werden entwickelt. Es wird gezeigt, welche Chancen sich aus der Nutzung internetgestützter Geschäftsprozesse für Abnehmer und Zulieferanten ergeben und welchen Stand die Unternehmen bei der Einführung von Electronic Business im Einkauf erreicht haben. Darüber hinaus wird eine Vorgehensweise zur Auswahl geeigneter virtueller Marktplätze aufgezeigt.

Summary

Internet changes competition and brings up new challenges for companies. New business models and new rules are developed. The article describes the opportunities resulting from the use of internet based business processes for customers and suppliers. Besides, the current situation concerning the introduction of electronic business in the purchasing department is shown. Furthermore, a procedure in order to choose the right virtual market place is provided.

40: Beschaftung (JEL M51)

Grundlagenwerk zum E-Commerce

Inhalt:

Grundlagen des Electronic Business

Marktanalyse im Electronic Business

Unternehmensprozesse im Electronic Business

Marktauftritte im Electronic Business

Spezialthemen des Electronic Business

Electronic Business in der Unternehmenspraxis

Informationsmanagement im Electronic Business aus Sicht der CIOs

Innovative Geschäftsmodelle des Electronic Business

Herausgeber:

Rolf Weiber (Hrsg.)
Handbuch Electronic Business
Informationstechnologien –
Electronic Commerce – Geschäftsproze
2000. XXIV, 805 S. mit 188 Abb., 10 Tab.
Geb. DM 198,00
Subskriptionspreis bis 31.12.00 DM 168,0
ISBN 3-409-11636-2

Rolf Weiber gibt als Erster ein umfassendes Grundlagenwerk zum Electronic Business heraus. In über 30 Beiträgen werden zentrale Themengebiete und Problemstellungen des E-Business analysiert, strukturiert und erläutert. Dabei werden sowohl die aktuellen Erkenntnisse der Forschung und Entwicklu aufgezeigt als auch konkrete Hinweise für die Praxis gegeben.

Prof. Dr. Rolf Weiber war von 1987 bis 1990 als Systemingenieur bei der IBM Deutschland im Bereich Telekommunikation tätig und ist seit 1992 Inhaber der Professur für Betriebswirtschaftslehre, insbesondere Marketing und Electroni Business an der Universität Trier.

Bestellung

Fax: 0611.7878-420

Ja, ich bestelle:

_____ Expl. **Handbuch Electronic Business**
Rolf Weiber (Hrsg.)
Geb. DM 198,00
Subskriptionspreis bis 31.12.00
DM 168,00
ISBN 3-409-11636-2

Vorname und Name

Straße (bitte kein Postfach)

PLZ, Ort

Unterschrift

E-Commerce-Funktionen in PPS- bzw. ERP-Systemen

Von Norbert Gronau

Überblick

- Die Nutzung des Internet und betriebswirtschaftlicher Anwendungen, die auf seinen Diensten, insbesondere dem World Wide Web (WWW) basieren, nimmt derzeit ständig zu. Es wird vermutet, daß diese Entwicklung die seit etwa zwei Jahrzehnten in den meisten Unternehmen zur innerbetrieblichen Administration und Disposition eingesetzten Informationssysteme stark beeinflußt.

- Der Einfluß der Internet-Technologien auf die Weiterentwicklung von Enterprise Resource Planning-Systemen (ERP-Systemen) wurde anhand einer im Herbst 2000 durchgeführten Marktuntersuchung ermittelt, an der 40 Anbietern von ERP-Systemen beteiligt wurden. Die Ergebnisse dieser Untersuchung werden im folgenden zusammengefaßt und den Anforderungen der Anwender von E-Commerce-Lösungen gegenübergestellt.

Eingegangen: 23. Februar 2001

Univ.-Professor Dr.-Ing. Norbert Gronau, Abt. Wirtschaftsinformatik, Universität Oldenburg, Escherweg 2, 26121 Oldenburg, Tel. 0441/9722-150, Sekr. -201, Fax -202, http://www-wi.offis.uni-oldenburg.de/, e-mail: norbert.gronau@informatik.uni-oldenburg.de.

© Gabler-Verlag 2001

A. Begriffe

I. ERP-Systeme

Als ERP-Systeme werden solche Systeme bezeichnet, die außer der Unterstützung der Prozeßkette Beschaffung – Produktion – Absatz auch Aufgaben der Planung und Information der Unternehmensleitung sowie der Informations- und Finanzwirtschaft wahrnehmen. Eine Abgrenzung zwischen PPS- und ERP-Systemen ist auf der Basis einer Darstellung von Schneeweiß (vgl. Schneeweiß 1997, S. 7) in Abb. 1 dargestellt. ERP-Systeme weisen aufgrund ihres erweiterten Funktionsumfanges relevante Beziehungen zu allen Märkten der Unternehmung auf, also zum Absatzmarkt für Produkte wie auch zu den Beschaffungsmärkten für Produkte, Informationen und finanzielle Mittel. Alle Märkte werden durch E-Commerce in starkem Maße beeinflußt (vgl. Shaw 2000, S. 7).

Abb. 1: Abgrenzung zwischen ERP- und PPS-Systemen

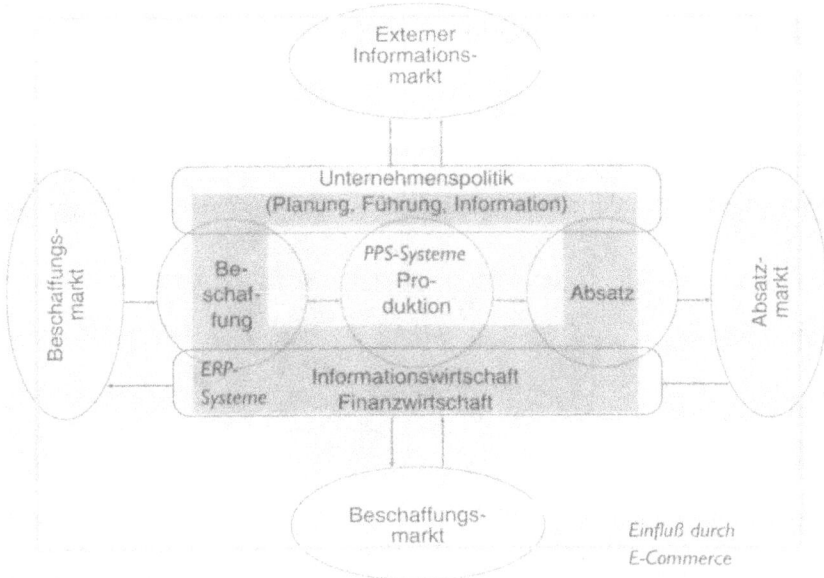

II. E-Commerce

Electronic Commerce (E-Commerce) kann wie in Abb. 2 dargestellt nach den beteiligten Partnern in verschiedene Typen differenziert werden. Führt ein Unternehmen Bereiche oder Abteilungen innerhalb des Unternehmens als eigenständige Einheiten, zwischen denen Leistungen zu Verrechnungspreisen ausgetauscht und elektronische Netzwerke zur Koordination und Abrechnung benutzt werden, so kann dies als Intra-Business bezeichnet werden. Der Geschäftsverkehr zwischen Unternehmen wird als Business-to-Business (B2B) Electronic Commerce bezeichnet, während der Geschäftsverkehr zwischen Unternehmen und Endkunden als Business-to-Customer (B2C) Electronic Commerce bezeichnet wird.

Daneben ist etwa durch Auktionsplätze im Internet oder Kleinanzeigenmärkte auch ein Customer-to-Customer Electronic Commerce ohne Einschaltung von Unternehmen als Lieferant oder Kunde denkbar. Andere Einteilungen fokussieren auf der hauptsächlich genutzten Funktionalität und differenzieren z. B. nach E-Procurement auf der Beschaffungsseite und E-Sales auf der Vertriebs- bzw. Distributionsseite.

Abb. 2: Typisierung des E-Commerce (nach Alard 2000, S. 11)

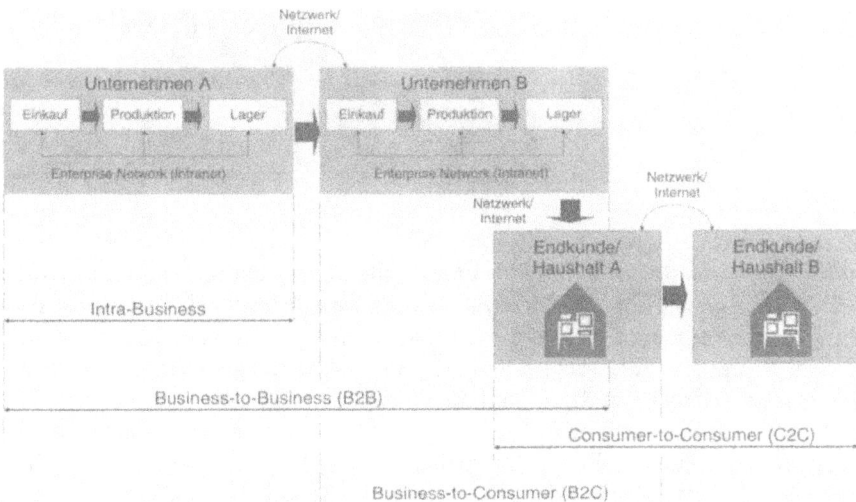

B. Struktur der Untersuchung

Die Marktuntersuchung legt ein Phasenmodell der Nutzung des World Wide Web als wichtigstem Dienst des Internet zugrunde, das in Abb. 3 dargestellt ist. Dabei werden in der ersten Phase der WWW-Nutzung durch ein Unternehmen typischerweise Dokumente für Recherche und Lesezwecke im Internet zur Verfügung gestellt. Auf eine zeitliche Kontrolle dieser Dokumente, deren Inhalt meist statisch ist, wird zunächst verzichtet.

In einer Weiterentwicklung dieser Phase werden Content-Management-Systeme eingesetzt, die die Integration dynamischer, also erst zur Laufzeit der Anfrage generierte Inhalte erlauben, eine redaktionelle Pflege des WWW-Angebotes gestatten und darüber hinaus Bearbeitungs- und Genehmigungsabläufe in Form sog. Workflows abbilden.

Als dritte Phase kann die Einbeziehung von Transaktionen angesehen werden, bei der es Kunden, Interessenten oder Partnern ermöglicht wird, über interaktive Seiten des WWW-Angebotes Anfragen oder Bestellungen aufzugeben. Je nach Umfang der Transaktion kann auch eine Bestellbestätigung, eine Statusüberprüfung oder eine Zahlung über entsprechende Zahlungssysteme erfolgen. Dazu sind jedoch bereits Zugriffe auf betrieb-

Abb. 3: Phasen der Nutzung des Internet in Unternehmen

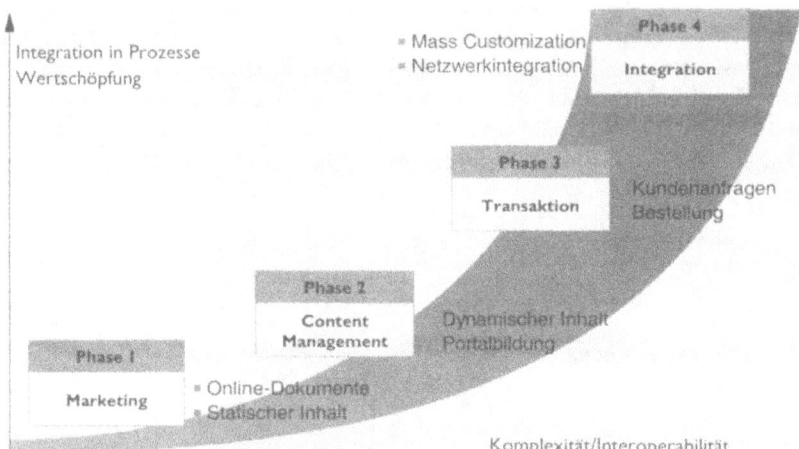

liche Administrations- und Dispositionssysteme erforderlich, etwa um Artikeldaten im WWW anzeigen zu können. Diese Funktionen werden teilweise durch eigenständige Web-Shops wahrgenommen, die auf diesem Entwicklungsstand von der übrigen Informationssystem-Architektur des Unternehmens getrennt betrieben werden und über Datenaustauschmechanismen mit dieser verbunden sind.

Als vierte Phase der WWW-Nutzung gilt die Integration, bei der bisher getrennte Informationssysteme innerhalb des Unternehmens, zusätzlich auch zwischen den Unternehmen miteinander verbunden werden. Ergebnis dieser Integration sind Systeme zur Unterstützung z.B. des Supply Chain Management oder die Bildung individueller Angebotsplattformen, bei der Kunden oder Marktpartner individuell zugeschnittene Angebote für dieses Unternehmen erhalten und wahrnehmen können. Ebenfalls zur Phase der Integration der WWW-Nutzung gehört auch die von vielen Unternehmen beabsichtigte Automatisierung der Beschaffung von C-Teilen, d. h. Teilen mit geringem Wert, aber großer Bestellhäufigkeit und Menge.

Um marktverfügbare ERP- bzw. PPS-Systeme in das skizzierte Phasenkonzept einordnen zu können, wurden einige Fragen formuliert, deren Antworten Schlußfolgerungen über den technischen Entwicklungsstand des jeweiligen Systems zulassen.

C. Ergebnisse der Anbieterbefragung

I. Bedienung der Systeme über WWW-Browser

1. Situation

Basierend auf den Ergebnissen der Marktuntersuchung können ERP-Systeme in unterschiedliche Phasen der WWW-Nutzung eingeordnet und deren technische Realisierung

E-Commerce-Funktionen in PPS- bzw. ERP-Systemen

beschrieben werden. PPS- bzw. ERP-Systeme, die über Web-Browser zu bedienen sind, können der ersten Phase der WWW-Nutzung zugeordnet werden, da außer einer alternativen Bedienoberfläche keine Veränderung der Struktur der Anwendung erfolgt. Von den untersuchten Systemen unterstützen 11 ERP-Systeme alle Funktionen in der Bedienung über Web-Browser, 13 Systeme beschränken sich auf einzelne Funktionen wie z. B. Einkauf, Verkauf, Produktdatenpflege, die Anzeige von Material-, Kunden- und Lieferantendaten, die Pflege und Nutzung von Produktkatalogen und Shops, Statistik und Lagerauskunftsfunktionen. Einige Systeme unterstützen weitgehend die Auftragsbearbeitung und Auskunft über Browser. Zwei Systeme können nur nach individueller Anpassung über Web-Browser bedient werden, während sechs Systeme nur über Drittprodukte durch einen Web-Browser bedient werden können. Bei lediglich zwei der untersuchten Systeme ist derzeit eine Bedienung über Web-Browser nicht möglich.

2. Bewertung

Die Bedienung über einen Web-Browser sollte zur Sicherstellung organisatorischer Flexibilität eine grundlegende Voraussetzung für ein ERP-System darstellen. Dabei sind solche Systeme zu bevorzugen, die ohne Drittprodukte-Einsatz auskommen, da ansonsten erst das Drittprodukt am Benutzerarbeitsplatz installiert werden muß und dies typischerweise Flexibilität der Einrichtung und Schnelligkeit des Zugangs zum ERP-System behindern.

II. Verfügbarkeit von Support via WWW

1. Situation

Ebenfalls in den Bereich des Marketing bzw. der Präsentation von Informationen gehören Support-Funktionen, die innerhalb des Web-Auftrittes des Systemanbieters zur Verfügung gestellt werden. Dies können Diskussionsforen sein, Ablagen für erkannte Fehler und deren Problembeseitigung, Download-Bereiche für neue Treiber oder Fehlerkorrekturen, Ankündigungen neuer Produkte bzw. Versionen oder ähnliches.

16 Systemanbieter bieten Support über WWW an, fünf weitere planen dies. Derzeit keinen Support über WWW bieten zwölf Anbieter an. Um herausfinden, welchen Umfang der Support über WWW einnimmt, wurde um zeitlich befristeten Zugang zu dem Support-Bereich der Anbieter gebeten. Sechs Unternehmen gestatteten dies – sicherlich ein Zeichen für Aufgeschlossenheit gegenüber den Medien und Vertrauen in den Umfang des im WWW gepflegten Supports. Sieben Anbieter, die Support über WWW anbieten, wollten dem Untersuchungsteam keinen Zugang gestatten, drei weitere Anbieter stellen öffentlich zugängliche Supportbereiche zur Verfügung.

2. Bewertung

Im Zuge der steigenden Bedeutung des Electronic Business hat sich die Informationskultur erheblich verändert. Es ist heute als Standard anzusehen, daß Systemanbieter die Technologien, die bei ihren Kunden eingesetzt werden sollen, auch selbst nutzen. Dabei kommt der Schaffung eines Vertrauensverhältnisses besondere Bedeutung zu. Offenbar haben einige namhafte Anbieter kein Vertrauen in die Bewertung ihrer Support-Bereiche. So wurde von einem namhaften Anbieter ein testweiser Zugang zum Supportbereich mit der Begründung abgelehnt, der Support sei in ein weltweites Data Warehouse eingebunden und testweise Abfragen würden die Auswertungen des Data Warehouses beeinträchtigen. Darüber hinaus zeigt sich, daß viele Unternehmen intern noch nicht die Technologie des World Wide Web nutzen, obwohl sich bei einem Web-basierten Support auch erhebliche Einsparungen in der Pflege der Kundenbeziehungen ergeben können.

III. Funktionen des Supply Chain Management

1. Situation

Um eine Integration in Produktionsnetzwerke oder Lieferketten. zu erreichen, sollten PPS-Systeme in der Lage sein, Funktionen des Supply Chain Management (Abb. 4) zu unterstützen. Es werden typischerweise mit dem Begriff Supply Chain Management folgende Funktionen in Verbindung gebracht (vgl. Gronau 1999, S. 213ff.):

- strategische Planung (6),
- Absatzprognose/ Bedarfsplanung (7),
- Verbundplanung/Auftragserfüllung mit Statusabfrage (9),
- Distributionsplanung (1),
- Transportplanung (4),
- Produktionsplanung (3).

Die Zahl in Klammern gibt jeweils die Zahl der Systeme an, die diese Funktion unterstützen.

Abb. 4: Ansatzpunkte von Supply Chain-Architekturen (Pirron 1998, S. 62)

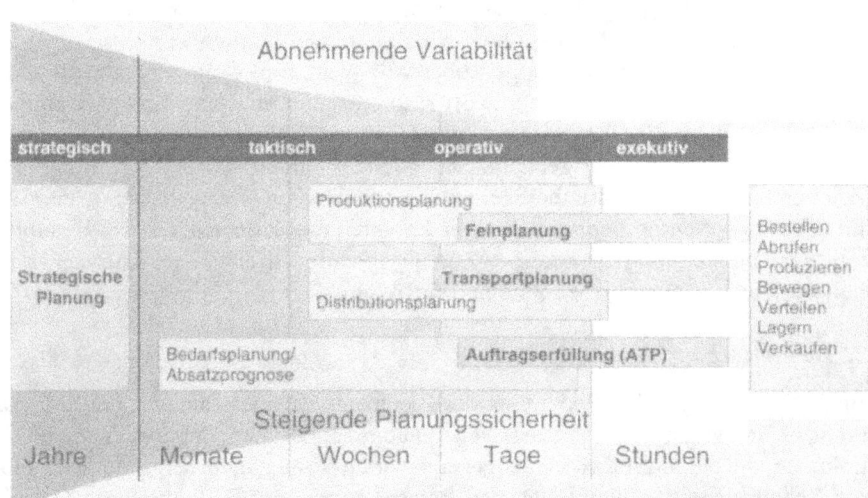

E-Commerce-Funktionen in PPS- bzw. ERP-Systemen

Eines der untersuchten Systeme ist lediglich in der Lage, durch Vergabe von Fremdaufträgen, die sogenannte Auswärtsvergabe, eine Lieferkette abzubilden. Andere Systeme stellen lediglich Informationen für den Datenaustausch mit anderen Systemen zur Verfügung, bieten jedoch keine Supply Chain Management-Funktionen. Zwei Anbieter verweisen darauf, daß sie sämtliche Supply Chain Management-Funktionen in ihrem System realisiert haben und alles „aus einer Hand" anbieten. Keine Supply Chain Management-Funktionen werden in 10 Systemen angeboten.

2. Bewertung

Die Möglichkeit, Daten mit anderen Systemen austauschen zu können, stellt allein noch keine Supply Chain Management-Funktion dar. Zusätzlich muß beim jeweils Daten empfangenden Systems auch die Möglichkeit vorhanden sein, diese zu interpretieren, daraus Änderungen des Auftragsnetzwerkes vorzunehmen un diese Änderungen zu propagieren. Weil dies eine komplexe und schwierige Aufgabe darstellt, sind planende Funktionen mit geringerem Festlegungsgrad typischerweise in ERP-Systemen stärker vertreten als die operativen Funktionen der Transport-, Produktions- und Feinplanung. Einige Anbieter lösen dieses Kommunikationsproblem über ein eigenes Kommunikations- bzw. Synchronisationssystem, das die Verteilung der Aufrufe bei unterschiedlichen PPS-/ERP-Systemen wahrnimmt.

IV. Verwendung von Internet-Technologien

1. Situation

Die Anbieter wurden gefragt, ob sie neue durch das WWW beeinflußte Technologien für die Weiterentwicklung der Funktionalität ihrer ERP-Anwendung verwenden. Fünf Anbieter verneinten diese Frage, acht weitere planen den Einsatz neuer Technologien, zwei Anbieter antworteten allgemein mit ja, ohne konkrete Technologien zu benennen. Das Kommunikationsmodell COM+ von Microsoft wurde von zwei Anbietern genannt. Die Beschreibungssprache XML (Extensible Markup Language) verwenden 13 Anbieter, insbesondere zur Ankopplung ihrer Systeme an elektronische Marktplätze und zum Datenaustausch zwischen Komponenten sowie zur Bereitstellung von Informationen für Application-Service-Providing-Dienstleistungen. Java als Programmiersprache für Applets wurde von zwölf Unternehmen genannt. Zwei Unternehmen nutzen Enterprise Java Beans und fünf Unternehmen nutzen JDBC zum Zugriff auf Datenbanken aus dem WWW.

2. Bewertung

Nicht berücksichtigt wurden Angaben wie HTML, Java Script oder CSS, da mit diesen Techniken im wesentlichen eine Gestaltung der Bedienoberfläche im Browser ermöglicht wird, nicht jedoch eine Erweiterung oder Änderung der Funktionalität des Systems. Ein Anbieter verwies auf eine direkte Kopplung der Oberfläche mit Funktionsobjekten durch ein Synchronisationsmodul. Dies entspricht jedoch nicht der durch das Client-/Server-Modell vorgebenen Aufgabenverteilung zwischen Datenhaltung, Applikation und Präsentation, die die Voraussetzung für eine Verteilung von Lasten auf verschiedene Systeme darstellt und somit erst eine leistungsfähige und skalierbare ERP-Funktionalität ermöglicht (vgl. Krantz 1995).

Insgesamt waren zum Zeitpunkt der Untersuchung nur etwa 40% der Systeme auf dem Stand der Technik, der eine aufwandsarme Integration betrieblicher Administrations- und Dispositionssysteme in E-Commerce-Anwendungen gestattet.

V. Kommunikation mit anderen Systemen

1. Situation

Es wurde gefragt, welche Austauschmechanismen zur Kommunikation mit anderen ERP-Systemen bzw. mit Shop-Systemen anderer Anbieter zur Verfügung stehen. Zehn Anbieter setzten hierfür die Extensible Markup Language XML ein, 13 eine proprietäre Lösung zur Kommunikation, vier Anbieter planen derartige Funktionen. Immerhin 14 Anbieter bieten das seit etwa 15 Jahren verwendete Edifact-Format an. Sechs Anbieter ermöglichen lediglich eine Kommunikation auf Datenbank-Ebene, etwa über ODBC. Ein Anbieter bietet als Kommunikation eine Schnittstelle nach VDA an, während drei Anbieter lediglich über Zwischendateien kommunizieren können.

2. Bewertung

Es ist absehbar, daß XML eine wesentlich größere Bedeutung bekommen wird als Edifact jemals erhalten hat, da die Anwendungsbereiche von XML sehr viel umfassender sind und eine Erweiterung und Redefinition von XML-basierten Inhalten sehr einfach durch Neudefinition von Data Type Definitions (DTDs) möglich ist (vgl. Buxmann 1999, S. 62). Daher sind Systeme zu bevorzugen, die bereits XML-basierte Lösungen anbieten. Nicht überzeugen können dagegen proprietäre Lösungen auf Datenbank-, Datei- oder Konverterebene, da hier keineswegs sichergestellt werden kann, daß andere Unternehmen oder Systeme mit anderen Hardwareplattformen schnell und flexibel auf die benötigten Daten zugreifen können.

VI. Business-to-Customer-Geschäftsverkehr

1. Situation

Insbesondere für Handelsunternehmen ist die Frage von Interesse, inwieweit ERP-Systeme auch Funktionen für den direkten Geschäftsverkehr mit Endkunden zur Verfügung stellen. 13 Systemanbieter stellten diese Funktionen nicht zur Verfügung, 15 Anbieter stellen ihren Web-Shop für diese Form des elektronischen Geschäftsverkehrs zur Verfügung, einzelne haben einen integrierten Web-Shop, andere nutzen ein Add-on oder ein Produkt eines Drittanbieters. Ein Anbieter ermöglicht für Endkunden auch eine Auftragsverfolgung, ein weiterer eine Bestandsauskunft. Vier Systeme ermöglichen eine Portalbildung auch für Endkunden, also eine Zusammenfassung mehrerer Informationsquellen unter einer gemeinsamen Oberfläche. Teilweise werden auch Content-Management-Funktionen angeboten, die eine redaktionelle Überarbeitung der im WWW präsentierten Inhalte ohne Programmierkenntnisse gestatten.

2. Bewertung

Der externe Shop ist zum Zeitpunkt der Untersuchung die am häufigsten genutzte Möglichkeit, eine Verbindung zwischen dem internen Datenbestand der Administrations- und Dispositionssysteme und den über WWW angesprochenen Kunden herzustellen. Die genutzten Verbindungsmechanismen sind jedoch zumeist noch mit manuellem Nachbearbeitungsaufwand verbunden und gestatten nicht immer einen automatischen bidirektionalen Datenabgleich.

Mit der Bereitstellung eines externen Shops wird jedoch noch keine Integration im Bereich der Geschäftsprozesse erreicht. Dies wird erst durch eine nicht nur auf Daten, sondern auch auf Funktionen bezogene Integration von Anwendungssystemen ermöglicht. Fast die Hälfte der untersuchten Systeme sind zumindest technologisch auf diese Integrationsaufgabe bereits vorbereitet.

D. Einschätzung der Kundennachfrage nach E-Business-Lösungen

I. Vorgehen

Den Möglichkeiten der Systemanbieter wurden die Wünsche und Anforderungen der Kunden gegenübergestellt. Dabei wurde eine Sekundärauswertung zweier Untersuchungen vorgenommen. Es handelte sich zum einen um eine vom US Marktforschungsunternehmen Survey.com durchgeführte Studie unter 116 Einkaufsleitern US-amerikanischer Industrieunternehmen (http://www.survey.com/bidw/press/pr000612.html), zum anderen um eine von Sterling Commerce, einem Anbieter elektronischer Marktplätze (http://www.sterling-commerce.com) in Auftrag gegebene Studie unter IT-Managern in ca. 800 Unternehmen im deutschsprachigen Raum.

II. Anbieteransicht

Neun Anbieter sehen die Kundennachfrage nach E-Business-Lösungen als steigend an. 14 Anbieter sehen die Nachfrage als grundsätzlich vorhanden an, während zwei Anbieter gegenwärtig diese Nachfrage als minimal einstufen. Insgesamt wird hier deutlich, daß in dem stark zersplitterten Markt der ERP-Systeme sehr unterschiedliche Marktgruppen angesprochen werden. In vielen kleinen und mittleren Unternehmen spielt dieses Thema noch eine geringe Rolle. Andere Anbieter berichten, daß 80% der Neukunden für ein ERP-System nur deswegen gewonnen werden konnten, weil E-Commerce-Funktionen angeboten werden. Es ist festzustellen, daß die Vorstellungen der Anbieter über die Wünsche ihrer Kunden teilweise ungenau oder unklar sind und daß Skepsis besteht, was die Nutzung dieser Funktionen anbetrifft. Eine Verdichtung dieser Einschätzung aufgrund der Basis der Anbietermeinungen erscheint kaum möglich.

III. Einschätzung der Nutzer

Den Einschätzungen der ERP-Systemanbieter kann die Einschätzung der Nutzer gegenüber gestellt werden. Dazu wurde von Survey.com eine Umfrage unter 116 Einkaufsleitern US-amerikanischer Unternehmen durchgeführt. Wesentliches Ergebnis dieser Untersuchung war, daß die C-Teile-Beschaffung online zufriedenstellender als offline funktioniert, während bei der A-Teile-Beschaffung eine höhere Zufriedenheit mit dem herkömmlichen Beschaffungsprozeß besteht. Die wichtigsten Hindernisse, die die Nutzer dieser Untersuchung für eine Nutzung elektronischer Beschaffungsvorgänge nannten, waren:

- lange Antwortzeiten
- Liefertermin aller Bestellungen werden nicht aktuell dargestellt
- Auftragsstatus „aufgegeben" in der Bestellung wird nicht angezeigt.

Als zusätzliche Hindernisse für die Beschaffung von A-Teilen kommen hinzu:

- fehlende Werkzeuge zur Produktkonfiguration
- fehlender Report über bestellte, aber noch nicht lieferbare Teile.

Nichtnutzer elektronischer Beschaffungsmöglichkeiten hingegen bemängeln vor allem, daß ihre Lieferanten eine Beschaffung über das Internet noch nicht anbieten und daß die aktuelle Verfügbarkeit von Produkten vor der Bestellung nicht angezeigt wird. Sie stellen jedoch in Aussicht, daß sie bei einer Realisierung dieser Forderungen mit großer Wahrscheinlichkeit ihre Lieferanten wechseln werden.

Abb. 5: Nutzung von Electronic Business in der Praxis

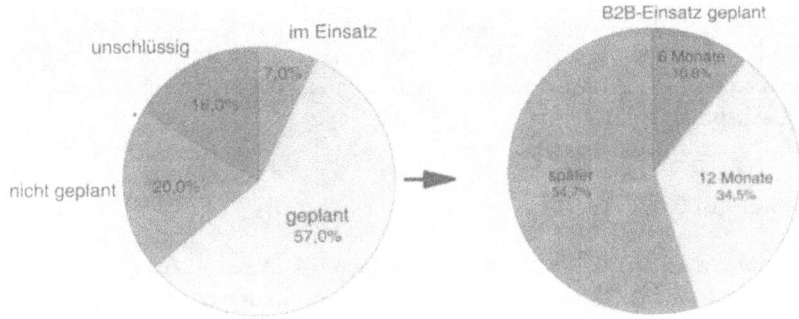

IV. Geschwindigkeit der Neuausrichtung

Eine Umfrage unter über 800 IT-Managern in Unternehmen mit mehr als 100 Mio. DM Umsatz in Deutschland, Österreich und der Schweiz zum Einsatz von B-to-B-Lösungen ergab das in Bild 5 dargestellte Ergebnis. Danach befinden sich gegenwärtig nur bei 7% der Unternehmen B2B-Lösungen tatsächlich im Einsatz, etwa 50% planen diese Lösungen, davon will mehr als die Hälfte erst in mehr als einem Jahr E-Business-Lösungen einsetzen. 20% planen dies nicht und ein Sechstel der Unternehmen haben zu diesem Thema noch keine Entscheidung getroffen.

Daraus läßt sich die Schlußfolgerung ziehen, daß ungefähr noch ein Jahr zur Verfügung steht, um die Forderungen der Anwender nach Funktionserweiterung und Beschleunigung der Ablaufgeschwindigkeit zu erfüllen. Andererseits ergeben sich für Unternehmen, die in umkämpften Märkten arbeiten, Wettbewerbsvorteile, wenn sie früher als andere als Lieferanten auch elektronisch Bestellungen abwickeln können.

E. Trends des Electronic Business

I. Organisatorische Veränderungen

Electronic Commerce fördert *organisatorische Veränderungen* in den Unternehmen. Abteilungen von Unternehmen werden ausgegliedert und in selbständige Unternehmen überführt. Die Auslagerung von Aufgaben im Rahmen des Application Service Providing führt zu einer Dezentralisierung der Entscheidungsfindung und eröffnet gleichzeitig Chancen für Unternehmen, die sich bisher kein ERP-System leisten konnten, ebenfalls zukunftsweisende Informationstechnologien einzusetzen. E-Commerce führt aber auch dazu, daß ein Wechsel von Lieferanten leichter möglich wird, insbesondere wenn dieser Lieferant Funktionen für das E-Business vorhält. Durch Supply Chain Management-Funktionen, die von einem Teil der Systeme bereits angeboten werden, steigt die Transparenz der Lieferkette. Mehrere Anbieter gaben auch die starke Forderung ihrer Kunden nach einer höheren Ablaufgeschwindigkeit der Lieferkette an. Teilweise sei es nicht mehr ausreichend, „nur" mehrmals täglich die aufgelaufenen Bestellungen abzuarbeiten, sondern es sei erforderlich, in „Echtzeit" nach dem Eingang einer Bestellung sofort den entsprechenden Versandvorgang auszulösen. Hier komme es auch zu einer sehr viel stärkeren Integration der physischen Logistik, die durch das ERP-System mit beeinflußt, gesteuert und überwacht werden muß.

II. Funktionsumfang von ERP-Systemen

Herkömmliche ERP-Systeme wird es nicht mehr geben, so die Einschätzung von namhaften Branchen-Anbietern. Zukünftig werden E-Commerce-Funktionen in PPS-/ERP-Systeme integriert, die neue Einsatzbereiche erschließen. Als Beispiele seien Web-Shops für Warenwirtschaftssysteme, die Ablösung von EDI durch XML und auch die Integration von Content-Management-Systemen zur Gestaltung und Administration der dem Kunde oder Mitarbeiter zugewandten Bedienoberfläche genannt. Damit kann auch die Forderung nach einer besseren Bedienerführung für Mitarbeiter und Kunden erfüllt werden.

Herausforderungen für die Funktionalität von ERP-Systemen sind beispielsweise die Bewertung von Terminen über die gesamte Wertschöpfungskette, eine online angebotene

Konfigurations- und Bestandsführung über die gesamte Lieferkette, eine Automatisierung der C-Teile-Beschaffung, die manuelles Eingreifen nahezu erspart sowie die automatische Nutzung unterschiedlicher elektronischer Marktplätze auch bei der Lieferantenauswahl und Preisfindung.

Literatur

Alard 2000
Alard, R., Hieber, R.: Lösungen für unternehmensübergreifende Kooperationen – Supply Chain Management und Business-to-Business Commerce. PPS Management 5 (2000) 2, S. 10–14
Buxmann 1999
Buxmann, P.: Die Zukunft von EDI – XML als Grundlage für den Aufbau zwischenbetrieblicher Geschäftsprozesse. Industrie Management 15 (1999) 1, S. 61–64
Gronau 1999
Gronau, N.: Management von Produktion und Logistik mit SAP R/3. 3. Auflage München Wien 1999
Krantz 1995
Krantz, S.: Real World Client/Server.Maximum Press Gulf Breeze, FL 1995
Pirron 1998
Pirron, O. u.a.: Supply Chain Management. Werkzeuge der Zukunft. Logistik heute (1998) 11, S. 60–69
Schneeweiß 1997
Schneeweiß, C.: Einführung in die Produktionswirtschaft. 6. Auflage Berlin u.a. 1997
Shaw 2000
Shaw, M., Blanning, R., Strader, T., Whinston, A.: Handbook on Electronic Commerce. New York 2000

E-Commerce-Funktionen in PPS- bzw. ERP-Systemen

Zusammenfassung

Die Nutzung des Internet und betriebswirtschaftlicher Anwendungen, die auf seinen Diensten, insbesondere dem World Wide Web (WWW) basieren, nimmt derzeit ständig zu. Dieser Trend hat erhebliche Auswirkungen auf die Weiterentwicklung von zunächst unternehmensintern eingesetzten Administrations- und Dispositionssystemen (ERP-Systemen). Eine Marktuntersuchung zeigt, daß etwa die Hälfte der angebotenen Systeme bereits mit WWW-Technologien arbeiten, etwa durch Anbindung von Web Shops als externer Komponente.

Gleichzeitig ausgewertete Anwenderbefragungen zeigen, daß die C-Teile-Beschaffung über elektronischen Geschäftsverkehr bereits zufriedenstellend möglich ist, daß zur elektronischen Beschaffung von A-Teilen jedoch noch Produktkonfiguratoren und online-Auskünfte über Lagerbestände und Lieferfähigkeit fehlen.

Summary

The usage of the Internet and of business applications which are basing on internet services like the world wide web (WWW) is permanently increasing. This trend has an heavy impact on the further development of enterprise resource planning systems which are used at the moment only inside of the enterprises. A market survey shows that half of the announced systems already works with technologies influenced by WWW, e.g. through binding of shop systems as an external component of ERP systems

Simultaneously analysed user surveys show that the procurement of C-parts using electronic business functionality is working satisfying. For a successful usage of electronic procurement of A-parts product configuration utilities and online information about stock assets and delivery status are missing.

17: *Planung (JEL M24)*
21: *Unternehmensführung (JEL M61)*

Information als Wettbewerbsfaktor
Das Data Warehouse-Konzept

Harry Mucksch
Wolfgang Behme (Hrsg.)
Das Data Warehouse-Konzept
Architektur – Datenmodelle –
Anwendungen.
Mit Erfahrungsberichten
4., vollst. überarb. u.
erw. Aufl. 2000. XX, 541 S.
Br. DM 138,00
ISBN 3-409-42216-1

Wolfgang Behme
Harry Mucksch (Hrsg.)
**Data Warehouse-
gestützte Anwendungen**
Theorie und Praxiserfahrungen
in verschiedenen Branchen
2001. ca. 400 S.
Br. ca. DM 98,00
ISBN 3-409-11659-1

Die Popularität des Data Warehouse-Konzepts unterstreicht die Notwendigkeit einer besseren Informationsbasis für Entscheidungsträger aller Managementebenen.
In der 4. Auflage wurden alle Kapitel vollständig überarbeitet. Neu hinzugekommen sind Beiträge zur Datensicherheit. Das Thema Modellierung hat stärkeres Gewicht bekommen. Die Erfahrungsberichte orientieren sich nach einzelnen Branchen: Banken/ Versicherung, Dienstleistungen und Industrie.

In Ergänzung zu ihrem bereits in der 4. Auflage erscheinenden Buch zum Data Warehouse-Konzept widmen sich die Autoren hier ganz d[er] Beschreibung verschiedener Anwendungsmöglichkeiten. Der Nutzen eines Data Warehou[se] entsteht nicht in erster Linie durch die Speich[e]rung, sondern vielmehr erst durch die zielgerich[tete] Aufarbeitung und Analyse der Informationen. Dieses führt zu einer Fülle von Einsatzmöglichkeiten (wie z.B. Balanced Scorecards oder Da[ta] Mining-Auswertungen zur Vorhersage von Gasverbräuchen), die für Unternehmen im zu[neh]mend härter werdenden Verdrängungswettb[e]werb gewinnbringend genutzt werden könne[n].

Bestellung
Fax: 06 11.78 78-420

Ja, ich bestelle zur sofortigen Lieferung.

Harry Mucksch
Wolfgang Behme (Hrsg.)
___ Expl. **Das Data Warehouse-Konzept**
Br. DM 138,00
ISBN 3-409-42216-1

Wolfgang Behme
Harry Mucksch (Hrsg.)
___ Expl. **Data Warehouse-
gestützte Anwendungen**
Br. ca. DM 98,00
ISBN 3-409-11659-1

Vorname und Name

Straße (bitte kein Postfach)

PLZ, Ort

Unterschrift

321 01 006   **GAB**

Desintermediation im B2B-Bereich – Perspektiven aus Sicht der Produzenten

Von Kai-Ingo Voigt

Überblick

- Untersucht wird die Frage, ob der Trend zum eBusiness mit einem „Händlersterben" im Business-to-Business-Bereich verbunden sein wird. Dabei konzentriert sich die Untersuchung auf eine bisher wenig beachtete Gruppe von Intermediären: den Produktionsverbindungshandel (PVH).

- Grundlage der Analyse ist eine Systematisierung der Händlerfunktionen des PVH. Untersucht wird, inwieweit diese Funktionen vom eBusiness-Trend tangiert werden und ob eine Verlagerung dieser Transaktionen auf andere Marktpartner zu erwarten ist.

- Aus den Funktionen lassen sich alternative Wertschöpfungsketten-Modelle gegerieren, die den Alternativenraum im Entscheidungsfeld der Produzenten bilden. Desintermediation stellt hier lediglich eine der möglichen Alternativen dar. Das Entscheidungsfeld der Produzenten wird analysiert. Gezeigt wird auch, unter welchen Bedingungen es zur Desintermediation im B2B-Bereich kommt und welche strategischen Optionen einem „bedrohten" Produktionsverbindungshändler offen stehen.

- Den Abschluss bilden die Ergebnisse einer empirischen Untersuchung von Unternehmen aus der Automobilindustrie.

Eingegangen: 23. Februar 2001

Professor Dr. Kai-Ingo Voigt, Lehrstuhl für Industriebetriebslehre, Friedrich-Alexander-Universität Erlangen-Nürnberg, Lange Gasse 20, 90403 Nürnberg, e-mail: voigt@industriebetriebslehre.de.

© Gabler-Verlag 2001

A. Ausgangspunkt: Die „neue" Desintermediationsdebatte

Die Institution „Handel" ist im Laufe ihres Bestehens immer wieder kritisiert und unter besonderen Rechtfertigungszwang gesetzt worden. Kern der Kritik war (bzw. ist) der Vorwurf, Handelsbetriebe würden nichts produzieren und deshalb „unberechtigt" am Warenaustausch verdienen. Im „Kapital" von Karl Marx heißt es zum Beispiel: „Die Zirkulation oder der Warenaustausch schafft keinen Wert" (Marx, 1977, S. 177).

Im Laufe der Zeit hat sich die Wirtschaftswissenschaft näher mit dieser Frage beschäftigt und gezeigt, dass Handelsbetriebe im Rahmen der gesamten Wertschöpfungskette sehr wohl Leistungen „produzieren", die entweder der Hersteller oder der Abnehmer (oder beide) nicht selbst erstellen können oder wollen, und dafür mit einem Teil der insgesamt erwirtschafteten Wertschöpfung „entlohnt" werden. Die wissenschaftlichen Bemühungen auf diesem Gebiet reichen vom „Schärschen Gesetz", wonach die Einschaltung eines Handelsbetriebs immer dann sinnvoll ist, wenn die Summe der durch ihn erstellten „nützlichen Dienste" größer ist als die vom Lieferanten bzw. Kunden selbst erstellbaren Leistungen (vgl. Schär, 1925), bis hin zum Baligh-Richartz-Effekt, mit dem gezeigt werden kann, dass durch die Einschaltung des Handels die Zahl der Kontakte zwischen den Produzenten und den (End-)Kunden – und damit die Transaktionskosten der Marktteilnehmer – reduziert werden können (vgl. Gümbel, 1985; Müller-Hagedorn, 1997, S. 438 f.). Parallel dazu gab es Versuche, die Handelsfunktionen – und damit die Leistungen der Handelsbetriebe – zu systematisieren (vgl. z.B. Oberparleiter, 1955; Gümbel, 1985; Haas, 1993).

Interessant ist, dass die Frage „Cut out the middleman?" vor dem Hintergrund der als „eBusiness" oder „Internet-Ökonomie" bezeichneten Transformation von Märkten und Unternehmen (vgl. z.B. Picot, 2000) neu gestellt und – angesichts der völlig veränderten Rahmenbedingungen – auch neu beantwortet werden muss:

Die Vertreter der *„Desintermediations-These"* verweisen z.B. auf die von dem Computerhersteller Dell verfolgte Strategie der „virtuellen Integration" unter bewusster Ausschaltung des üblichen Computer-Handels. Dank der deutlich gesunkenen Transaktionskosten sei es für den Abnehmer nicht nur möglich, sondern auch ökonomisch sinnvoll, direkt mit dem Hersteller in Kontakt zu treten, auch wenn zur Abwicklung der Distribution „spezialisierte" Logistikpartner – unter Ausschaltung der traditionellen Vertriebskanäle – bemüht werden müssten (vgl. z.B. Sarkar et al., 1995, S. 2 f.; Strauß/Schoder, 1999, S. 67; Archer/Gebauer, 2000, S. 10). Umgekehrt sei es aber auch für den Hersteller u.U. reizvoll, bisher den Großhandel übertragene Funktionen zu „re-integrieren", also selbst auszuführen, ohne den mit einer vertikalen Vorwärtsintegration üblicherweise verbundenen Anstieg der Transaktionskosten befürchten zu müssen (vgl. Tomczak et al., 1999, S. 133). Darüber hinaus entfallen – so wird argumentiert – bei Desintermediation die Händlermargen, was dem Hersteller letztlich Preisspielräume öffnet bzw. Vorteile im Preiswettbewerb ermöglicht (vgl. z.B. Wigand/Benjamin, 1995, S. 6).

Die genannten Gründe mögen auch dafür verantwortlich sein, dass in einer 1997/98 in Deutschland durchgeführten empirischen Untersuchung 79,2% der antwortenden Unternehmen (Rücklauf: 914 Fragebögen) erwarteten, dass sich durch eBusiness Zwischenhandelsstufen bzw. andere Intermediäre leichter umgehen lassen (vgl. Strauß/Schoder, 1999, S. 67). Bei Stepanek findet sich der Hinweis, dass gerade Buchhändler, Reisebüros und Versicherungsagenturen davon betroffen seien, dass das Internet auf der anderen Seite aber weltweit bereits 100.000 neue Intermediäre („Cybermediaries") hervorgebracht habe (vgl. Stepanek, 1998, S. 1 f.).

Die Vertreter der „*Intermediations-These*" knüpfen an den letztgenannten Aspekt an und gehen davon aus, dass die Wertschöpfungsketten und Transaktionsphasen sich aufspalten, mit der Folge, dass spezialisierte Einzelunternehmen jeweils nur einen relativ engen Bereich der Wertschöpfung (allerdings unter Ausnutzung von Größenvorteilen) selbst übernehmen. Hieraus resultiert der Bedarf an neuen Intermediären (neudeutsch: „Infomediäre"), die die Aufgabe der Koordination von Informationsströmen und Transaktionsprozessen, immer in Hinblick auf den zu erfüllenden Kundenwunsch, erfüllen (vgl. Sarkar et al., 1995, S. 3 f.; Tomczak et al., 1999, S. 132) – wobei zunächst noch offen ist, ob die „bisherigen" Händler völlig ersetzt oder (gegebenenfalls mit verändertem „Funktionen-Mix") weiterhin als Intermediäre akzeptiert werden.

Die Frage, unter welchen Bedingungen im eBusiness eher ein Inter- oder ein Desintermediations-Trend zu erwarten ist, haben Sakar et al. als erste im Gesamtkontext behandelt, wenn auch unter alleiniger Perspektive der Transaktionskosten. Sie vergleichen den Zeitraum vor und nach Einführung des Internet sowie die Transaktionskosten bei Direktvertrieb („direct costs") und bei Einschaltung von Händlern („intermediary costs") und kommen zu dem in Abbildung 1 zusammengefassten Ergebnis.

Während Hersteller, deren Transaktionskosten bei Direktvertrieb vor und nach Einführung des Internet geringer waren bzw. sind als bei Einschaltung von Intermediären, das Internet als Unterstützung ihres Direktvertriebs einsetzen (wie z.B. das Unternehmen Dell), werden Hersteller, bei denen gerade umgekehrte Voraussetzungen gegeben sind, weiterhin Intermediäre bemühen (und über das Internet mit ihnen verkehren). Sind die Transaktionskosten bei Einschaltung von Händlern durch das Internet sogar unter die Höhe der Transaktionskosten bei Direktvertrieb gesunken (Quadrant III in Abbildung 1), ruft dies neue Intermediäre auf den Markt, die vor Einführung des Internet keine Überlebenschance gehabt hätten. Umgekehrt sind „traditionelle" Händler durch die Einführung des Internet im (Kosten-)Nachteil und gelten als bedroht (vgl. Scott, 2000, S. 9 ff.).

Abb. 1: Four Outcomes from Internet Intermediation/Desintermediation

		Pre-Internet	
		Direct costs < Intermediary costs	Direct costs > Intermediary costs
Post-Internet	Direct costs < Intermediary costs	Internet Supplemented Direct Market *Dell* I	Threatened Intermediaries *Compaq's Resellers* *Retailers* II
	Direct costs > Intermediary costs	Cybermediaries *Cyberian Outpost* *Buy.com* III	Internet Supplemented Intermediaries *RosettaNet Members* IV

Quelle: Scott, 2000, S. 9; in Anlehnung an Sarkar et al., 1995, S. 5[1]

An dieser Darstellung ist jedoch zu kritisieren, dass auf die Funktionen der Intermediäre kein Bezug genommen, sondern eher aus der „Makro-Perspektive" analysiert wird. Dabei ist es gerade interessant zu fragen, welche der „klassischen" Funktionen der Händler durch das Internet tangiert bzw. bedroht werden und in welcher Weise sich die bisher „geschnürten" Funktionenbündel auflösen und neu gruppieren. Erst auf Basis einer solchen Analyse, die neben den (Transaktions-) Kosten noch weitere Nutzenkomponenten – z.B. Qualitäts- und Zeitaspekte der Funktionserfüllung – sowie die Vielfalt alternativer Wertschöpfungsmodelle mit einbezieht, lässt sich letztlich entscheiden, ob es zur Desintermediation kommt oder nicht.

Zur Klärung der angesprochenen Fragen beizutragen ist Ziel dieses Aufsatzes. Dabei wollen wir uns auf den Business-to-Business-Bereich (kurz: B2B) – also den Leistungs-, Informations- und Sachgüteraustausch zwischen Unternehmen – beschränken, in dem für die nächsten Jahre bekanntlich weit höhere eBusiness-Umsatzpotenziale prognostiziert werden als im „Business-to-Consumer"-Bereich (vgl. z.B. Forrester, 2000). Zudem wollen wir uns in der Betrachtung auf eine in der Desintermediationsdebatte bisher wenig beachtete Gruppe von Intermediären konzentrieren: den Produktionsverbindungshandel (PVH). Diesen näher zu kennzeichnen ist Ziel des Abschnitts B. In Abschnitt C werden die Funktionen des PVH und deren Veränderungen im Zeitalter des eBusiness analysiert. Im Abschnitt D gehen wir auf das Entscheidungsfeld der Produzenten – als Marktpartner des PVH – näher ein. Denn von den Entscheidungen der Produzenten hängt es letztlich ab, ob der PVH auch zukünftig als Intermediär akzeptiert wird oder ob es zur Desintermediation in diesem Bereich kommt. Abschnitt E fasst die Ergebnisse einer empirischen Untersuchung zur betrachteten Problematik zusammen.

B. Der Produktionsverbindungshandel als Teil des Großhandels

Von den rund 75 000 in Deutschland existierenden Großhandelsunternehmen entfielen 1997 rund 13 900 Betriebe auf den Maschinen-, Ausrüstungs- und Zubehörhandel und 18 200 auf den Rohstoff-, Halbwaren-, Altmaterial- und Reststoffhandel – mit deutlich unterschiedlichem Umsatz je Beschäftigten (siehe Tabelle 1).

Tab. 1: Großhandelsunternehmen in Deutschland (1997)

	Unternehmen	Beschäftigte	Umsatz gesamt	Umsatz je Beschäftigter
Großhandel gesamt	75.000	1.250.100	560 Mrd. €	448.564 €
Maschinen, Ausrüstung, Zubehör	13.900	198.800	60,9 Mrd. €	306.410 €
Rohstoffe, Halbwaren, Altmaterial, Reststoffe	18.200	345.000	188 Mrd. €	531.950 €

Quelle: IW Köln, 2000, Nr. 80

Desintermediation im B2B-Bereich – Perspektiven aus Sicht der Produzenten

Zum PVH zählen – im Gegensatz zum Konsumgüter-Großhandel – alle Unternehmen, „... *die schwerpunktmäßig Güter beschaffen, welche sie unverändert bzw. nach handelsüblichen Manipulationen an Organisationen weiterveräußern, die damit ihrerseits Güter für die Fremdbedarfsdeckung erstellen oder die sie selbst wiederum unverändert bzw. nach handelsüblichen Manipulationen an solche Organisationen verkaufen*" (Kleinaltenkamp, 1995, S. 796 f.). Die vom PVH gehandelten und gegebenenfalls „manipulierten" (z.B. zugeschnittenen, verpackten, konservierten) Güter sind also stets Einsatzfaktoren in einem noch zu erfolgenden Produktionsprozess.

Ökonomisch bedeutsame *Erscheinungsformen* des PVH sind

- (oft international tätige) Rohstoffhändler, z.B. für Erdöl, Erze, Mineralien, landwirtschaftliche Erzeugnisse, Holz;
- Betriebe zur Distribution von Einsatzstoffen wie Eisen und Stahl, chemische Grundstoffe und chemische „Spezialitäten";
- Händler von Teilen und Werkzeugen mit dem Schwerpunkt des Verkaufs an Handwerksbetriebe;
- Händler für spezielle Einzelaggregate (z.B. Werkzeugmaschinen oder Geräte der Bürokommunikation) mit der Zielgruppe kleiner und mittlerer Abnehmer;
- Anlagenhändler, die Komponenten oder Subsysteme kundenindividuell zusammenstellen (vgl. Kleinaltenkamp, 1995, S. 797).[2]

Dabei ist der PVH in Deutschland derzeit durch Mittelständigkeit, fehlende Handelsmarken, Substitutionskonkurrenz der Baumärkte und einiger weniger „starker" Unternehmen sowie durch relativ geringe Margen gekennzeichnet (vgl. o. V., 1999). Ein Händler wie die auf Schrauben, Befestigungs- und Montagetechnik spezialisierte Würth-Gruppe, auf die wir noch zurückkommen werden, stellt mit derzeit 31.000 Mitarbeitern (davon 16.000 im Außendienst) und einem für 2000 erwarteten Jahresumsatz von 5 Mrd. € also eher die Ausnahme dar (vgl. Spies, 2000).

Kommen wir damit zunächst zu der Frage, welche Funktionen der Großhandel und insbesondere der PVH als Intermediär zwischen anbietenden Produzenten (AP) und nachfragenden Produzenten (NP) erfüllt und inwieweit diese Funktionen durch die Trends im eBusiness tangiert werden. Folgende Struktur soll dabei der Analyse zugrunde liegen (vgl. Abbildung 2).

Abb. 2: Aufgabenverteilung für den Produktionsverbindungshandel

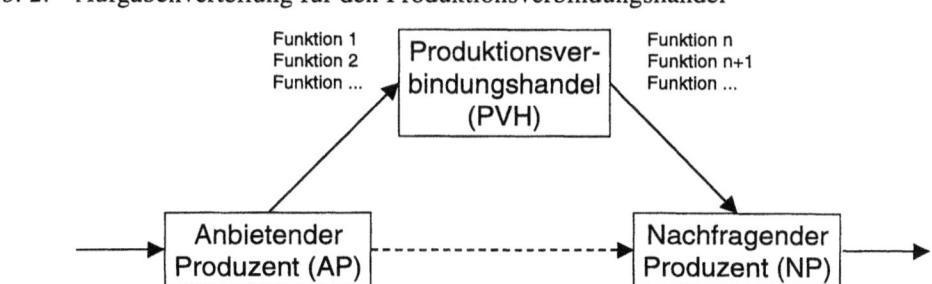

C. Funktionale Perspektive

I. Die Funktionen im B2B-Handel

Ganz allgemein sind im Rahmen einer Transaktion – z.B. dem Verkauf von Gütern zwischen Unternehmen – bestimmte wertschöpfende Tätigkeiten (als Bestandteile der gesamten Wertschöpfungskette) notwendig, die bisher vom Großhandel ausgeführt wurden. Über die (Groß-)Handelsfunktionen gibt es bereits eine relativ umfangreiche Literatur (vgl. z.B. Gutenberg, 1984, S. 148 ff.; Barth, 1993, S. 29; Haas, 1993; Schenk, 1995, Sp. 856 ff.; Kotler/Bliemel, 1999, S. 896). Marktschließung und -beobachtung, Sortimentsgestaltung, Lagerhaltung, Kreditgewährung, Transport, Kundenberatung und Kundendienst gelten danach als „klassische" Großhandelsfunktionen, die im Falle des PVH noch um spezifische Entwicklungsaufgaben (Produkt- und Prozessentwicklung für den Kunden) und die als „Anarbeitung" bezeichnete Be- bzw. Verarbeitung von Vorprodukten ergänzt sein können (vgl. Müller-Hagedorn, 1997, S. 437).

Interessanterweise wird in den meisten Funktionstypologien nicht explizit danach differenziert, für welchen Marktpartner der Händler – hier der PVH – diese Funktionen ausübt

Tab. 2: Funktionen des Produktionsverbindungshandels (PVH)

Handelsfunktionen des PVH	
Adressat: **Anbietender Produzent (AP)**	**Adressat:** **Nachfragender Produzent (NP)**
• Markterkundung, -erschließung, -beobachtung, -beeinflussung	• Information und Beratung
• Sortimentseffekt	• Sortimentierung
• Anarbeitung/Warenvollendung	• Produkt-/Prozessentwicklung
• Kundenbetreuung/Schulung	• Service
• Risikominderung (Lager-, Finanzierungs-, Verderbsrisiko)	• Sicherheit (Beschaffungssicherheit durch Lagerhaltung, Qualitätssicherheit etc.)
• Komplexitätsreduktion der Distributionsaufgabe	• Komplexitätsreduktion des Beschaffungsvorgangs
• Logistik, Lagerhaltung	• Raum- und Zeitüberbrückung
• Mengenauflösung (Kostenersparnis des AP durch „gleichbleibende" Produktionsaufträge)	• Mengenbündelung (Umformung „kleiner" Abnehmeraufträge in wenige Großaufträge mit entsprechend günstigen Konditionen)
• Umsatzakquisition	• Finanzierung

bzw. welchen Nutzen die Marktpartner aus den ausgeführten Funktionen oder Tätigkeiten ziehen. Wie leicht zu sehen ist, gibt es einige Funktionen, die bei beiden Marktpartnern des PVH Nutzen stiften (ein „gutes", z.B. besonders breites oder tiefes Sortiment trägt zur Erfüllung der Kundenwünsche bei und erhöht durch den „Sortimentseffekt" u.U. auch den Umsatz des anbietenden Produzenten; eine Lagerhaltung durch den Händler wirkt kostensparend für den anbietenden und reduziert Beschaffungsunsicherheit für den nachfragenden Produzenten usw.), während andere Funktionen primär nur für einen der beteiligten Marktpartner „nützlich" sind (z.B. die Markterschließung und -beobachtung für den anbietenden, die Informations- und Beratungsfunktion für den abnehmenden Produzenten). Tabelle 2 fasst die wichtigsten Funktionen des PVH und die daraus resultierenden (Teil-)Nutzen für den AP und den NP auf einen Blick zusammen, wobei korrespondierende Funktionen bzw. Nutzenaspekte in jeweils einer Zeile zusammengefasst sind.

Kommen wir damit zunächst zu der Frage, ob und – wenn ja – in welcher Weise und in welchem Ausmaß die einzelnen Handelsfunktionen des PVH von der als „eBusiness" bezeichneten Entwicklung tangiert werden.

II. Auswirkungen des eBusiness auf die Funktionen des PVH

Begonnen als exogene Technologieänderung (Öffnung eines noch relativ kleinen Computernetzwerks durch das Übertragungsprotokoll TCP/IP, Förderung durch die Internetapplikation „World Wide Web" und die Programmierungssprache HTML, die letztlich die multimediale Nutzung des Netzwerks erst möglich machte), hat das Internet Wirtschaft und Gesellschaft schon heute mit einer „Informationsrevolution" konfrontiert. Die zielgerichtete Nutzung und Anwendung der Internettechnologie und der darauf basierenden Interaktions- und Kommunikationsmöglichkeiten durch Unternehmen zwecks Gestaltung und Abwicklung ihrer internen und externen Prozesse und Kreisläufe ist der Kern dessen, was heute unter „eBusiness" verstanden wird.[3]

Wie bereits angedeutet, bestehen auch im B2B-Bereich i.d. R. hohe Anreize zum Einsatz der Internettechnologie, und zwar sowohl auf der Verkaufs- wie auf der Beschaffungsseite („eProcurement"). Anreize für eine „elektronische Beschaffung" sind vor allem

- die sinkenden Transaktionskosten,
- die gesunkenen Einstandspreise (aufgrund höherer Markttransparenz, aber ggf. auch durch Volumenerhöhung und Rabatterzielung),
- die vereinfachte und verbesserte Kommunikation,
- die Reduktion der Bestellabwicklungszeiten,
- die Vermeidung eines ungeordneten Einkaufsverhaltens („Maverick-Buying"),
- die verbesserte Entscheidungsqualität,
- die Möglichkeit der virtuellen Integration von Wertschöpfungsketten usw.[4]

In der Literatur häufen sich die Beispiele, die zeigen, dass sich die Prozesskosten und -zeiten eines Beschaffungsvorgangs durch eProcurement deutlich senken lassen, in einem Fall sogar auf ein Zehntel der vor Internetnutzung üblichen Werte (vgl. Fehr, 1999, S. 276). Eine neuere Untersuchung der Boston Consulting Group ergab dagegen Einsparungspotenziale durch elektronische Beschaffung von 10% bei direkten Gütern (und zwar 10% bei den Produktions- und 15% bei den Transaktionskosten) und sogar 18% bei indirekten Gütern, bestehend aus 9% Produktions- und 60% Transaktionskostensenkung (vgl. o. V., 2000a).

Nun zu der Frage, welche der bisher vom PVH ausgeübten Funktionen durch den Trend zum eBusiness tangiert werden, also z.B. in Relation zu anderen Funktionen an Bedeutung gewinnen oder verlieren. Gleichzeitig von Interesse ist die Frage, ob eine „Verlagerung" dieser Funktionen auf andere Marktpartner bzw. neue Intermediäre zu erwarten ist. Beginnen wir mit den jeweiligen Funktionen, die primär dem nachfragenden Produzenten (NP) Nutzen stiften:

- *Information und Beratung:* Diese Funktion wird sich mehr und mehr auf den Kunden (hier: NP) verlagern, da dieser sich einfach, schnell und kostengünstig – unterstützt durch Suchhilfen und vorstrukturierte Expertensysteme – selbst informieren kann. Bei der Beratung, die insbesondere bei komplexen Teilen und Produkten notwendig ist, zeigt das Internet zwar derzeit noch Schwächen (entsprechend liegt der Schwerpunkt des eProcurement noch bei den C- bzw. indirekten Teilen), es wird sich jedoch auch hier in absehbarer Zeit entwickeln und den „klassischen" PVH bedrohen.
- *Sortimentierung:* Auch diese Funktion reicht – jedenfalls für sich genommen – nicht mehr zur Rechtfertigung der Händlerexistenz. Denn schon jetzt stehen in Form von Content- und Catalog-Providern neue Intermediäre bereit, die für den Kunden ein individuelles (wenn auch zunächst rein virtuelles) Sortiment anbieten. Während der Catalog-Provider die notwendige Struktur für einen virtuellen Produktkatalog bereitstellt (in Deutschland z.B. BMECat), erstellt der Content-Provider aus dem Angebot mehrerer Hersteller einen kundenspezifischen Produktkatalog („MSPC" = Multi Supplier Product Catalog). Insgesamt ist hier demnach eine Funktionsverlagerung auf den NP und auf neue Intermediäre zu erwarten. Abbildung 3 fasst die genannten Alternativen noch einmal auf einen Blick zusammen.
- *Service:* Hier besteht bisher nur ein mittleres Ersatzpotenzial durch das Internet. Schulung via Internet, Ferndiagnose und Fernimpulse für physische Serviceleistungen (z.B. Wartung, Reparatur) sind jedoch Beispiele, die zeigen, dass das Substitutionspotenzial

Abb. 3: Sortimentsfunktionen im eProcurement

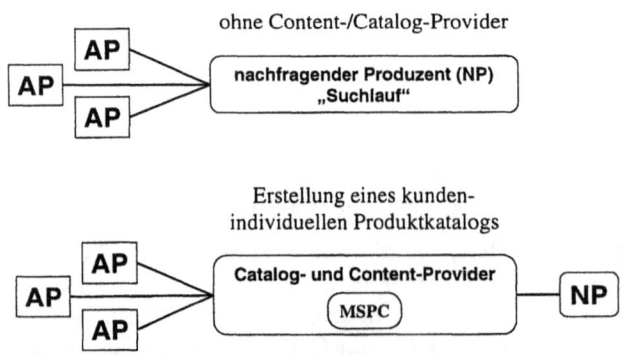

noch wachsen wird und hier tendenziell eine Funktionsverlagerung auf den NP und neue Intermediäre zu erwarten ist.
- *Sicherheit:* Die vom Händler gewährte Beschaffungssicherheit kann ansatzweise durch automatische Verfügbarkeitskontrollen beim elektronischen Einkauf oder durch Auftragsverfolgung bzw. Order Tracking ersetzt werden. Qualitätsurteile lassen sich statt vom Händler auch über Communities oder Meinungsportale (z.B. Dooyoo.de) abrufen.
- *Komplexitätsreduktion des Beschaffungsvorgangs:* Auch hier ist im Grunde ein mittleres Ersatzpotenzial gegeben, da sich die Komplexität durch menügeführte Einkaufsprozesse und die Möglichkeit, gewünschte Konfigurationen vorab „virtuell durchzuspielen", deutlich reduzieren lässt. De facto droht hier eine Verlagerung der Funktion auf AP und NP, aber auch auf virtuelle Marktplätze. Allerdings scheint die Komplexitätsreduktion im B2B-Bereich weniger bedeutsam als im B2C-Bereich, wo es seit jeher zur Händlerleistung gehört, auch für vage und unscharf formulierte Kundenwünsche passende Lösungen zu finden.
- *Mengenbündelung:* Hier bieten Einkaufsplattformen (z.B. covisint.com) die Möglichkeit, unternehmensintern und (soweit wettbewerbsrechtlich zulässig) auch unternehmensübergreifend Bedarfsmengen zu bündeln und so günstige Konditionen bei den Lieferanten zu erzielen. Insofern ist eine stärkere Verlagerung der Funktion auf den/die NP zu erwarten.
- *Raum- und Zeitüberbrückung:* Diese eher „klassischen" Händlerfunktionen werden zwar (von digitalisierbaren Gütern abgesehen) nicht direkt durch die Möglichkeiten des Internet tangiert. Jedoch ist, wenn es zur Desintermediation kommt, durch strukturelle Veränderungen auch hier mit einer Verlagerung dieser Funktionen auf andere Intermediäre zu rechnen (z.B. der Raumüberbrückungsfunktion auf Logistikdienstleister).
- Die *Produkt- bzw. Prozessentwicklung* verbleibt dagegen als „Kernkompetenz" beim PVH, da sein spezifisches Know-how i.d. R. nicht beliebig durch neue Intermediäre ersetzt werden kann.

Insgesamt gibt es jedoch bei den aus Sicht des NP ausgeführten Handelsfunktionen starke Argumente, die für eine Verlagerung auf andere Marktpartner sprechen.

Wenden wir uns damit den wichtigsten für den AP ausgeübten Funktionen des PVH zu:[5]

- *Markterkundung, -erschließung etc.:* Hierin liegt (auch weiterhin) eine Kernkompetenz des Händlers, die nicht beliebig durch „Internet-Funktionen" ersetzt werden kann. Allerdings sollte das mittelfristig drohende Ersatzpotenzial durch die erwähnten „Infomediäre" beachtet werden.
- *Anarbeitung/Warenvollendung:* Diese Wertschöpfungstätigkeiten gehören i.d. R. zu den Stärken des PVH, die wegen ihres „physischen" Charakters durch die Veränderungen im eBusiness wenig berührt werden und dem Händler somit verbleiben. Dies gilt im übrigen auch für die
- *Komplexitätsreduktion der Distributionsaufgabe:* Die vom Händler geleistete „Feinverteilung" zählt auch weiterhin zu den wichtigen Funktionen, zumal es dem AP dadurch ermöglicht wird, sich auf die „Key Accounts" zu konzentrieren.
- *Risikominderung/Mengenauflösung:* Die hinter diesen Funktionen stehenden Leistungen des Händlers werden weder durch das Internet noch durch darauf „spezialisierte" Dienstleister bedroht.

- Anders verhält es sich mit den übrigen vom PVH für den AP geleisteten Funktionen (z.B. *Sortimentseffekt, Logistik*), die – aus schon genannten Gründen – für sich genommen nicht ausreichen, um die Existenz des PVH im Zeitalter des eBusiness dauerhaft zu sichern.

Fassen wir zusammen: Durch das Internet ist tatsächlich eine gravierende Veränderung bei den Handelsfunktionen des PVH zu erwarten. Einige Funktionen verlagern sich auf den anbietenden und (mehr noch) auf den nachfragenden Produzenten, andere auf (neue) Intermediäre, die sich auf die Ausübung einzelner Funktionen spezialisiert haben.[6] Nur einige wenige Funktionen, die die (zumindest kurzfristig schwer imitierbaren) Kernkompetenzen des Händlers repräsentieren oder durch die eBusiness-Veränderungen im Kern nicht berührt werden, bilden die Grundlage für eine dauerhaft erfolgreiche Existenz. Jedoch hängt es letztlich von den Entscheidungen der Produzenten ab, ob und – wenn ja – in welcher Form sie den PVH weiterhin als Intermediär „zwischen sich" akzeptieren.

D. Institutionale Perspektive

I. Das Entscheidungsfeld der Produzenten

Wie eben gezeigt, bieten sich hinsichtlich der Ausübung der (Groß-) Handelsfunktionen durch das Internet z. T. völlig neue Möglichkeiten. Aus diesen Optionen lassen sich nun alternative (Teil-)Wertschöpfungsketten aggregieren, die den Alternativenraum im Entscheidungsfeld der Produzenten bilden. Der PVH wird lediglich dann – und nur so lange – als Intermediär tätig sein können, solange die Produzenten durch die Gesamtleistung des Händlers keine Nutzeneinbuße gegenüber anderen Alternativen erleiden. Anders ausgedrückt: Zur Desintermediation kommt es dann, wenn die Funktionen des Händlers – soweit sie überhaupt noch notwendig erscheinen – von anderen Marktpartnern besser/schneller/kostengünstiger erfüllt werden, also z.B. von den Produzenten selbst und/oder von spezialisierten Funktionsanbietern.

Greifen wir noch einmal auf das in Abbildung 1 dargestellte Entscheidungsfeld zurück, in dem zwei Alternativen – Direktvertrieb und Einschaltung eines Intermediärs bzw. Händlers – gegenübergestellt werden. An dieser Stelle wird deutlich, dass die Problematik bei Beschränkung der Betrachtung auf die Transaktionskosten nicht in ihrer vollen Breite erfasst werden kann. Denn „Transaktionskosten" im engeren Sinne betreffen nur die durch Übertragung eines Aktivums von einem Wirtschaftssubjekt auf ein anderes entstehenden Kosten (vgl. Link, 1994, S. 2101) und enthalten insofern keine (reinen) Informationskosten. Auch gehen bestimmte Funktionen des Händlers – wie erläutert – über die Abwicklung von Transaktionen im eben definierten Sinne deutlich hinaus und umfassen auch „materielle" Wertschöpfungsaktivitäten wie Produktion bzw. Warenvollendung und Produkt- bzw. Prozessentwicklung.

Aus diesem Grund wollen wir die Betrachtung auf den *Gesamtnutzen* ausweiten, den jede Alternative – Direktverkauf und Einschaltung des Händlers – für *beide* Produzenten erbringt. Es ergibt sich damit die in Abbildung 4 dargestellte Situation.

Desintermediation im B2B-Bereich – Perspektiven aus Sicht der Produzenten

Abb. 4: Intermediation/Desintermediation als Folge des eBusiness

		Pre-Internet	
		Nutzen des Direktvertriebs > Nutzen bei Einschaltung des Händlers	Nutzen des Direktvertriebs < Nutzen bei Einschaltung des Händlers
Post-Internet	Nutzen des Direktvertriebs > Nutzen bei Einschaltung des Händlers	Internet-unterstützter Direktvertrieb I	Bedrohter PVH (= Desintermediation) II
	Nutzen des Direktvertriebs < Nutzen bei Einschaltung des Händlers	(neue) Inter- bzw. „Infomediäre" (=Intermediation) III	Internet-unterstützter PVH IV

Nutzen = Gesamtnutzen des anbietenden Produzenten (AP) + Gesamtnutzen des nachfragenden Produzenten (NP)

Quelle: in Anlehnung an Scott, 2000, S. 9

Auf die Problematik der Aggregation der Teilnutzen zum Gesamtnutzen einer jeden Alternative für beide beteiligten Produzenten kann an dieser Stelle nicht näher eingegangen werden (vgl. dazu z.B. Bamberg/Coenenberg, 2000, S. 48 ff.). Wichtig ist hier der Hinweis, dass der Gesamtnutzen *alle* möglichen Kostenvorteile bzw. -nachteile einer jeden Alternative (hinsichtlich der Transaktions-, Informations- und Produktionskosten), aber auch potenzielle Qualitäts- und Zeitvorteile bzw. -nachteile berücksichtigen muss. Relevant ist weiterhin, ob bei einer bestimmten Alternative economies of scale erzielt werden können (wie z.B. bei Einschaltung eines spezialisierten Logistik-Dienstleisters hinsichtlich der Funktion „Raumüberbrückung") oder aber economies of scope (wie beim „klassischen" Großhändler, der alle Funktionen „aus einer Hand" anbietet, was insofern auch Transaktionskostenvorteile bringt). Verteilt sich der durch eine bestimmte Veränderung (z.B. Ausschaltung des Händlers und Übergang zum Direktvertrieb) erzielbare Mehrnutzen ungleich zwischen den beteiligten Produzenten, ist zudem über mögliche Kompensationszahlungen nachzudenken.

Halten wir fest: Die Desintermediation ist – im B2B-Bereich wie auch im B2C-Bereich – keine unvermeidliche Folge des eBusiness, sondern eine von mehreren möglichen Entscheidungsalternativen. Ob es zur Desintermediation kommt oder nicht, hängt letztlich von den Daten des Einzelfalles ab. Die möglichen institutionellen Konsequenzen dieser Entscheidung seien im folgenden noch etwas näher betrachtet.

II. Alternative Wertschöpfungsketten-Modelle im B2B-Bereich

Aus der Vielzahl der möglichen Gesamt-Wertschöpfungsketten wollen wir aus Platzgründen nur die in Abbildung 5 zusammengefassten Modelle diskutieren.

Im *Modell I* bleibt – von kleinen Funktionsverlagerungen abgesehen (z.B. die Informationsfunktion kommt stärker zum Abnehmer) – alles beim Alten. Dass dieses Modell

Abb. 5: Alternative B2B-Wertschöpfungsketten-Modelle im eBusiness

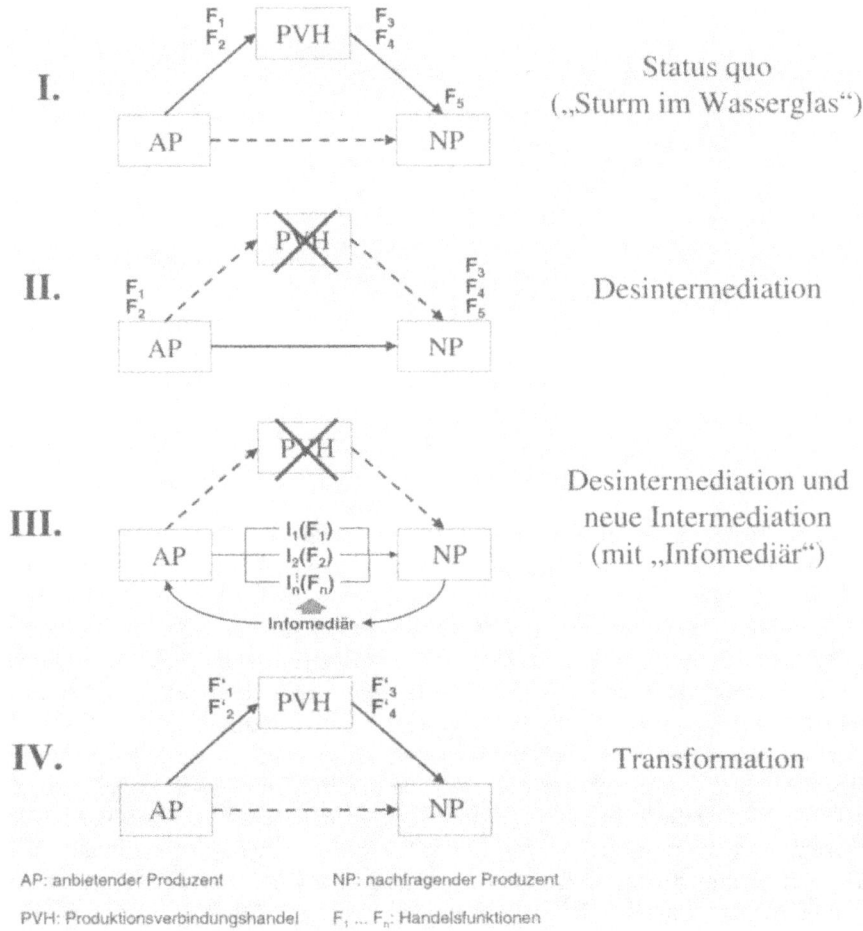

nicht völlig irreal ist, zeigt das Beispiel der Würth-Gruppe in Künzelsau (vgl. Spies, 2000, S. 27): Obwohl das Unternehmen seit 1995 rund 10 Millionen Mark in seine Internet-Aktivitäten, die in der Branche als vorbildlich gelten, investiert hat, belief sich der im „eBusiness" erzielte Umsatz in den ersten fünf Monaten des Jahres 2000 auf 350.000 DM (d.h. nur 0,2 Promille des Gesamtumsatzes). Es zeigen sich also (noch) deutliche Schwierigkeiten, die Geschäftskunden des Schrauben-Großhändlers für die Geschäftsanbahnung via Internet zu interessieren – mit der Folge, dass die bisherige Wertschöpfungskette und Funktionenverteilung nahezu unverändert geblieben ist.

Modell II visualisiert den gegenteiligen Fall der Desintermediation, in dem anbietender und nachfragender Produzent direkt in Verbindung treten und die Funktionen des bisher bemühten Absatzmittlers zwischen sich aufteilen. Es gibt Hinweise darauf, dass dieses

Modell insbesondere das „Schicksal" zahlreicher Großhandelsvermittler (Makler, Streckengroßhändler, Kommissionäre usw.) im B2B-Bereich beschreibt, denen durch eBusiness in der Tat nicht selten die Geschäftsgrundlage genommen wird.

Auch *Modell III* beschreibt den Fall der Desintermediation, was den PVH angeht, ist jedoch gleichzeitig mit dem Entstehen neuer Intermediäre verbunden, gegebenenfalls gesteuert und koordiniert durch einen „Infomediär". Während anbietender und nachfragender Produzent sich im wesentlichen auf ihre „produktiven" Wertschöpfungsaktivitäten beschränken, erfüllt z.B. ein Content-Provider die Sortimentsfunktion, ein Logistikunternehmen die Distribution, ein Versicherungsunternehmen die Risikoabsicherungsfunktion usw. Dass eine derart „zersplitterte" Wertschöpfungskette eine zentrale Koordination (und damit einen zentralen Ansprechpartner für den Abnehmer) erfordert, um einen dramatischen Anstieg der Transaktionskosten und -zeiten zu verhindern, ist offensichtlich. Ob und inwieweit der (ehemalige) Produktionsverbindungshändler willens und in der Lage ist, diese „neue Rolle" zu übernehmen, wird die Zukunft zeigen.

Modell IV verdeutlicht den Fall des teilweise oder vollständig auf „eBusiness" gewechselten Großhändlers mit dementsprechend angepassten Funktionen, einschließlich eSelling und eProcurement. Es könnte das Modell der Würth-Gruppe des Jahres 2005 sein, sofern sich das von ihr bereits angebotene „eBusiness" tatsächlich gegen die derzeit noch rund 5000 Außendienstmitarbeiter, die allein in Deutschland tätig sind, durchsetzt. Der Begriff „Transformation" ist zutreffend, wenn es sich nicht – wie bei den Internet-Einzelhändlern amazon.com und cdnow.com – um Neugründungen, sondern um vom „klassischen" PVH zum Internet-Anbieter gewandelten Unternehmen handelt. Dass ein solcher Transformationsprozess für sich genommen zahlreiche Aufgaben und Probleme aufwirft – von Bestands- und Personalabbau bis hin zu unternehmenskulturellen Barrieren –, kann hier nur angedeutet, nicht vertiefend analysiert werden.

Kommen wir damit abschließend zu der Frage, welche strategischen Optionen einem „bedrohten" Produktionsverbindungshändler im eBusiness offen stehen und wie sich diese Optionen – wenn überhaupt – allgemeingültig bewerten lassen.

III. Strategische Optionen des „bedrohten" PVH

Zu diesem Zweck greifen wir auf die Abbildung 6 zurück. Auf die hier angedeuteten strategischen „Stoßrichtungen" kann aus Platzgründen nur in aller Kürze eingegangen werden:

Strategie a würde bedeuten, dass der PVH künftig in die Rolle eines Produzenten schlüpft und sich auf seine „materiellen" Wertschöpfungsaktivitäten (Warenvollendung/Produktion für den AP, Produkt-/Prozessentwicklung für den NP) beschränkt, die seinen eigentlichen Kernkompetenzen entsprechen. Die von ihm bearbeiteten Produkte werden im internet-unterstützten Direktvertrieb abgesetzt. Bei *Strategie b* wandelt sich der PVH zum Infomediär, übernimmt die Koordination (um nicht zu sagen „Kontrolle") der nun fragmentierten Wertschöpfungskette. Die Erfolgschancen dieser Variante sind dann gut, wenn der Händler ohnehin schon bestehenden Kundenkontakte und seine Marktkenntnis einbringen kann.

Strategie c kennzeichnet den Versuch, trotz Internet-Unterstützung möglichst viele der bisherigen Großhandelsfunktionen auch weiterhin auszuführen und dafür mit einem nicht

Abb. 6: Strategische Perspektiven des Großhändlers im eBusiness

	Pre-Internet	
	Nutzen des Direktvertriebs > Nutzen bei Einschaltung des Händlers	Nutzen des Direktvertriebs < Nutzen bei Einschaltung des Händlers
Post-Internet Nutzen des Direktvertriebs > Nutzen bei Einschaltung des Händlers	Internet-unterstützter Direktvertrieb (I) — a	Bedrohter PVH (= Desintermediation) (II)
Nutzen des Direktvertriebs < Nutzen bei Einschaltung des Händlers	(neue) Inter- bzw. Infomediäre (=Intermediation) (III) — b	c — Internet-unterstützter PVH (IV)

Nutzen = Gesamtnutzen des anbietenden Produzenten (AP) + Gesamtnutzen des nachfragenden Produzenten (NP)

Quelle: in Anlehnung an Scott, 2000, S. 14

geringen Teil der insgesamt erzielten Wertschöpfung entlohnt zu werden. Es ist im Grund die Strategie, die die Würth-Gruppe zu realisieren versucht, ohne dass der Kunde dies bisher honoriert.

Beenden wir die Arbeit mit einigen empirischen Ergebnissen zur betrachteten Problematik.

E. Ergebnisse einer empirischen Untersuchung

Hierbei handelt es sich um eine schriftliche Befragung der 100 umsatzstärksten Automobilzulieferer mit Firmensitz in Deutschland, bezogen auf den Umsatz im Bereich „Automotive". Basis der Befragung war ein 5-seitiger Fragebogen, der im Zeitraum Juli–August 2000 per Post an die jeweilige Einkaufsleitung versendet wurde. Angesichts der relativ geringen Rücklaufquote (16%, davon 12 Fragebögen verwertbar) sind die im Folgenden dargestellten Ergebnisse lediglich als tendenzielle Aussagen zu verstehen.

Die Umsatzverteilung der antwortenden Unternehmungen gibt die Abbildung 7 wieder, wobei – trotz des geringen Stichprobenumfangs – die Struktur der Branche sich annähernd in der Stichprobe widerspiegelt.

Befragt wurden die Automobilzulieferer in ihrer Rolle als *nachfragende Produzenten (NP)*. Der Anteil des von ihnen über den Handel bezogenen Beschaffungsvolumens liegt im Schnitt zwischen 10 und 15% (Spannweite 3–30%).

Bei den *Eigenschaften* der vorrangig über den Handel bezogenen Güter wurden erwartungsgemäß Produkte und Materialien aus der Kategorie C-Teile, indirekte Teile, Teile mit geringer Komplexität, Artikel mit geringen Bestellmengen und solche für den Ersatzbedarf (nicht für die Erstausrüstung) angegeben.

Hinsichtlich der über den Handel bezogenen *Güter* wurden Büromaterial, Werkzeuge, Ersatzteile für Betriebsmittel, DIN- bzw. Normteile sowie Arbeitsschutz-Produkte am häu-

Abb. 7: Umsatzverteilung der antwortenden Unternehmen

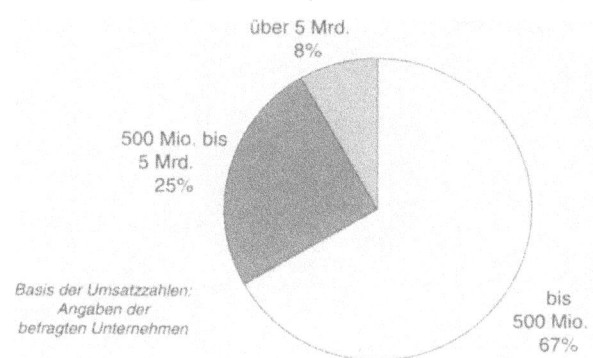

figsten genannt, aber auch Flachprodukte/Stahl, was mit gebotener Vorsicht zur Annahme berechtigt, dass bei Rohstoffen – insbesondere bei Stahl und dessen unmittelbaren Folgeprodukten – wegen der stark differierenden Größenverhältnisse zwischen Erzeuger und Abnehmer die Einschaltung von Handelsstufen generell erforderlich ist, um für beide Akteure adäquate Auftragsquanten sicherzustellen.

Die Befragung der Automobilzulieferer, welche *Gründe* derzeit für die Einschaltung des PVH sprechen, brachte folgendes Ergebnis:

- Das wichtigste Argument für die Einschaltung des Handels in laufenden Transaktionen ist die *Sicherheit*, und zwar hinsichtlich der zu liefernden Menge (75% der Nennungen), hinsichtlich der generellen Verfügbarkeit der Produkte (66%) und hinsichtlich zeitlicher Aspekte (Gewährleistung kurzfristiger Bedarfe; 58%). Weiterhin wurden die *Sortiment*sbreite (58%), die Sortimentstiefe (50%), die *Komplexitätsreduktion* der Beschaffungsaufgabe (58%) und die *Bedarfsbündelung* gegenüber dem Hersteller (58%) als Gründe für die Einschaltung des Händlers genannt.
- Unbedeutend (zumindest im PVH) scheinen dagegen die *Finanzierungsmöglichkeiten* durch den Handel zu sein (100% der Nennungen bezeichneten das Argument als weniger/nicht zutreffend) und das Argument, dass ein Bezug ausschließlich über den Handel möglich ist (83%). Der PVH wird zudem weder als Gewährleister dringend erforderlicher *Information und Beratung* (75% Verneinung) noch als kompetenter Experte für *Markt- und Lieferantenkenntnisse* (58% Verneinung) benötigt.

Bezüglich der Frage, inwiefern sich die Richtigkeit der Händlerfunktionen des PVH künftig durch den Trend zum eBusiness verändert, ergaben sich folgende Tendenzen:

- Der Produktionsverbindungshandel wird nach Beurteilung der befragten Unternehmen auch zukünftig von Nutzen sein, wenn *zu geringe Bedarfsmengen* einen Direktbezug beim Hersteller nicht erlauben (83%), wenn besondere Bedürfnisse nach *Sortiments*breite (75%) und Sortimentstiefe (66%) erfüllt werden müssen und wenn der Handel ggf. die bedarfsgerechte *Warenvollendung/Kommissionierung* übernehmen kann (58%).

Abb. 8: Bedeutungswandel der (als wichtig eingestuften) Funktionen des PVH, bedingt durch die Einflüsse von eBusiness

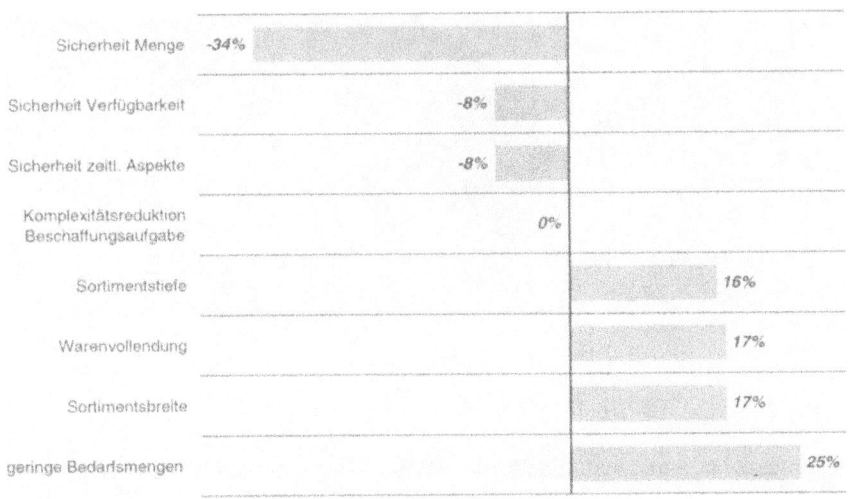

Abb. 9: Unterschiedliche Bedrohungen der PVH durch neue Intermediäre/Markterscheinungsformen

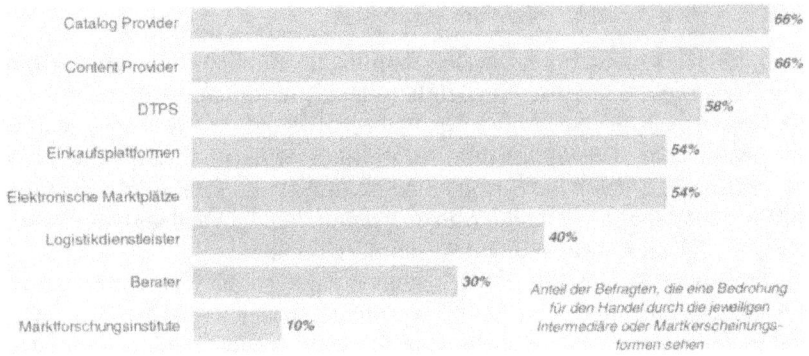

- Zusätzlich wird der Handel seine Rolle behaupten können, wenn er *Sicherheit* hinsichtlich der Verfügbarkeit der Materialien (58%) bietet, aber auch dann, wenn er den Aufwand für weniger bedeutende Beschaffungsaufgaben (Kleinaufträge, C- Teile; 58%) übernimmt.

Diese Ergebnisse lassen – zusammen mit der Fragestellung, welche Funktionen derzeit für eine Einschaltung des Handels sprechen – das in Abbildung 8 gezeigte Zwischenfazit zu, welches den Bedeutungswandel der aus Sicht der Abnehmer „wichtigen" Funktionen des PVH durch die Transformationen im eBusiness aufzeigt.

Die Befragung der Unternehmen hinsichtlich einer möglichen *Verlagerung der Händlerfunktionen* ergab folgende Ergebnisse:

- Wenn bisherige Aufgaben des Produktionsverbindungshandels wegen der Veränderungen im eBusiness auf andere Akteure verlagert werden, dann geschieht dies nach Meinung der antwortenden Unternehmen in den meisten Fällen durch eine Verlagerung auf *neue Intermediäre* (50%), weniger durch eine Verlagerung auf die herstellenden (37%) und noch weniger auf die abnehmenden Produzenten (13%), d.h. also auf die befragten Unternehmen selbst. Dies erscheint zumindest deshalb erstaunlich, da die funktionale Betrachtung (Abschnitt C dieser Arbeit) mehrere Argumente für eine Funktionsverlagerung auf den abnehmenden Produzenten zum Ergebnis hatte.
- Die Aufgaben, die nach Meinung der Befragten auf die neuen Intermediäre verlagert werden, sind die *Sortiments*funktion, die Übernahme von *Warenvollendung/Kommissionierung* (jeweils 83%) sowie die Reduktion der *Beschaffungskomplexität* (71%). Allerdings wurden diese Argumente auch für eine weitere Daseinsberechtigung des PVH genannt. Der sich hier zeigende Widerspruch läßt sich dahingehend abschwächen, dass die genannten Funktionen von den nachfragenden Produzenten auch künftig als wichtig angesehen wurden – unabhängig davon, welcher Intermediär sie letztlich erfüllt.
- Diejenigen Funktionen des Handels, die nach Einschätzung der Befragten auf die herstellenden Unternehmen übergehen sollten, sind hauptsächlich auf *Sicherheit/Risikominimierung* bezogen, so auf die Gewährleistung der erforderlichen Produktqualität und der Verfügbarkeit (jeweils 66%) sowie die Sicherung der zu liefernden Menge (57%).
- Bei den Aufgaben, die durch den Abnehmer selbst wahrgenommen werden sollten, ergaben sich keine eindeutigen Tendenzen.

Die Antworten auf die Frage, welche (neuen) Intermediäre bzw. Markterscheinungsformen den „klassischen" PVH am ehesten bedroht werden, sind in Abbildung 9 zusammengefasst.

F. Schlussbetrachtung

Ausgangspunkt der Untersuchung war die Frage, ob es durch den Trend zum eBusiness zu einem „Händlersterben" im PVH kommt. Aus der funktionalen Betrachtung ergab sich, dass das Internet die Verlagerung der „klassischen" Händlerfunktionen auf die beteiligten Produzenten (vor allem den NP) und auf neue Intermediäre fördert, dass dem Händler aber die PVH-typischen „materiellen" Funktionen bzw. Tätigkeiten (Warenvollendung, Produkt- und Prozessentwicklung) als Kernkompetenzen verbleiben.

Desintermediation stellt lediglich eine Alternative im Entscheidungsfeld der Produzenten dar. Sie wird gewählt, wenn die (Transaktions-) Kostenvorteile sowie die Zeit- und Qualitätsvorteile eines alternativen Wertschöpfungsmodells (ohne Einschaltung des PVH) zum höchsten Gesamtnutzen der Produzenten führt. Die Diskussion zeigte auch, dass selbst ein „bedrohter" Produktionsverbindungshändler – allerdings i.d.R. nur bei Veränderung seines Geschäftsmodells – Überlebenschancen hat.

Die empirische Untersuchung von Unternehmen der Automobilindustrie ergab, dass derzeit vor allem Sicherheitsaspekte (hinsichtlich Menge, Verfügbarkeit und Lieferzeit der eingekauften Produkte) für die Einschaltung eines Händlers sprechen, dass diese Argumente künftig aber zu Gunsten von Sortimentsaspekten und der Bereitschaft des Händlers, auch geringe Bedarfsmengen zu akzeptieren (und sie gegenüber dem Hersteller zu bündeln), an Bedeutung verlieren. Catalog- und Content-Provider, Desktop-Purchasing-Systeme, Einkaufsplattformen und virtuelle Marktplätze werden am ehesten als „Bedrohung" des klassischen Produktionsverbindungshandels angesehen.

Anmerkungen

1 Auf die in der Abbildung beispielhaft genannten Firmen bzw. Einrichtungen aus der Computerbranche soll hier nicht näher eingegangen werden.
2 Die von Kleinaltenkamp vorgeschlagene Typologie des PVH (produktions-, hersteller-, länder- und verwenderorientierter PVH sowie die Sonderform der japanischen Universal-Handelshäuser) kann hier aus Platzgründen nicht dargestellt und kritisch hinterfragt werden.
3 Der Begriff „eCommerce" umfasst dagegen – weit enger – nur den Kauf und Verkauf von Waren und/oder Dienstleistungen über das Internet.
4 Dass es auch Probleme oder „Bremsen" in dem Trend hin zu einer „Internet-Economy" gibt, kann hier nicht im einzelnen dargestellt, soll aber wenigstens angerissen werden. Immer wieder angesprochene Problembereiche sind
   - die mangelnde Eignung mancher Produkte und Leistungen für das eBusiness,
   - die fehlende Kompetenz des Einkaufs bei der Nutzung der Internet-Technologie,
   - Sicherheitsprobleme als „Preis der Transparenz",
   - die unklare rechtliche Situation und undeutliche Entwicklungsperspektiven,
   - fehlende interne und externe Sicherheitsstandards und
   - Widerstände gegen die mit dem Internet verbundenen Reorganisations- und Rationalisierungserfordernisse.
5 Interessant ist, dass nach einer neuen empirischen Studie des Instituts für Marktorientierte Unternehmensführung (Universität Mannheim) die Hersteller mit den vom Handel für sie erfüllten Funktionen mehrheitlich unzufrieden sind und keineswegs vom Handel von den wichtigsten Vertriebsaufgaben entlastet werden (vgl. o. V., 2000b, S. 28).
6 Dies gilt auch für die bisher nicht ausführlich behandelte „Vertrauensfunktion" des Händlers. So gibt es erfolgreiche Versuche, via Internet über sogenannte „Trusted Third Parties" Vertrauen herzustellen (vgl. Palmer et al., 2000).

Literatur

Archer, N./Gebauer, J. (2000): Managing In The Context of The New Electronic Marketplace, working paper, presented at the 1st World Congress on the Management of Electronic Commerce, held January 19–21, 2000, in Hamilton, Ontario, Canada; Ontario 2000.
Bamberg, G./Coenenberg, A. (2000): Betriebswirtschaftliche Entscheidungslehre, 10. Aufl., München 2000.
Barth, K. (1993): Betriebswirtschaftslehre des Handels, 2. Aufl., Wiesbaden 1993.
Fehr, B. (1999): Pioniere im Netz, in: managermagazin, Nr. 10/99, 1999, S. 274–283.
Forrester (2000): http://www.forrester.com, 2000.
Gümbel, R. (1985): Handel, Markt und Ökonomik, Wiesbaden 1985.
Gutenberg, E. (1984): Grundlagen der Betriebswirtschaftslehre, Band 1: Die Produktion, 24. Aufl., Berlin, Heidelberg, New York 1984.
Haas, H. (1993): Was produziert ein Handelsbetrieb?, in: ZfB, 63. Jg. (1993), S. 1137–1155.
IW Köln (2000): Institut der deutschen Wirtschaft Köln, Zahlen zur wirtschaftlichen Entwicklung der Bundesrepublik Deutschland, Köln 2000.

Kleinaltenkamp, M. (1995): Produktionsverbindungshandel, in: Corsten, H.: Lexikon der Betriebswirtschaftslehre, 3. Aufl., München, Wien 1995, S. 796–801.

Kotler, Ph./Bliemel, F. (1999): Marketing-Management, 9. Aufl., Stuttgart 1999.

Link, F. (1994): Transaktionskosten, in: Dichtl, E./Issing, O. (Hrsg.), Vahlens Großes Wirtschaftslexikon, 2. Aufl., München 1994, S. 2101.

Marx, K. (1977): Das Kapital, Erster Band, Berlin 1977.

Müller-Hagedorn, L. (1997): Der Produktionsverbindungshandel: Ökonomische Bestimmungsfaktoren seiner Position, in: Backhaus, Klaus et al. (Hrsg.): Marktleistung und Wettbewerb, Werner H. Engelhardt zum 65. Geburtstag, Wiesbaden 1997, S. 425–448.

Oberparleiter, K. (1955): Funktionen und Risiken des Warenhandels, 2. Aufl., Wien 1955.

o. V. (1999): Vorläufe zum Euro-Rennen. Chancen und Risiken im Produktionsverbindungshandel, in: Eisenwaren-Zeitung 10/99, Zugriff unter: http://www.nordwest.com/presse/ez_10_99.html (Zugriff 16.10.2000).

o. V. (2000a): Reichlich Sparpotenziale, in: Net Business, 16.10.2000, S. 36–37.

o. V. (2000b): Schlechte Noten für den Handel – Hersteller sind häufig unzufrieden mit ihren Vertriebspartnern, in: FAZ, 25.4.2000, S. 28.

Palmer, J. W./Bailey, J. P./Faraj, S. (2000): The Role of Intermediaries in the Development of Trust on the www: The Use and Prominence of Trusted Third Parties and Privacy Statements, in: Journal of Computer-Mediated Communication, 5. Jg., Nr. 3, 2000, in: http://www.ascusc.org/jcmc/vol5/issue3/palmer.html (Zugriff: 14.04.2000).

Picot, A. (2000): Die Internet-Ökonomie – Transformation von Märkten und Unternehmen, Vortrag, gehalten auf der Schmalenbach-Tagung, Düsseldorf, 06.04.2000.

Sarkar, M. B./Butler, B./Steinfield, Ch. (1995): Intermediaries and Cybermediaries: A Continuing Role for Mediating Players in the Electronic Marketplace, in: Journal of Computer-Mediated Communication (online), 1. Jg., Nr. 3, 1995, in: http://www.ascusc.org/jcmc/vol1/issue3/sarkar.html (Zugriff 14.4.2000).

Schär, J. (1925): Allgemeine Handelsbetriebslehre, 5. Aufl., Leipzig 1925.

Schenk, H. (1995): Handelsbetriebe, in: Tietz, B. et al. (Hrsg.), Handwörterbuch des Marketing, 2. Aufl., Stuttgart 1995, Sp. 851–863.

Scott, J. (2000): Emerging Patterns from the Dynamic Capabilities of Internet Intermediaries, in: Journal of Computer-Mediated Communication (online), 5. Jg., Nr. 3, 2000, in: http://www.ascusc.org/jcme/vol5/issue3/scott.html (Zugriff: 14.04.2000).

Spies, F. (2000): Internet ersetzt nicht den Verkäufer – Die Kunden des Schraubenhändlers Würth scheuen noch vor virtuellen Aufträgen zurück, in: Süddeutsche Zeitung, Nr. 150/2000, 03.07.2000, S. 27.

Stepanek, M. (1998): Middlemen – Rebirth of the Salesman, in: Business Week, June 22, 1998, in: http://www.businessweek.com/1998/25/b3583018.htm (Zugriff 14.04.2000).

Strauß, R./Schoder, D. (1999): Electronic Commerce – Herausforderungen aus Sicht der Unternehmen, in: Hermanns, A./ Sauter, U. (Hrsg.): Management-Handbuch Electronic Commerce, München 1999, S. 61–74.

Tomczak, T./Schlögel M./Birkhofer, B. (1999): Online-Distribution als innovativer Absatzkanal, in: Bliemel, F./ Fassott, G./Theobald, A. (Hrsg.): Electronic Commerce: Herausforderungen – Anwendungen – Perspektiven, Wiesbaden 1999, S. 127–146.

Wigand, R./Benjamin, R. (1995): Electronic Commerce: Effects on Electronic Markets, in: Journal of Computer-Mediated Communication (online), 1. Jg., Nr. 3, 1995, http://www.ascusc.org/jcmc/vol1/issue3/wigand.html (Zugriff 14.04.2000).

Zusammenfassung

Der Trend zum eBusiness hat eine „neue" Desintermediationsdebatte ausgelöst. In diesem Beitrag wird der Frage nachgegangen, ob es im B2B-Bereich (konkret: im Produktionsverbindungshandel) zu einem „Händlersterben" kommen wird. Basierend auf einer detaillierten Betrachtung der relevanten Händlerfunktionen werden alternative Wertschöpfungsketten betrachtet, die in das Entscheidungsfeld der Produzenten als Alternativen eingehen. Gezeigt wird, unter welchen Bedingungen die Produzenten die Desintermediationsalternative wählen und wie „bedrohte" Großhändler im PVH darauf reagieren können. Den theoretischen Überlegungen werden die Ergebnisse einer empirischen Untersuchung gegenübergestellt.

Summary

The Internet is supposed to cause disintermediation not only in the B2C- but also in the B2B-area. This paper is concerned with the Internet impact on wholesalers in the producer-to-producer-business. Based on a detailed discussion of wholesaling functions this paper examines the decision area of the producers in which "disintermediation" is only one of the alternatives considered. It depends on transaction, production and information costs as well as on quality and time aspects whether the wholesaler will stay in business or will be replaced by "new intermediaries". Three strategic options of a "threatened wholesaler" are considered. Furthermore the results of an empirical study are presented and discussed.

01: Handel (JEL L81)

E-Technologien in dezentralen Innovationsprozessen

Empirische Untersuchung unter besonderer Berücksichtigung von Internet-basierten Innovationsprozessen

Von Oliver Gassmann

Überblick

- Mit der zunehmenden F&E-Internationalisierung hat die Bedeutung von dezentralen Innovationsprozessen zugenommen. E-Technologien, welche neue Informations- und Kommunikationstechnologien (IT) mit Schwerpunkt Internet umfassen, sind die zentralen Enabler hierfür.

- In diesem Beitrag wird auf Basis von 290 semistrukturierten Interviews untersucht, welche Rolle E-Technologien in dezentralen Innovationsprozessen spielen. Ein Modell zum Einsatz von IT in traditionellen verteilten Teams wird vorgestellt. Anhand von drei Fallstudien ICQ, Amazon und Linux wird die besondere Bedeutung des Internets für dezentrale Innovationsprozesse aufgezeigt. Internet-getriebene Innovationsprozesse umfassen mehr als nur IT-unterstützte verteilte Teams: Radikal neue Innovationsstrukturen und -prozesse entwickeln sich. Als Ergebnis können drei Typen von neuen Internet-getriebenen Innovationsprozessen identifiziert werden: (1) Rapid Prototype Launching, (2) Partizipative Produktentwicklung und (3) Netzwerkinnovationen.

Eingegangen: 23. Februar 2001

Dr. Oliver Gassmann ist Leiter R&D Technology Management bei Schindler Aufzüge AG, CH-6031 Ebikon. In seine Verantwortung fallen Forschung, Vorentwicklung, Wettbewerbsanalyse und strategisches Technologiemanagement. Seit 1999 ist er zudem Lehrbeauftragter an der Universität St. Gallen und Mitglied der Schweizerischen Kommission für Wissenschaft und Forschung. Er veröffentlichte 5 Bücher und über 30 Publikationen auf dem Gebiet des Technologie- und Innovationsmanagement.

Oliver Gassmann

A. Einleitung

Die Globalisierung des Wettbewerbs sowie kürzere Innovationszyklen bei erhöhten technischen Risiken steigern den Wettbewerbsdruck in technologieintensiven Branchen. High-Tech-Unternehmen müssen ihre Produkte immer schneller und bedarfsgerechter auf den Markt bringen. In der F&E ist Marktnähe und Zugriff auf Spitzentechnologien gefordert. Zahlreiche multinationale Unternehmen beschränken ihre F&E-Aktivitäten daher nicht mehr auf das Stammland, sondern globalisieren ihre F&E-Prozesse. Ein zentraler Treiber für die F&E-Internationalisierung sind E-Technologien. Diese werden hier definiert als neue Informations- und Kommunikationstechnologien (IT) mit Schwerpunkt auf Internet-Technologien.

Durch den Einsatz von E-Technologien nimmt der klassische Trade-off beim Einsatz von IT zwischen Reichhaltigkeit und Reichweite ab. Personifizierte, interaktive Websites und Services ermöglichen neue Formen von Mass Customization. Ein Beispiel hierfür ist die interaktive High-Tech-High-Touch Website von DoubleClick.com (Angehrn 1998). Darüber hinaus nimmt die Bedeutung von Internet in den Geschäftsprozessen weiter zu. Für das E-Business (B2B) sagt IDC ein Wachstum von 80,4 Mrd. Dollar in 1999 auf über 1,1 Trillionen Dollar in 2003 vorher. Im gleichen Jahr wird alleine für die virtuellen Märkte mehr als 1,3 Billionen Dollar Umsatz prognostiziert (Wildemann 2001). Die Globalisierung von Innovations- und Geschäftsprozessen nimmt dabei weiterhin zu. E-Technologien sind die zentralen Enabler.

B. Forschungsmethodik

Aufgrund der Neuheit des Untersuchungsgegenstandes wurde auf Basis von semistrukturierten Interviews der Fallstudienansatz gewählt (vgl. Yin 1988, Gassmann 1999). Das Forschungsprojekt zur internationalen F&E wurde in zwei Phasen durchgeführt: In der ersten Phase 1994 bis 1996 wurden 136 Interviews in 24 Unternehmen geführt, in der zweiten Phase 1996 bis 1998 weitere 154 Interviews in 57 Unternehmen.[1] Die untersuchten Unternehmen sind technologieintensiv und in den Bereichen Software/Elektronik/Telekommunikation, Automobil/Maschinen-/Anlagenbau sowie Chemie/Pharma tätig. Der Stammsitz der insgesamt 81 Unternehmen liegt in Europa (35), USA (26), Japan (15) und Südostasien (5); insgesamt wurden 1021 F&E-Standorte identifiziert. In 1998 waren 13 der 81 untersuchten Unternehmen bezüglich des Umsatzes unter den Top 20 weltweit.

Kern der Untersuchung waren die F&E-Internationalisierung und das Management von transnationalen Innovationsprozessen einschließlich der eingesetzten Instrumente und Technologien. Die Konstrukt-Validität in der Datengewinnung konnte erhöht werden, indem die Berichtsentwürfe in Folgeinterviews überprüft wurden. Eine umfassende Analyse von Unternehmensveröffentlichungen wie Pressemitteilungen, Mitarbeiterzeitschriften, Geschäfts- und Forschungsberichten sowie Projektmanuals ergänzten die Interviewdaten, so dass eine Methodentriangulation erreicht wurde. Mehrere Benchmark-Projekte zwischen 1999 und 2000 im Bereich Internet-Technologien lieferten zusätzlichen Input zu aktuellen Trends.[2]

E-Technologien in dezentralen Innovationsprozessen

Im Folgenden wird zuerst auf die F&E-Internationalisierung als Treiber für dezentrale Innovationsprozesse eingegangen, danach auf ein Modell zu Möglichkeiten und Grenzen des Einsatzes von neuen IT in dezentralen Innovationsprozessen. Untersuchungsgegenstand sind dabei global verteilte Teams, welche in einem transnationalen Innovationsprozess an einem F&E-Projekt arbeiten. Abschliessend wird die besondere Bedeutung des Internets in dezentralen Innovationsprozessen anhand von den drei Fallstudien – ICQ, Amazon und Linux – untersucht und diskutiert.

C. F&E-Internationalisierung

Gestiegener Wettbewerbsdruck und eine Globalisierung der Märkte erfordern eine Internationalisierung von F&E-Prozessen in technologieintensiven Unternehmen. Pioniere der F&E-Internationalisierung sind technologieintensive Grossunternehmen mit kleinen Märkten und gering ausgestatteten F&E-Ressourcen im Stammland. Typische Länder sind die Schweiz (z.B. ABB, Hoffmann-La Roche, Novartis), Niederlande (z.B. Philips) und Schweden (z.B. Ericsson). Diese Unternehmen verlagern stetig F&E-Aktivitäten in ausländische Spitzenforschungszentren.

In den USA liegt die F&E-Internationalisierung, gemessen am Anteil der F&E-Aufwendungen im Ausland, bei rund 10% (vgl. National Science Board 1996, OECD 1996, Roberts 1995, Kumar 1995). In Japan liegt diese bei rund 5%, in Europa hingegen bei über 30% (vgl. Dunning 1993, Roberts 1995, Kumar 1995) und in der Schweiz sogar bei über 50% (vgl. Vorort 1994). Sämtlichen Untersuchungen ist gemein, dass sie einen Anstieg der F&E-Internationalisierung festgestellt haben.

In allen untersuchten Unternehmen ist ein klarer Trend zur Präsenz in wenigen Spitzenzentren festzustellen: Europa, USA, Japan und zukünftig stärker Südostasien (vgl. Abb. 1).[3] Diese Spitzenzentren können durch technologische Spitzenleistungen oder Lead Märkte gekennzeichnet werden. Gleichzeitig strebt die überwiegende Anzahl der Unternehmen eine stärkere Nutzung von Synergien zwischen den dezentralen Standorten an. Globale Effizienz steht zunehmend vor lokaler Effektivität.

Zusammengefasst konnten in den Untersuchungen folgende *sechs Trends* beobachtet werden:

1. *Zunehmende F&E-Internationalisierung*: Der Anteil ausländischer F&E-Aktivitäten hat in den letzten 20 Jahren weltweit stark zugenommen. Dies wird auch von makroökonomischen und sektoralen Studien bestätigt.[4] Technologieintensive Unternehmen mit Stammsitz in kleinen westeuropäischen Ländern und damit gering entwickelter heimischer F&E- und Markt-Basis haben dabei die Pionierrolle übernommen. Alle untersuchten Unternehmen haben ihren F&E-Anteil im Zeitraum 1980 bis 1998 deutlich gesteigert. Fast ausnahmslos werden ausländische F&E-Standorte weiter ausgebaut und gestärkt.

2. *Aussenorientierung*: Ethnozentrisch orientierte Unternehmen wie Mercedes, Nissan, Volvo und Toyota beginnen sich stärker an internationalen Märkten und technologischen Wissenszentren auszurichten. Dies erfolgt über strategische Technologieallianzen, Ausbau ausländischer Produktionsstätten und stärkere Einbeziehung ausländischer Vertriebseinheiten in die Produktentwicklung.

Abb. 1: Konzentration von F&E-Aktivitäten in technologischen Spitzenzentren

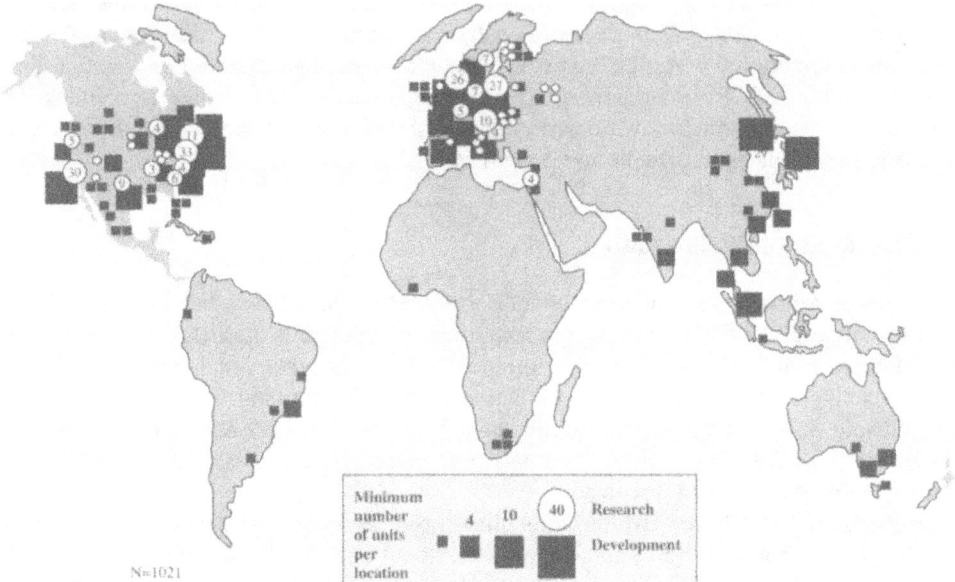

3. *Horchposten*: Zahlreiche Unternehmen mit zentralisierter F&E haben begonnen, straff gesteuerte technologische Horchposten in den jeweiligen Spitzenzentren aufzubauen. Japanische Grundlagenforschungslabors in Europa und den USA sind hier kennzeichnend.
4. *Kompetenzerweiterung*: Ausländischen F&E-Standorten wird eine strategisch aktive Rolle zugewiesen. Dies geht einher mit einer Stärkung und Kompetenzerweiterung dieser Standorte.
5. *Integration*: Bisher nur schwach koordinierte F&E-Standorte werden im Rahmen von Effizienzsteigerungsprogrammen stärker integriert. Dies erfolgt auch über die Bildung von Kompetenzzentren, welche jeweils weltweit für eine Produktgruppe oder ein Technologiefeld verantwortlich sind.
6. *Re-Zentralisierung*: In stark dezentralisierten Unternehmen wie ABB, IBM und Hoechst sind verstärkt Trends einer Re-Zentralisierung von F&E-Aktivitäten auf wenige Spitzenzentren zu beobachten. Zur Steigerung der globalen Effizienz werden ineffiziente Standorte aufgegeben und bestehende Kompetenzzentren straffer koordiniert.

Diese Trends führen zu einer steigenden Bedeutung von Organisation und Führung dezentraler Innovationsprozesse.[5] Im zunehmend integrierten Netzwerk stellen transnationale F&E-Projekte ein wichtiges Instrument zur standortübergreifenden Koordination, zur Reduktion von Doppelentwicklungen und zur Realisierung von Synergieeffekten dar.

Die Bedeutung von dezentralen Innovationsprozessen hat somit stark zugenommen. In den durchgeführten Interviews wurde uns bestätigt, dass ein weiterer Anstieg der Bedeutung in den kommenden Jahren zu erwarten ist. Zentraler Enabler für die Internationalisierung sind die neueren Informations- und Kommunikationstechnologien (IKT). Im Folgenden wird zunächst auf neue IKT in dezentralen, jedoch grundsätzlich klassischen Innovationsprozessen eingegangen. Anschliessend wird untersucht, welchen Einfluss das Internet auf den Innovationsprozess selbst hat.

D. IKT in dezentralen Innovationsprozessen

Bisherige Untersuchungen zum Management transnationaler F&E-Projekte haben gezeigt, dass dezentrale Innovationsprozesse im Zeitablauf unterschiedliche Anforderungen an die Unterstützung durch Informations- und Kommunikationstechnologien haben (vgl. Boutellier et al. 1998, Gassmann, Boutellier 1997, Gassmann 1997a): (1) In der Vorprojektphase ist es zunächst wichtig, dass ein informelles Netzwerk auf persönlicher Ebene aufgebaut wird. (2) Danach steht die Förderung von Kreativität und des impliziten Wissens für die Konzeptentwicklung im Mittelpunkt. (3) In der Projektphase selbst dominiert der Austausch von explizitem und implizitem Wissen, wie Spezifikationen, Produktarchitektur und technische Schnittstellen. (4) Kommt das Projekt in die Umsetzungsphase, so ist vor allem eine Unterstützung der inhaltlichen und zeitlichen Koordination gefragt (Abb. 2).

Die Aufgaben der Koordination und der Austausch von technischen Informationen erfordert Medien mit einer hohen Informationsreichhaltigkeit. Die Förderung von Kreativität und die Unterstützung informeller Kontakte erfordern hingegen Medien, die soziale

Abb. 2: Anforderungen an IKT in dezentralen Innovationsprozessen

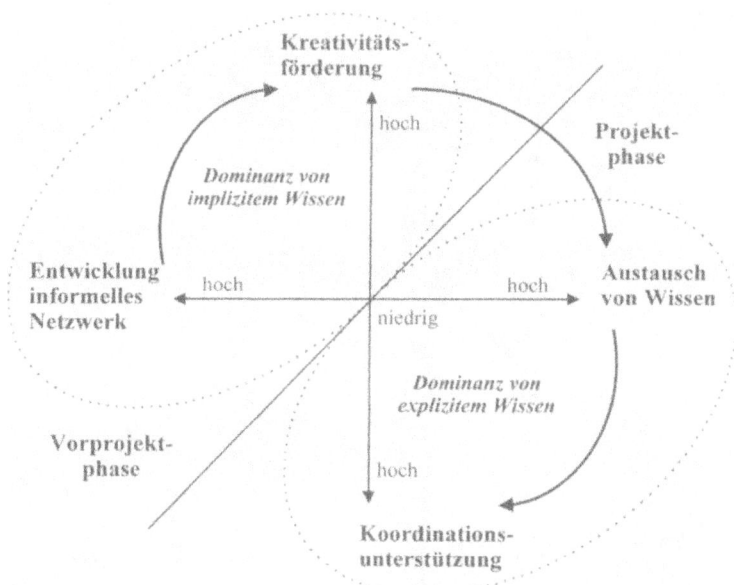

Präsenz vermitteln. Ein 1996 mit IBM durchgeführter Experten-Workshop zu Informations- (und Kommunikations-) technologien bezüglich deren Vorteilhaftigkeit für obige vier IKT-Anforderungen kam zu folgenden Ergebnissen:[6]

- Koordination und Informationsaustausch werden am besten durch Telefon, E-Mail und gemeinsame Datenbanken unterstützt.
- Kreativität und informelle Netzwerke dagegen erfordern Video- und Telefonkonferenzen.
- Moderne Groupware ist zunehmend in der Lage, beide Bereiche abzudecken.

Als *Grenzen des Einsatzes von IKT* in dezentralen Innovationsprozessen konnten vier Bereiche identifiziert werden (Abb. 3): Innovationstyp (inkremental-radikal), Aufgabentyp (autonom-systemisch), Wissensmodus (explizit-implizit) und Ressourcenbündelung (redundant-komplementär).

Die Untersuchung hat zur Bildung folgender Thesen geführt: Innovationsprozesse können standortübergreifend mit IKT unterstützt durchgeführt werden, wenn

- die Innovation inkrementaler Natur ist,
- die Projektaufgaben autonomen Charakter haben,

Abb. 3: IKT-Grenzen von dezentralen Innovationsprozessen in Abhängigkeit von den Projekttypen

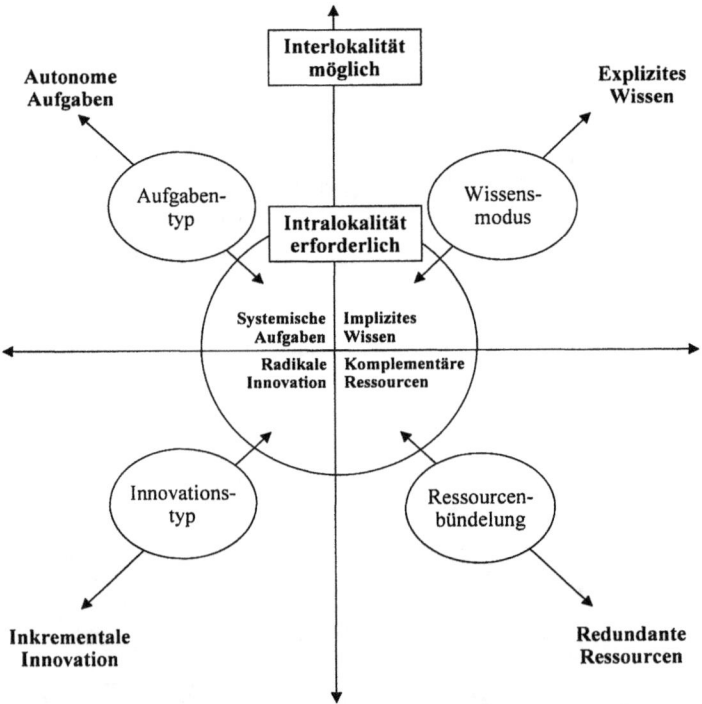

- explizites Wissen dominiert und
- redundante Ressourcen zusammengebracht werden
 (Interlokalität möglich).

Hingegen sind die Projektaktivitäten an einem Standort – möglichst in einem Raum oder Gebäude – durchzuführen, wenn

- eine radikale Innovation angestrebt wird,
- die Projektaufgaben systemisch sind,
- die Projektzielerreichung den Austausch von implizitem Wissen erfordert und
- die Ressourcen komplementär sind
 (Intralokalität erforderlich).

E. Einfluss des Internet auf den Innovationsprozess

I. Paradigmenwechsel durch das Internet

Die obige Analyse beschränkt sich auf die Einsatzpotentiale von neueren Informations- und Kommunikationstechnologien (IKT) zur Unterstützung von dezentralen F&E-Teams. Innovationsstrukturen und -prozess sind prinzipiell gleich geblieben:

1. Das Projektteam ist bekannt und klar definiert. Die beteiligten F&E-Standorte sind zu Projektbeginn festgelegt und werden selten während des Innovationsprozesses verändert. Auch wenn sich das Projektteam in den Projektphasen gemäss Aufgabenanforderungen verändert, so ist dies im Prozess meist klar definiert (siehe z.B. Stage-Gate Prozesse und Simultaneous Engineering Teams im Automobilbereich).
2. Die F&E-Phasen bleiben grundsätzlich gleich wie bei zentralen Innovationsprozessen: z.B. Konzeptphase, Realisierungsphase, Prototypenphase, Vorserie, Nullserie, Produktfreigabe. Lediglich die Geschwindigkeit wird durch Rapid Prototyping erhöht, die Kosten werden gesenkt.[7]
3. Der Kunde wird zwar generell stärker in die frühen Innovationsphasen einbezogen (z.B. Lead User Konzept, von Hippel 1988) und sophistiziertere Marktforschungsmethoden werden eingesetzt (z.B. anthropologische Expedition, Leonard-Barton 1995). Jedoch bleibt bisher weiterhin der Grundsatz, dass das Unternehmen eine Innovation vorantreibt und der Kunde diese später erhält.

Durch das Internet ist auch für das Innovationsmanagement ein Paradigmenwechsel eingeleitet worden, welcher bisherige Muster von Innovationsstrukturen und -prozessen stark verändert. Anhand der drei zusammengefassten Fallstudien Linux, ICQ und Amazon sollen diese neuen Aspekte untersucht werden.

II. Fallstudie 1: Rapid Prototype Launching – ICQ

1996 haben vier Israeli über Vor- und Nachteile des Internet diskutiert und dabei die Idee für das Internet-Tool ICQ („I seek you") und die Firma Mirabilis geboren. ICQ ist ein revolutionäres, benutzerfreundliches Internet-Tool, welches den Benutzer informiert, wer von den Bekannten derzeit auf dem Internet online ist. Dieses Produkt wurde als Prototyp entwickelt und den Benutzern zur Verfügung gestellt. Die Idee wurde somit zum schnellen Prototyp entwickelt und unmittelbar, teils noch unfertig, auf dem Internet gelauncht. Rapid Prototyping wird ergänzt durch das unmittelbare Launching.

1997 – bereits drei Monate nach dem Launch – waren 350.000 Anwender von ICQ registriert, nach sechs Monaten bereits 850.000. Der Prototyp wurde nach den Anwenderbedürfnissen ständig weiterentwickelt (z.B. Schaffung des „I am busy status" zur Verhinderung von Informationsüberladung). Eine klare Produktstrategie gab es nicht (vgl. Angehrn 2000).

Bereits 14 Monate nach dem Launch waren 8 Millionen User von ICQ registriert, davon 1,3 Millionen, welche das kostenlos erhältliche Produkt täglich benutzten. Anfang 2000 waren mehr als 40 Millionen User registriert. Der Wert der Firma, welche tief in der Verlustzone arbeitet, stieg mit der Erwartung auf zukünftige Geschäfte aufgrund der hohen Userzahlen stetig an. American Online (AOL) akquirierte die Firma Mirabilis im Jahre 1998 für 287 Millionen Dollar in bar und weitere 120 Millionen Dollar leistungsabhängig.[8]

III. Fallstudie 2: Partizipative Produkte durch Interaktion bei Amazon.com

Amazon.com ist bekannt geworden als Internet-Retailer, der die klassischen Distributionskanäle gestrafft hat. Die Eliminierung von Intermediären fokussierte in einem ersten Schritt die Effizienzsteigerung, welche sich über kostengünstige Produkte und schnellen Service auswirkte. Das traditionelle E-Business beschränkte sich auf die Straffung der Prozesskette; der Innovationsprozess in der Bucherstellung blieb noch unberührt.

Die nächste Generation von Business-to-Customer (B2C) involviert jedoch die Kunden in die Entwicklung. Die Vorteile des Internet im B2C sind vor allem in der Überwindung des klassischen Trade-offs zwischen Reichweite und Reichhaltigkeit eines Mediums zu sehen. Dadurch wird Mass Customization und hohe Kundenbindung erzeugt. Die Erstellung von User Profilen zur individualisierten Kundenbetreuung ist ein erster Schritt dazu (z.B. DoubleClick.com). Die logische Weiterentwicklung ist eine partizipative Produktentwicklung im Sinne eines interaktiven Co-Authoring.

Es gibt bereits erste Beispiele dafür. Der Autor schreibt ein Buchkapitel und stellt dieses frei zugänglich zum Download auf die Homepage. Dabei offeriert der Autor ein strukturiertes Feedback: Die Hauptcharaktere des Buches und ausgewählte Situationen werden durch den Leser bewertet, der Handlungsfortgang des zweiten, dieses Mal kostenpflichtigen Kapitels wird so durch den Kunden bestimmt. Bei hohem Marktpotential kann der Autor Lesergruppen differenzieren und den Fortgang des Buches nach Kundensegmenten strukturiert fortsetzen (Beispiel Steven King).

Diese Form der Entwicklung partizipativer Produkte wird derzeit mit einzelnen Autoren erprobt. Es findet eine weitere Straffung des Distributionskanals statt. Neben dem Buchhandel werden auch Editor, Publisher und Druckerei umgangen. Die grosse Innovation ist jedoch der Einbezug des Kunden in die Produktentwicklung und der Verkauf von partiellen Prototypen.

Abb. 4: Vom heutigen E-Business der Straffung von Distributionskanälen zur kundengetriebenen Entwicklung partizipativer Produkte

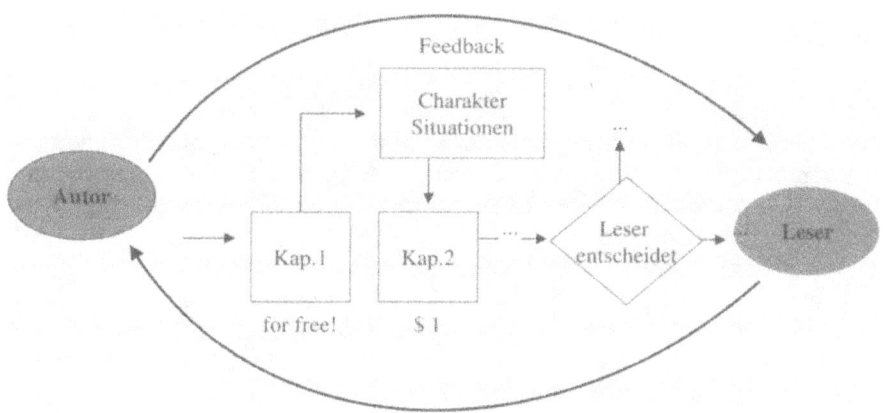

IV. Fallstudie 3: Entwicklung des Linux-Betriebssystem als Netzwerk-Innovation

Linux ist ein Betriebssystem, welches in seiner Kernarchitektur von Linus Torvalds an der Universität Helsinki zwischen 1991 und 1994 entwickelt worden ist. Diese Basisarchitektur wurde auf dem Internet allen Anwendern kostenlos zur Verfügung gestellt. Das Ziel war eine weite Verbreitung durch eine offene Software Community. Jeder Anwender konnte Linux verwenden, musste jedoch die „GNU General Public License" akzeptieren, nach der die Anwender verpflichtet sind, sämtliche neuen Module der Architektur (z.B. Applikationen, Weiterentwicklungen, Treiber) ebenso offenzulegen und frei zugänglich zu machen. Proprietäre Architekturen sind verboten; finanzieller Profit ist nur indirekt über zusätzliche Services möglich.[9]

Das Ergebnis dieser offenen Architekturen ist ein Betriebssystem, welches durch eine offene Community von Entwicklern – Professionellen und Amateuren – vorangetrieben wurde. Die Linux-Architektur ist völlig organisch durch die Anwender Community gewachsen ohne zentrale, hierarchische Instanzen. Bei konkurrierenden Softwaremodulen setzt sich nach dem darwinistischen Prinzip das überlegene durch. Die natürliche Selektion findet in den dezentralen Diskussionsforen (User Groups) auf dem Internet statt.

Die Bedeutung von offenen Standards, welche durch die Anwender Community festgelegt werden, nimmt im Softwarebereich und bei Kommunikationsprotokollen ständig zu.[10] Linux ist ein extremes Beispiel für Innovation durch Netzwerke, wobei die Teilnehmer bzw. Knoten des Netzwerkes vorab nicht definiert sind.[11] Die offene Community hat ein dominantes Design im Sinne von Utterback'(1984) geschaffen, welches inzwischen Konzernen wie Microsoft Konkurrenz macht. Das bisherige Prinzip, dass zuerst ein Prototyp gebaut wird, welcher nach extensivem Testen freigegeben wird, wird hier umgekehrt: Ein unfertiger Prototyp wird den Anwendern auf dem Internet zur Verfügung gestellt und in multilateraler Interaktion vorangetrieben. Dezentrale Selektion in User Groups nach darwinistischen Prinzipien ersetzt eine zentrale Produktfreigabe.

F. Diskussion

Grundsätzlich widersprechen alle drei dargestellten Fallstudien von Internet-getriebenen Innovationen nicht den bisherigen Erkenntnissen für den Einsatz von IKT in dezentralen Innovationsprozessen: Die Basisinnovationen von ICQ, Amazon und Linux waren radikaler Natur (Grundkonzept, Architektur). Jedoch sind die Elemente, welche interlokal durchgeführt wurden, lediglich inkrementeller Natur (Weiterentwicklung, Module, Peripherie). Die Ressourcen hatten redundanten Charakter, das Wissen war weitgehend explizit auf dem Internet dokumentiert und die Aufgaben waren relativ autonom von der Basisinnovation durchführbar. Damit sind die Kriterien für interlokale, IT-gestützte Durchführung des Innovationsprozesses weitgehend erfüllt. Das obige Modell gilt somit auch für die dargestellten Internet-basierten Innovationsprozesse.

In den Fallstudien sind drei neue Typen von Innovationsprozessen aufgezeigt worden: (1) Rapid Prototype Launching (ICQ), (2) Partizipative Produktentwicklung (Amazon) und (3) Netzwerkinnovation (Linux). In allen drei Fällen werden die traditionellen Innovationsstrukturen und -prozesse um verschiedene Elemente erweitert. Das dominierende Prinzip in den neuen Internet-getriebenen Innovationsprozessen kann zusammengefasst werden unter: Iteration, Partizipation und Evolution (siehe Abb. 5).

Internet-getriebene Innovationsprozesse haben mehrere Spezifika: In traditionellen verteilten Teams sind die *Innovationsakteure* bekannt, bei Internet-getriebenen Innovationen können die Innovationsakteure ex ante nicht definiert und sogar anonym sein. Weltweit verstreute Anwendernetzwerke und User Communities werden zu unmittelbaren Innovationsakteuren, welche die Innovation vorantreiben und durch ihre Auswahl zielgerichtet betreiben oder auf einer zur Verfügung gestellten Plattform selbst durchführen. Mit der Einbindung von weltweiten Anwendernetzwerken wird die Internationalisierung von Innovationsprozessen weiter vorangetrieben; internationale F&E-Standorte verlieren in diesen Fällen an Bedeutung.[12]

Endanwender können bei Internet-getriebenen Innovationen in einer sehr frühen Phase in den Innovationsprozess einbezogen werden. Die Idee, Kunden in den Innovationsprozess einzubeziehen, ist nicht neu. Vom Anwender getriebene Innovationen sind unter dem

Abb. 5: Neue Internet-getriebene Innovationsprozesse

Traditioneller Innovationsprozess:

```
Idee / Marktforschung
        ↓
Konzeptentwicklung
        ↓
     Prototyp
        ↓
      Testen
        ↓
   Produktlaunch ──┐
        ↑_____|
```

Dominierendes Prinzip:

Kunde bekommt
fehlerfreies, getestetes
Produkt

Lange Feedback-schlaufen

Internet-getriebene Innovationsprozesse:

(1) Rapid Prototype Launching

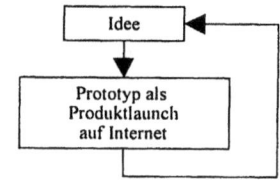

Iteration

Permanenter Anwender-
feedback und Weiterent-
wicklung

z.B. ICQ

(2) Partizipative Produktentwicklung

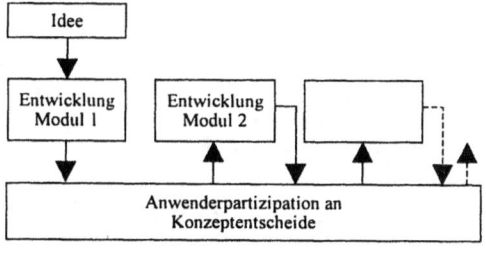

Partizipation

Anwender aktiv in Ent-
wicklung und Konzept-
entscheide involvieren

z.B. Amazon

(3) Netzwerkinnovation

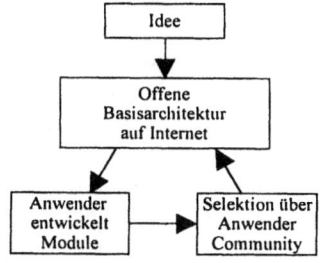

Evolution

Anwendergetriebene Ent-
wicklung & Mutation ge-
koppelt mit dezentraler
Konzept-Selektion durch
Anwender Community

z.B. Linux

Lead User Konzept (vgl. von Hippel 1976) bekannt geworden. Anhand der Entwicklung integrierter Schaltkreise hat von Hippel belegt, dass es überdurchschnittlich innovative und visionäre Kunden, sogenannte Lead User, gibt. Insbesondere bei den Up-Stream-Aktivitäten entstehen Innovationen über Market-Pull durch Lead User, und weniger über Technology Push durch F&E. Lead User können sich auf die aktuellen Zielgruppen für Produkte/Anwendungen oder auf analoge Märkte beziehen. Auch spätere Untersuchungen weisen mehrfach auf die hohe empirische Bedeutung von anwenderinduzierten Innovationen hin.[13] In allen Bereichen jedoch ist der Lead User eine klar definierbare und abgrenzbare Gruppe von Personen oder Organisationseinheiten: Das Internet führt hier zu einer Neuerung, indem es anwenderinduzierte Innovationen durch anonyme, nicht definierte Kunden ermöglicht. Die Akteure der Innovation sind somit weder vorab definiert noch individuell bekannt. Der Internet-getriebene *Innovationsprozess* ist drastisch vereinfacht und beschleunigt. Die Parallelisierung geht deutlich über die bisherigen Simultaneous Engineering Konzepte hinaus, bei denen im wesentlichen zwischen Zulieferern, Fertigung und Entwicklung Aktivitäten parallelisiert werden.[14] Das Internet ermöglicht aufgrund von geringen Transaktionskosten, hoher Flexibilität und ausgeprägtem Trial-and-Error Prinzip deutlich weitergehendere Parallelisierungen: Sowohl frühe Wertschöpfungsaktivitäten, wie Marktforschung als auch nachgelagerte, wie Produkt Launching werden parallelisiert.

Das dargestellte Konzept des Rapid Prototype Launching geht deutlich über die bisherigen Rapid Prototyping Ansätze hinaus.[15] Von der ersten Idee bis zum weltweiten Launch eines Prototyp per Internet findet häufig eine Parallelisierung statt. Der einmal auf die Homepage gestellte Prototyp wird den Anwendern unmittelbar zur Verfügung gestellt, die Übergänge zwischen typischen F&E-Phasen sind fliessend. Extensives Testen, wie es bei der Entwicklung üblich ist, entfällt weitgehend, da Nachbesserungen und Iterationen auch nach dem Launch bei geringsten Transaktionskosten durchgeführt werden können.

Im Innovationsprozess steht häufig die Entwicklung von neuen Geschäftsmodellen im Vordergrund. Rapid Prototype Launching ist eine strategische Grundhaltung und Verhaltensweise, welche durch die Innovationsregeln im Internet bestimmt wird. Entscheidende Erfolgsfaktoren für die Wettbewerbsfähigkeit in diesen Bereichen sind kurze Entwicklungszeiten und schnelle Adaption an die artikulierten Bedürfnisse von Anwendern. Geschwindigkeit muss eine Kernkompetenz sein.

Zusammenfassend lassen sich folgende vier Thesen festhalten:

1. Bisherige Modelle zum Einsatz von IKT in dezentralen Innovationsprozessen haben auch bei Internet-getriebenen Innovationen Gültigkeit. Das Internet verändert jedoch die Innovationsstrukturen und -prozesse als Ganzes.
2. Die Innovationsakteure in Internet-getriebenen Innovationsprozessen können unbekannt und ex ante nicht definiert sein. Eine hohe Qualität des Outputs kann somit auch nicht über Kontrolle und Hierarchie erfolgen. Dezentrale, evolutorische Prinzipien ersetzen das klassische Qualitätswesen.
3. Das Internet ermöglicht die aktive Involvierung von Endanwendern. Anwendernetzwerke werden zu Innovationsakteuren. Bisherige Lead User Konzepte werden konsequent auf User Communities erweitert und angewendet. Anreize für eine aktive, quali-

tativ hochwertige und schnelle Partizipation der Anwender am Innovationsprozess liegen im zukünftigen Mehrwert des Produktes für die eigenen Applikationen.
4. Der Innovationsprozess wird dramatisch beschleunigt aufgrund weiterer Parallelisierung, die deutlich über die Simultaneous Engineering Konzepte hinausgeht. Spielerische Markteinführung von Prototypen und iterative Weiterentwicklung nach dem Produkt Launch werden möglich durch deutlich geringere Transaktionskosten und die hohe Flexibilität des Internets.

G. Ausblick

In den nächsten Jahren wird die Internationalisierung von Innovationsprozessen weiter voranschreiten. Aus den Interviews konnte festgestellt werden, dass die überwiegende Zahl von Unternehmen eine weitere Internationalisierung in Form von erhöhten F&E-Aufwendungen ausserhalb des Stammlandes durchführen wird. Neue Spitzenzentren sind hierbei im südostasiatischen Bereich zu erwarten. Die Bedeutung von virtuellen, global verteilten F&E-Teams wird damit weiter zunehmen. Mit einer Höherentwicklung von Groupware wird global kooperative Zusammenarbeit stark verbessert werden (siehe z.B. Krcmar et al. 2000). Dies führt dazu, dass sich die Grenze der IKT-Möglichkeiten im dargestellten Modell zugunsten der Interlokalität verschieben wird.

Betrachtet man die Internet-Entwicklung, so können folgende Trends abgeleitet werden: Durch E-Technologien werden dezentrale Innovationsprozesse völlig neu gestaltet. Die dargestellten Internet-getriebenen Innovationsprozesse zeigen auf, dass der Ort der Innovationsakteure beliebig wird. Die Innovationsstrukturen und -prozesse werden sich zusammen mit ganzen Industriestrukturen stark verändern. Zu Innovationsakteuren werden Communities of Interest und Communities of Practice. Diese Anwendernetzwerke treiben über Internet-Kommunikationsforen iterativ Neuerungen voran (Iteration), nehmen interaktiv an Konzeptentscheiden und Definition der Produktarchitektur teil (Partizipation) und selektieren dezentral die besten Konzepte (Evolution).

Durch E-Technologien wird die Bedeutung des Endkunden als Akteur im Innovationsprozess weiter stark zunehmen. In Zukunft ist zu erwarten, dass den Anwendernetzwerken häufig nur noch eine Plattform zur Verfügung gestellt wird. Diese umfasst die Standards und Schnittstellen, wobei die Applikationsmodule durch die jeweiligen Anwendernetzwerke selbst entwickelt werden. Die Herausbildung eines dominantes Design in Industriestrukturen (Utterback 1994) wird sich in den Internet-getriebenen Industrien schneller durchsetzen, da die Kosten für Information und Transaktion geringer sind als in traditionellen Branchen. Inwieweit sich diese Trends industrieübergreifend durchsetzen, hängt vom Wachstum der Internet-getriebenen Unternehmen ab. Zukünftig ist jedoch zu erwarten, dass Internet-Technologie und -Prozesse in den meisten Industrien stark an Bedeutung gewinnen. Ob sich jedoch die hohen Erwartungen in das Wachstum von Internet-Start-ups in den nächsten 10 Jahren bestätigen werden, ist höchst ungewiss. In jedem Falle werden diese Trends durch die starken Investitionen der Old Economy Unternehmen in E-Technologien unterstützt.

Anmerkungen

1 Siehe zu bisherigen Ergebnissen vor allem Gassmann 1997a, b, c, Gassmann, von Zedtwitz 1998, 1999, von Zedtwitz 1999.
2 Die Benchmark-Projekte wurden unter der Leitung des Autors durchgeführt.
3 Siehe zu F&E-Standorten Gassmann, von Zedtwitz (1998) und zu Muster der F&E-Internationalisierung Gassmann, von Zedtwitz (1999), von Zedtwitz, Gassmann (2001).
4 Siehe hierzu die Untersuchungen zur F&E-Internationalisierung in Deutschland von Beise, Belitz (1996), NIW et al. (1995) sowie Wortmann (1990). Die Schweizer F&E-Internationalisierung wird untersucht von Caluori, Schips (1991) sowie Amstad, Arvanitis, Hollenstein (1996). Neuere Ergebnisse zur amerikanischen F&E-Internationalisierung finden zeigen Cantwell (1995) und Archibugi, Michie (1995).
5 Die Managementforschung hingegen hat die Internationalisierung der F&E lange vernachlässigt; vgl. auch Boutellier, Gassmann, von Zedtwitz (2000), Chiesa (1996), Cheng, Bolon (1993), S. 3, Granstrand, Håkanson, Sjölander (1992), S. 414, Cantwell (1992), S. 94.
6 Siehe zu Detailbewertungen von Informationstechnologien Gassmann (1997a), Gassmann, Boutellier (1997), sowie zur IBM Case Study Gassmann, Roux (1997) und Boutellier et al. (1998).
7 Zur Gestaltung dezentraler Innovationsprozesse und dem Einfluss von neuen Informationstechnologien auf diesen siehe Gassmann (1997a, b, c), De Meyer (1991).
8 Siehe hierzu auch www.aol.com/corp, www.mirabilis.com, sowie www.news.com.
9 Gebühren sind im Lizenzvertrag geregelt: „You may charge a fee for the physical act of transferring a copy [of a Linux version or module], and you may at your option offer warranty protection in exchange for a fee." Vgl. www.linux.org.
10 Weitere Beispiele sind auch WAP, Bluetooth und OSGI. Im Unterschied zu Linux werden dort die Standards, Schnittstellen und Spezifikationen durch eine definierte Community von Mitgliederfirmen demokratisch festgelegt. Die Entwicklung erfolgt jedoch nicht offen.
11 Zur Innovation durch Netzwerke siehe z.B. Gassmann, Hipp (2000) und Rothwell (1994) sowie die Forschung zu Open Source.
12 Der Anteil der ausländischen F&E-Aufwendungen im Ausland ist derzeit die zentrale Kennzahl für Internationalisierung von Innovation; siehe z.B. Brockhoff (1998), Medcof (1997), OECD (1996), Beise, Belitz (1996), Patel (1995), Beckmann, Fischer (1994), Patel, Pavitt (1992), Grandstrand et al. (1992) und Pearce (1989). Für die Managementforschung verliert diese Kennzahl jedoch mit zunehmender Bedeutung von Internet-basierten Innovationen an Aussagekraft für die Messung der F&E-Internationalisierung.
13 Vgl. hierzu von Hippels (1977, 1978, 1988), aber auch Shaws (1985) Untersuchung der Rolle zu Ärzten in medizinischen Zubehörinnovationen, Herstatts (1991) Arbeit zum Anwender als Quelle für Innovation, Slaughters (1994) Untersuchung zu Innovationen in der Bauindustrie, Kuttruffs (1996) Studie zu Sulzers Medizinaltechnik.
14 Siehe zum Simultaneous Engineering beispielsweise Hänggi (1996), Bullinger et al. (1995), Wildemann (1992a, b), VDI (1989), Allen, King, Skiver (1990) sowie Smith, Reinertsen (1991).
15 Siehe zu Konzepten des Rapid Prototyping beispielsweise Hallbauer (1997), Bullinger (1995), Horvàth, Lamla, Höfig (1994), Jacobs (1992) und Vonk (1990).

Literatur

Allen, C. W., King, R. E., Skiver, D. A. (Hrsg., 1990): Simultaneous Engineering – Integrating Manufacturing and Design, Dearborn, Michigan 1990.
Amstad, M.; Arvanitis, S.; Hollenstein, H. (1996): Wie innovativ ist die Schweizer Industrie im internationalen Vergleich? In: Gassmann, O.; von Zedtwitz, M. (Hrsg.): Internationales Innovationsmanagement, München 1996, S. 231–258.
Angehrn, A. (1998): Towards the high-tech, high-touch website. In: Financial Times, 9.11.1998
Angehrn, A. (2000): Mirabilis, working paper at INSEAD, Fontainbleau.

Archibugi, D.; Michie, J. (1995): The Globalisation of Technology: A New Taxonomy. In: Cambridge Journal of Economics, 1995, No. 19, S. 121–140.

Beckmann, C.; Fischer, J. (1994): Einflußfaktoren auf die Internationalisierung von Forschung und Entwicklung in der Chemischen und Pharmazeutischen Industrie. In: Zeitschrift für Betriebswirtschaftliche Forschung 46, 7/8, S. 630–657.

Beise, M.; Belitz, H.: Internationalisierung von F&E multinationaler Unternehmen in Deutschland. In: Gassmann, O.; von Zedtwitz, M. (Hrsg.): Internationales Innovationsmanagement, München 1996, S. 215–230.

Boutellier, R.; Gassmann, O.; Macho, H.; Roux, M. (1998): Management of Dispersed R&D Teams. In: R&D Management, Vol 28, 1998, No. 1, S. 13–25.

Boutellier, R.; Gassmann, O.; von Zedtwitz, M. (2000): Managing Global Innovation, 2nd. ed., Berlin, Tokyo, New York.

Brockhoff, K. (1998): Internationalization of Research and Development. Berlin, Heidelberg, New York.

Bullinger, H.-J. (1995): Rapid Prototyping: Methodische Unterstützung zur kreativen Produktentwicklung. In: Reichwald, R., Wildemann, H. (Hrsg.): Kreative Unternehmen: Spitzenleistungen durch Produkt- und Prozessinnovationen, Stuttgart 1995, S. 183–197.

Bullinger, H.-J., Warschat, J., Berndes, S., Stanke, A. (1995): Simultaneous Engineering. In: Zahn, E. (Hrsg.): Handbuch Technologiemanagement, Stuttgart 1995, S. 377–394.

Caluori, M.; Schips, B. (1991): Internationalisierung der Forschungs- und Entwicklungsaktivitäten Schweizerischer Unternehmen – Empirische Befunde und volkswirtschaftliche Konsequenzen, Chur, Bern 1991.

Cantwell, J. (1992): The Internationalisation of Technological Activity and its Implications for Competitivness. In: Granstrand, O.; Håkanson, L.; Sjölander, (Eds.): Technology Management and International Business: Internationalization of R&D and Technology, Chichester, New York, Brisbane, S. 75–95.

Cantwell, J. (1995): The globalisation of technology: what remains of the product cycle model? In: Cambridge Journal of Economics, 19, S. 155–174.

Cheng, J. L. C.; Bolon, D. S. (1993): The Management of Multinational R&D: A Neglected Topic in International Business Research. In: Journal for International Business Studies 1, S. 1–18.

Chiesa, V. (1996): Managing the Internationalization of R&D Activities. In: IEEE Transactions on Engineering Management, 43, 1, S. 7–23.

De Meyer, A. (1991): Tech Talk: How Managers Are Stimulating Global R&D Communication. In: Sloan Management Review 32, 3, S. 49–58.

Dunning, J. H. (1993): Multinational Enterprises and the Globalization of Innovatory Capacity. In: Granstrand, O.; Håkanson, L.; Sjölander, (Eds.): Technology Management and International Business: Internationalization of R&D and Technology, Chichester, New York, Brisbane, S. 19–51.

Gassmann, O. (1999): Praxisnähe mit Fallstudienforschung. In: Wissenschaftsmanagement 1999, Nr. 3, S. 11–16.

Gassmann, O. (1997a): Internationales F&E-Management – Potentiale und Gestaltungskonzepte transnationaler F&E-Projekte, München, Wien.

Gassmann, O. (1997b): Organisationsformen der internationalen F&E in technologieintensiven Grossunternehmen. In: Zeitschrift Führung + Organisation 1997, Nr. 6, S. 332–339.

Gassmann, O. (1997c): F&E-Projektmanagement und Prozesse länderübergreifender Produktentwicklung. In: Gerybadze, A.; Reger, G.; Meyer-Krahmer, F. (Hrsg.): Globales Management von Forschung und Innovation, Stuttgart, S. 127–168.

Gassmann, O.; Boutellier, R. (1997): Informationstechnologien in virtuellen F&E-Teams. In: technologie & management, 46. Jg., 1997, Nr. 4, 28–31.

Gassmann, O.; Hipp, C. (2000): Hebeleffekte in der Wissensgenerierung: Die Rolle von technischen Dienstleistern als externe Wissensquelle. In: Zeitschrift für Betriebswirtschaft, ZfB-Ergänzungsheft 1/2001, S. 141–159.

Gassmann, O.; von Zedtwitz, M. (1998): Organization of Industrial R&D on a Global Scale. In: R&D Management, Vol. 28, No. 3, S. 147–161.

Gassmann, O.; von Zedtwitz, M. (1999): New Concepts and Trends in International R&D Organization: in Research Policy, Vol. 28, S. 231–250.

Gassmann; O.; Roux, M. (1997): Einsatz von Informationstechnologien in länderübergreifenden F&E-Prozessen. In: Wissenschaftsmanagement 1997, Nr. 3, S. 130–136.

Granstrand, O.; Håkanson, L.; Sjölander, (1993): Internationalization of R&D – a Survey of Some Recent Research. In: Research Policy 22, S. 413–430.

Granstrand, O.; Håkanson, L.; Sjölander, S. (1992): Technology Management and International Business: Internationalization of R&D and Technology, Chichester, New York, Brisbane.

Hallbauer, S. (1997): Prototypenmanagement im Entwicklungsverbund. Ein Gestaltungskonzept auf Basis des Modells lebensfähiger Systeme, Dissertation Universität St. Gallen, 1997.

Hänggi, R. (1996): Risikomanagement und Simultaneous Engineering, Dissertation Universität St. Gallen 1996.

Herstatt, C. (1991): Anwender als Quellen für die Produktinnovation, Dissertation, Universität Zürich, 1991.

Horvàth, P., Lamla, J. Höfig, M. (1994): Rapid prototyping: der schnelle Weg zum Produkt. In: Harvard Business Manager (1994), Nr. 3, S. 42–53.

Jacobs, P. F. (1992): Rapid Prototyping & Manufacturing: Fundamentals of Stereolithography, New York 1992.

Krcmar, H., Zerbe, S., Schwarzer, B. (2000): Neue Organisationsformen und IT: Herausforderung für die Gestaltung am Beispiel globaler Teams. In: Wojda, F. (Hrsg.): Innovative Organisationsformen – Neue Entwicklungen in der Unternehmensorganisation, Stuttgart, 2000, S. 291–321.

Kumar, N. (1995): Intellectual Property Protection, Market Orientation and Location of Overseas R&D by Multinational Enterprises, UNU/INTECH Discussion Papers, March.

Kuttruff, J. (1996): Der vom Anwender induzierte strategische Prozess, Eine empirische Längsschnittanalyse zum Innovationsprozess im Bereich der Medizinaltechnik, Disseration, Universität St. Gallen, 1996.

Leonard-Barton, D. (1995): Wellsprings of Knowledge-Building and Sustaining the Sources of Innovation, Boston (MA).

Medcof, J. W. (1997): A taxonomy of internationally dispersed technology units and its application to management issues, in. R&D Management 27, 4, S. 301–318.

National Science Foundation: R&D in Industry, Washington 1990, S. 90–313.

NIW, DIW, ISI, ZEW (1995): Zur Technologischen Leistungsfähigkeit Deutschlands. Erweiterte Berichterstattung, Hannover, Berlin 1995.

OECD (1996): Science, Technology and Industry Outlook 1996, Paris.

Patel, P. (1995): Localised Production of Technology in Global Markets. In: Cambridge Journal of Economy 19, S. 141–153.

Patel, P.; Pavitt, K. (1992): Large Firms in the Production of the World's Technology: an Important Case of Non-Globalisation. In: Granstrand, O.; Håkanson, L.; Sjölander, S. (Eds.): Technology Management and International Business: Internationalization of R&D and Technology, Chichester, New York, Brisbane, S. 53–73.

Pearce, R. D. (1989): The Internationalisation of Research and Development by Multinational Enterprises, Basingstroke.

Roberts, E. B. (1995): Benchmarking the Strategic Management of Technology I. In: Research Technology Management 38, 1, S. 44–56.

Rothwell, R. (1994): Industrial Innovation: Success, Strategy, Trends. In: The Handbook of Industrial Innovation. R. Rothwell, M. Dodgson, Ed. Aldershot, Vermont: Elgar, 1994.

Shaw, B. (1985): The Role of the Interaction Between User and the Manufacturer in Medical Equipment Innovation. In: R&D Management, Vol. 15, 1985, No. 4, S. 283–292.

Slaughter, S. (1994): Innovation and Learning During Implementation: A Comparison of User and Manufacturer Innovations. In: Research Policy, 22, 1994, S. 81–95.

Smith, P. G., Reinertsen, D. G. (1991): Developing products in half the time, New York 1991.

Utterback, J. M. (1994): Mastering the Dynamics of Innovation. How Companies Can Seize Opportunities in the Face of Technological Change, Boston.

VDI (Hrsg. 1989), Simoultaneous Engineering: Neue Wege des Projektmanagements, VDI-Berichte 758, Düsseldorf 1989.

von Hippel, E. (1976): The Dominant Role of Users in the Scientific Instrument Innovation Process. In: Research Policy, July 1976, S. 212–239.

von Hippel, E. (1977): Successful and Failing Internal Corporate Ventures: An Empirical Analysis. In: Industrial Marketing Management, 6, 1977, S. 163–174.

von Hippel, E. (1978): Successful Industrial Products from Customer Ideas, in Journal of Marketing, 1978, S. 39–49.

von Hippel, E. (1988): The Sources of Innovation, Oxford 1988.

von Zedtwitz, M. (1999): Managing Interfaces in International R&D. Doctoral Thesis Nr. 2315, University of St. Gallen, Bamberg.

von Zedtwitz, M.; Gassmann, O. (2001): Market versus Technology Drive in R&D Internationalization: Four different patterns of managing research and development. In: Research Policy, 2001 forthcoming.

Vonk, R. (1990): Prototyping: The Effective Use of CASE Technology, New York 1990.

Vorort (1994): Forschung und Entwicklung in der schweizerischen Privatwirtschaft 1992, Schweizerischer Handels- und Industrie-Verein (Hrsg.), Zürich 1994.

Wildemann, H. (1992a): Simultaneous Engineering als Baustein für Just-in-Time in Forschung, Entwicklung und Konstruktion. In: VDI-Zeitschrift 134, (1992), Nr. 12, S. 18–23.

Wildemann, H. (1992b): Steigerung der Zeiteffizienz in F&E-Prozessen durch Just-in-Time-Prinzipien. In: Scheer, A.-W. (Hrsg.): Simultane Produktentwicklung, München 1992, S. 391–427.

Wildemann, H. (2001): E-Technologien – Wertsteigerung durch E-Technologien in Unternehmen, TCW-Report Nr. 26, München 2001.

Wortmann, M. (1990): Multinationals and the Internationalization of R&D: New Developments in German Companies. In: Research Policy 19. Jg., 1990, No. 2, S. 175–183.

Yin, R. K. (1988): Case Study Research: Design and Methods, Newbury Park, London, New Delphi.

Zusammenfassung

Der Einsatz von E-Technologien gewinnt in dezentralen Innovationsprozessen an Bedeutung. Im Beitrag wurde auf Basis von 290 Interviews untersucht, welche Rolle E-Technologien in dezentralen Innovationsprozessen spielen. Anhand der Fallstudien ICQ, Amazon und Linux wurden Internet-getriebene Innovationsprozesse untersucht. Es konnten drei Typen identifiziert werden: (1) Rapid Prototype Launching, (2) Partizipative Produktentwicklung und (3) Netzwerkinnovationen.

Summary

The importance of decentralized innovation processes has increased within the last decades. E-technologies are enablers for decentralized innovation. In this paper we examined the role of e-technologies in decentralized innovation prozesses on the base of 290 interviews. The cases of ICQ, Amazon and Linux indicated three types of internet driven innovation processes: (1) rapid prototype launching, (2) participative product development, and (3) network innovations.

77: Forschungsplanung, Innovationen (JEL M77)

Sicherung von Projektqualität durch Telekooperation

Von Matthias Loose, Stephan Schröder und Gerhard Schünemann

Überblick

- Vor allem innovative Projekte weisen aufgrund der Individualität und Differenziertheit der Kundenanforderungen eine besonders hohe Komplexität auf. Darüber hinaus kommt hohe Marktunsicherheit hinzu, die vor allem aus der Fülle der zur Projektabwicklung laufend erforderlichen und von anderen Marktpartnern zu beziehenden Informationen resultiert.

- Herkömmliche Formen des Projektmanagements, die an Organisationen mit konventionellen hierarchischen Strukturen gekoppelt sind, vermögen die mit der zeit- und qualitätsgerechten Fertigstellung der Projekte verbundenen Probleme nicht mehr zu lösen.

- Am Beispiel der Stephan Schröder Gesellschaften zeigen die Autoren auf, wie die im konventionellen Projektmanagement auftretenden Probleme durch projektbezogene Bildung virtueller Unternehmen, die sich modernster Formen der Telekooperation bedienen, auf innovative Weise gelöst werden können.

- Impulse für die betriebswirtschaftliche Forschung sind in zweierlei Hinsicht denkbar: Zum einen sind fraktale Prozessstrukturen verstärkt in der zeitlichen Dimension zu untersuchen, zum anderen sind die konventionellen betriebswirtschaftlichen Beurteilungskriterien den neuen strukturellen Bedingungen anzupassen.

Eingegangen: 23. Februar 2001

Dipl.-Wirtschaftsingenieur (FH) Matthias Loose, Fachhochschule Stralsund, Stephan Schröder Gesellschaften.
Dipl.-Kaufmann Stephan Schröder, Geschäftsführender Gesellschafter der Stephan Schröder Energieanlagen GmbH und der Stephan Schröder Management GmbH.
Professor Dr. Gerhard Schünemann, Fachbereich Maschinenbau der Fachhochschule Stralsund, Zur Schwedenschanze 15, 18435 Stralsund.

© Gabler-Verlag 2001

Matthias Loose, Stephan Schröder und Gerhard Schünemann

A. Einleitung

Mit steigenden Anforderungen der Kunden im Hinblick auf individuelle Problemlösungen, die zeit- und qualitätsgerecht und zugleich preisgünstig anzubieten sind, gerät die Baubranche unter zunehmenden Kostendruck. Besonders bei innovativen Projekten kommt neben der hohen Projektkomplexität noch hohe Marktunsicherheit[1] hinzu, die vor allem aus der Notwendigkeit resultiert, eine große Menge an sehr spezifischen Informationen zeitaktuell („Just in Time") bei der Projektentwicklung und Projektrealisierung berücksichtigen zu müssen. Konventionelles, insbesondere an hierarchische Organisationsformen gekoppeltes, Projektmanagement ist hierbei in zweierlei Hinsicht überfordert. Zum einen werden Informationsflüsse und damit Entscheidungen verzögert, zum anderen ist die herkömmliche Informationsbeschaffung von den verschiedensten Marktpartnern mit stark anwachsenden Transaktionskosten verbunden.

Einen innovativen Ansatz zur Problemlösung stellen projektbezogene virtuelle Unternehmensformen dar, in die sich die verschiedenen am Projekt beteiligten Marktpartner mit ihren Kernkompetenzen einbinden und unter Einsatz moderner Informationstechnologien bei der Projektentwicklung und der Projektrealisierung sehr flexibel sowie auf effektivste und effizienteste Weise miteinander kooperieren.

Wie eine solche innovative Form der Projektabwicklung in der Praxis funktionieren kann, stellen die Autoren am Beispiel der Stephan Schröder Gesellschaften vor.

Im Anschluss daran werden weiterführende betriebswirtschaftliche Fragestellungen erörtert: Modularisierung („Fraktalbildung") in der zeitlichen Dimension und Fragen der Anpassung betriebswirtschaftlicher Beurteilungskriterien an die neue Situation.

B. Virtuelle Unternehmen als innovative Organisationsformen für das Projektmanagement

I. Probleme des konventionellen Projektmanagements

Steigende Kundenanforderungen im Hinblick auf individuelle Problemlösungen sowie qualitäts- und zeitgerechte Entwicklung und Fertigstellung der Projekte stellen das Projektmanagement vor neue Herausforderungen.

Aus Kundensicht bilden Zeit und Qualität eine untrennbare Einheit, denn beide Aspekte haben Auswirkungen auf die Zahlungsreihen der Projekte während ihrer Nutzungsphase.[2]

Kann der Beginn der Nutzung erst verspätet erfolgen, so haben die Konkurrenten (des Kunden) bereits einen Marktvorsprung erzielt, und die ursprünglich geplanten Zahlungsüberschüsse sind nicht mehr erreichbar. Qualitätsmängel[3] äußern sich z.B. darin, dass die konzipierten Leistungsparameter des Projektes nicht erreicht werden oder zwischenzeitlich bekannt gewordene innovative Lösungsmöglichkeiten bei der Projektrealisierung nicht oder nur unzureichend Berücksichtigung finden. Auch in diesem Fall büßt der Nutzer des Projektes gegenüber seinen Konkurrenten Marktanteile ein, und die Einzahlungen aus dem Projekt fallen niedriger aus als erwartet. Mit stärkerer Individualisierung und Differenzierung der Kundenwünsche, der während der Projektrealisierung in immer kürzeren Zeitabständen bekannt werdenden und zu berücksichtigenden Innovationen sowie den (besonders innovative Projekte betreffenden) zunehmend komplizierter werdenden rechtlichen Restriktionen und Auflagen (die wiederum verstärkte Abstimmungsaktivitäten mit verschiedenen Behörden nach sich ziehen) steht das Projektmanagement unter erhöhtem Komplexitätsdruck. Unter diesem Blickwinkel erweisen sich Zeit und Qualität häufig als miteinander konkurrierende Ziele: Soll die Projektqualität gesichert werden, so geht das häufig nur auf „Kosten" der Überschreitung des Inbetriebnahmezeitpunktes; soll umgekehrt der Zeitpunkt der Inbetriebnahme eingehalten werden, so müssen Abstriche an der Projektqualität in „Kauf" genommen werden.

Mit der in der Vergangenheit vorherrschenden Anbindung des Projektmanagements an herkömmliche hierarchische Organisationsstrukturen kann das Dilemma zwischen Qualität und Zeit [4] jedoch nicht mehr zufriedenstellend gelöst werden. Wichtige Gründe dafür sind:[5]

- Die für den Projekterfolg erforderliche Schaffung eines einheitlichen Verständnisses über die Entwicklung sowie einer gemeinsamen Prioritätenordnung bei allen an der Realisierung beteiligten Mitarbeitern und Abteilungen der eingebundenen Unternehmen und damit eine nachhaltige Bindung (Commitment) aller Beteiligten an das Projekt erweist sich mit wachsender Projektkomplexität als immer schwieriger.
- Weil die Entscheidungskompetenz über die Projektdurchführung und die Zuteilung der Ressourcen in der Linie, d.h. bei den jeweiligen Fachabteilungen verbleibt, fungiert der Teamleiter lediglich als Koordinator ohne eigene Entscheidungsbefugnis. Demzufolge durchlaufen wichtige und dringend zu entscheidende Vorschläge des Projektteams den mit großem Zeitverlust verbundenen „Instanzenweg", und nicht selten dominieren die Interessen der Fachabteilungen gegenüber dem Interesse am Projektfortschritt. Da die Leistungsbeurteilung der Teammitglieder durch die jeweiligen Fachabteilungen, nicht jedoch durch den Teamleiter erfolgt, ist deren Engagement im Team oft nicht sonderlich stark ausgeprägt.
- Die Zerlegung der gesamten Projektdurchführung in Teilaufgaben und Teilaktivitäten folgt vielfach nicht den sachlogischen Strukturen der Gesamtaufgabe, sondern wird ausgehend von der Aufgabenstruktur der beteiligten Fachabteilungen vorgenommen. Häufig werden Arbeitsinhalte (entsprechend dem Tayloristischen Prinzip) auf zu viele Teams verteilt bzw. in zu viele Aktivitäten aufgespalten. Somit erhöht sich die Zahl der zu koordinierenden Schnittstellen, der Informationsaustausch wird erschwert, und es kommt zu erhöhten Warte- und Übergangszeiten zwischen den einzelnen Teilschritten der Projektrealisierung. Auf solche Weise verhindern hierarchisch geprägte Organisationen durch Einrichtung zusätzlicher Koordinationsinstanzen direkte Kommunikationsbeziehungen zwischen den eigentlichen Kompetenzträgern der Projektdurchführung.[6]
- Die bei einer solchen Art der Projektabwicklung geradezu vorprogrammierten Probleme werden dann meist in Verbindung mit gegenseitigen Schuldzuweisungen zwischen Projektteam und Hierarchie oder innerhalb der Hierarchie hin und her geschoben, anstatt sie zu lösen.

Im Falle innovativer Projekte (z.B. Anlagen zur Nutzung regenerativer Energien) kommt zur hohen Projektkomplexität noch hohe Marktunsicherheit hinzu. So muß beispielsweise spezifisches, zur Projektrealisierung benötigtes Know How zu einem möglichst günstigen Preis-Leistungs-Verhältnis von verschiedenen Marktpartnern erworben werden, die in großer räumlicher Distanz vom investierenden bzw. projektierenden Unternehmen angesiedelt sein können. Die herkömmlichen, rein marktlichen Koordinationsformen sind durch Transformation transaktionsrelevanter Informationen über den Preis gekennzeichnet.[7] Da jedes Projekt die Bereitstellung sehr spezifischer Know How's in großem Umfang erfordert, resultieren allein daraus insgesamt schon hohe Investitionsausgaben für die Informationsgewinnung, ohne dass bereits ein für die reibungslose Projektentwicklung erforderlicher rascher und flexibler Informationsaustausch zustande kommt.

Zusammenfassend kann die Feststellung getroffen werden, dass konventionelle, hierarchisch strukturierte Organisationsformen von Unternehmen unter den Bedingungen steigender Projektkomplexität und Marktunsicherheit nicht mehr die Gewähr für eine flexible, kostengünstige, zeit- und qualitätsgerechte Projektdurchführung bieten können.

II. Virtuelle Unternehmen als innovativer Lösungsansatz

Die Lösung der klassischen Probleme konventionellen Projektmanagements kann durch Schaffung eines speziell auf die effektive, effiziente, rasche und qualitätsgerechte Projektabwicklung ausgerichteten Wertschöpfungsnetzwerkes erreicht werden, in welches Hersteller-, Lieferanten- und Kundenunternehmen mit ihren Kernkompetenzen[8] integriert sind und bei der Lösung der gemeinsamen Aufgabe intensiv und sehr flexibel miteinander kooperieren. Nach Fertigstellung des Projektes löst sich das Netzwerk (auch als „virtuelles Unternehmen"[9] bezeichnet) wieder auf. Die „Kernkompetenzträger" der betreffenden Unternehmen können dann wieder anderen Aufgaben nachgehen oder aber sich in neue virtuelle Netzwerkstrukturen einbinden.

Das Netzwerk tritt also wie ein einheitlich und zielgerichtet handelndes Unternehmen auf, dessen Zweck mit der Fertigstellung des Projektes erfüllt ist.

Das Projektteam setzt sich aus Mitarbeitern der in das Netzwerk eingebundenen Unternehmen, d.h. aus „Kernkompetenzträgern", zusammen. Der Teamleiter besitzt eigene Entscheidungsbefugnis, und die Teammitglieder lösen ganzheitlich strukturierte, aus den Erfordernissen des Projektfortschritts abgeleitete Teilaufgaben eigenverantwortlich.

Durch intensive Kommunikation und Kooperation sowie durch ein von Anfang an zu schaffendes gemeinsames Aufgabenverständnis kann das Auftreten vieler Probleme von vornherein vermieden werden; treten dennoch Probleme auf, so können sie schnell erkannt und gemeinsam gelöst werden, bevor größere Effektivitäts- und Effizienzverluste eintreten.

Idealerweise sollten „Netzwerkteilnehmer" die folgenden Voraussetzungen erfüllen bzw. schaffen, um eine hohe „Integrationskompetenz" in das virtuelle Unternehmen einzubringen:

- flache Hierarchien, nach Kernkompetenzen ausgerichtete modulare („fraktale") Unternehmensstrukturen entsprechend dem Lean- Management- Prinzip[10] in Verbindung mit Organisation der Prozessabläufe nach dem Just-In-Time-Prinzip[11];
- qualifizierte Nutzung modernster Informations- und Kommunikationstechnologien.

Darüber hinaus sollte ein Unternehmen (das sogenannte „Kernteam") beteiligt sein, zu dessen Kernkompetenzen es gehört, als Initiator und Koordinator des Netzwerkes zu fungieren.

Ein virtuelles Unternehmen kann (ähnlich wie ein strategisches Netzwerk) als eine innovative Organisationsform charakterisiert werden, die „zwischen Markt und Hierarchie" angesiedelt ist. Im Gegensatz zum virtuellen Unternehmen bilden strategische Netzwerke jedoch auf längere Dauer ausgerichtete Wertschöpfungsgemeinschaften.[12]

Neben den bereits genannten Vorteilen kann über virtuelle Unternehmensformen eine drastische Reduzierung der bei konventionellen Organisationsformen im Zusammenhang mit der Informationsbeschaffung anfallenden hohen Transaktionskosten erreicht werden.[13]

III. Telekooperation als adäquate Kooperationsform von Geschäftsprozessen in virtuellen Unternehmen

1. E-Technologien und E-Business

Für die zunehmende Dynamisierung der Unternehmensumwelt gibt es im wesentlichen zwei Auslöser: Die Globalisierung der Märkte und der zunehmende Einsatz moderner Informations- und Kommunikationstechnologien, insbesondere des Internets.[14]

Beide Entwicklungen sind eng miteinander verflochten. Das Internet stellt die umfassendste Informations-, Wissens-, Kommunikations- und Marketing- Plattform unserer Zeit dar und kann somit als Grundvoraussetzung für die Schaffung effektiver und effizienter Netzwerkorganisationen angesehen werden.

Als „Erfolgsrezept" zur Kostenreduktion, Prozessbeschleunigung, Qualitätssteigerung und zur Erschließung neuer Märkte wird in zunehmenden Maße das Electronic Business angesehen.[15]

E-Business beinhaltet den Einsatz von vernetzten Informations- und Kommunikationstechnologien zur effizienteren Abwicklung von Geschäftsprozessen. Electronic Commerce, ein Segment des E-Business, welches in Business to Consumer und Business to Business untergliedert werden kann, ermöglicht die umfassende digitale Abwicklung von Geschäftsprozessen zwischen Unternehmen und deren Kunden über öffentliche und private Netze (Internet).

Somit ermöglicht E-Commerce die Vernetzung unterschiedlicher Wertschöpfungsketten auf Grundlage des schnellen und plattformunabhängigen Informationsaustausches über Informations- und Kommunikationstechnologien.[16]

Dadurch führt das Internet zum Abbau der Informationsasymmetrien von Märkten, so dass es zu einem fast vollständigen Markt kommt.[17]

E-Business bietet vielfältige Möglichkeiten zur Veränderung kompletter Geschäftsmodelle einschließlich der Entwicklung neuer Produkt- und Serviceleistungen durch verstärkte Kooperation.

Die Anforderungen, die dabei an die Unternehmensstruktur und -kultur gestellt werden müssen, unterscheiden sich stark von den in konventionellen, hierarchischen Strukturen anzutreffenden. Stand in der Vergangenheit der möglichst reibungslose Durchfluss physischer Güter beim Aufbau einer Unternehmensorganisation im Vordergrund, so rückt heute die Entwicklung informationeller Unternehmensnetzwerke in den Mittelpunkt. Dadurch gelingt es den Unternehmen besser, entscheidungsrelevante Impulse sofort aufzunehmen und frühzeitig auf veränderte Umweltbedingungen zu reagieren.[18]

Die gegenwärtig ablaufenden Veränderungen haben also tiefgreifende Auswirkungen auf Märkte, Kundenverhalten, Preisbildung, Geschäftsprozesse, Kommunikation und Führung. Vor diesem Hintergrund ist es unabdingbar, sich neuen, flexiblen Unternehmensstrukturen zu öffnen und gleichzeitig die dazu adäquaten technologischen Möglichkeiten zu nutzen.[19]

In diesem Zusammenhang ermöglichen es E-Technologien, neue Kernkompetenzen (z.B. Kompetenz der Beherrschung von Wertschöpfungsketten, Beurteilungskompetenz, Wissensmanagementkompetenz, Antizipationskompetenz, Integrations- und Koordinationskompetenz, Bewertungs- und Allokationskompetenz) aufzubauen.[20]

Letztendlich erweisen sich Kernkompetenzen in Verbindung mit E-Technologien als Reputationskapital für dauerhafte Wettbewerbsvorteile.[21]

2. Organisationales Lernen als Wesensmerkmal einer intelligenten Organisation

Organisationales Lernen kann als ein Prozess verstanden werden, bei dem das Unternehmen eine aus individuellen Lernvorgängen abgeleitete strukturelle Anpassung seiner Geschäftstätigkeit an sich wandelnde Rahmenbedingungen vornimmt.[22] In diesem Zusammenhang sind solche Managementmethoden anzuwenden, die organisationales Lernen fördern, das Beharrungsvermögen der Organisation überwinden und ein innovatives Klima schaffen.[23]

Zugleich ist organisationales Lernen aber auch ein Prozess der Schaffung und stetigen Weiterentwicklung einer organisationalen Wissensbasis.[24]

Intelligente Organisationen zeichnen sich durch die Fähigkeit aus, ihre Wissensbasis zielgerichtet zu optimieren.[25] Das ermöglicht es ihnen, sich rasch, flexibel, effektiv und effizient an veränderte Umweltbedingungen anzupassen. Dies wird umso notwendiger, als Kernkompetenzen vor allem aus organisationalen Lernprozessen heraus entstehen[26] und das Zeitfenster der Lernmöglichkeiten und Veränderungen immer kleiner wird.[27]

Der Zusammenhang zwischen Kernkompetenzen und organisationalem Lernen ist aber durchaus ein wechselseitiger, denn die Konzentration auf Kernkompetenzen ermöglicht zugleich schnelleres Lernen.[28]

Die in Abbildung 1 dargestellte, in den Stephan Schröder Gesellschaften als Denkmodell entwickelte „Innovationstreppe" zeigt den Zusammenhang auf, wie aus einem ständigen organisationalen Lernprozess nacheinander Wissen, Kernkompetenzen und schließlich Innovationen generiert werden. Die Darstellung macht zugleich deutlich, dass Lernen ein dynamischer Vorgang ist, bei dem durch jede weitere Stufe wiederum neue Lernimpulse ausgelöst werden.

Da die Teamzusammensetzung in virtuellen Organisationen durch die wechselnden Kooperationspartner vielfach geändert wird, können ansonsten häufig anzutreffende Lernhemmnisse wie z.B. das Groupthink (gemeinsames Festhalten an eingefahrenen Denkmustern) vermieden werden. Ein weiterer Aspekt, der dieses Phänomen verhindert, ist in der Interdisziplinarität der Teams zu sehen. Durch die unterschiedliche Kernkompetenz-

Abb. 1: Innovationstreppe

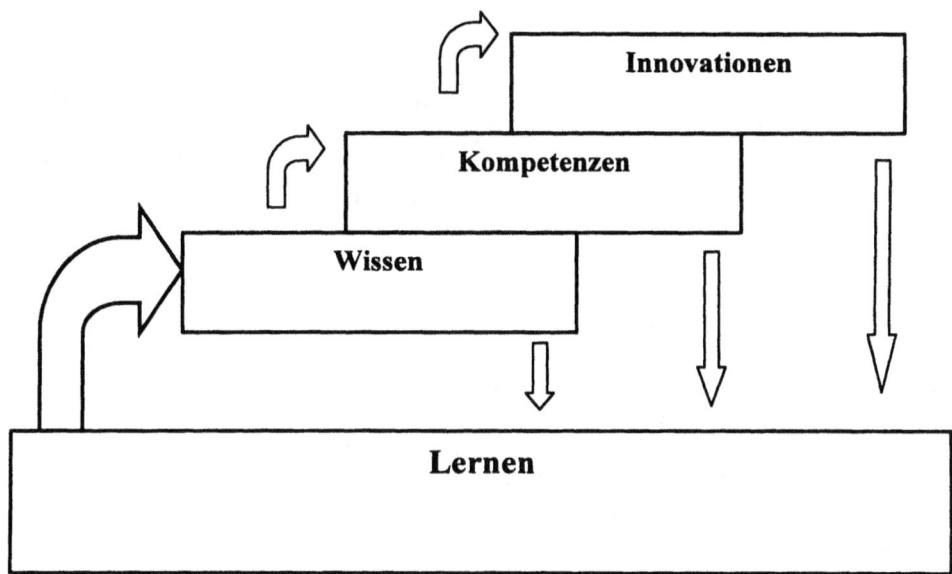

orientierung der Netzwerkunternehmen treffen in den Teams Menschen mit unterschiedlichen Denk- und Sichtweisen zusammen, welche das Lösungsspektrum erweitern.[29]

3. Telearbeit und Telekooperation

Unter Telearbeit kann jede auf Informations- und Kommunikationstechnologien basierende Tätigkeit verstanden werden, „die ausschließlich oder alternierend an einem außerhalb des Betriebes liegenden Arbeitsplatz verrichtet wird und mit der zentralen Betriebsstätte durch elektronische Kommunikationsmittel verbunden ist".[30] Somit ermöglicht der Einsatz von Telearbeit nicht nur eine räumliche Dezentralisierung, sondern schafft zugleich auch die Voraussetzung zu einer organisatorischen Dezentralisierung, die zu mehr Flexibilität, höherer Mitarbeiterzufriedenheit und höherem Kundennutzen führt. So gesehen handelt es sich bei der Telearbeit um eine Tätigkeit, die zumindest teilweise außerhalb einer Arbeitsstätte geleistet wird. Die Informations- und Kommunikationstechnologien fungieren dabei als Kommunikations- und Koordinationsmittel.

Als Formen der Telearbeit kommen zur Anwendung: Home Based Telework (als Teleheimarbeit oder alternierende Telearbeit), Center Based Telework (Bündelung von ausgelagerten betrieblichen Arbeitsstätten), Mobile Telework (Verwendung von mobilen Informations- und Kommunikationstechnologien wie Handy, Notebook, Mobilscanner oder Digitalkamera), On-Site Telework (Einrichtung eines Arbeitsplatzes am Standort des Kunden).

Für den Aufbau effektiver und effizienter Kooperationsbeziehungen im virtuellen Unternehmen besitzen besonders die beiden zuletzt genannten Formen eine herausragende Bedeutung.

Matthias Loose, Stephan Schröder und Gerhard Schünemann

Die mobilen Technologien, insbesondere der Zugang zum Internet, bieten trotz räumlicher Entfernung zum Firmensitz den Zugriff auf interne Datenbanken und sichern die ortsunabhängige Informationsversorgung. Zugleich erfolgt durch eine externe Datenerfassung eine medienbruchfreie Übermittlung auf den internen Server. Die daraus resultierenden Effekte einer verkürzten Durchlaufzeit und einer erhöhten Prozessqualität führen zu einem höheren Kundennutzen und schaffen somit Wettbewerbsvorteile.

Bei On-Site Telework lassen sich durch das Vor-Ort-Sein des Telearbeiters Probleme schneller und kostengünstiger lösen. Das Unternehmen erhöht damit Kundennähe und -bindung, steigert seine Flexibilität und gewinnt Wettbewerbsvorteile.[31]

Koordination und Führung müssen sich in dezentralen Organisationen neuer Paradigmen bedienen. Hierarchischen Strukturen eigene verhaltensorientierte Managementkonzepte, die auf physischer Anwesenheit basieren (Management by Presence), versagen bei der Koordination und Führung verteilter Arbeit zwangsläufig.

Als adäquate innovative Form kann das Management by Objektives (MbO-Führung durch Zielvereinbarung) angesehen werden. Eine erfolgreiche Umsetzung des MbO setzt selbständig und eigenverantwortlich handelnde, hochqualifizierte Mitarbeiter voraus, die sich kooperativ verhalten, durch Übernahme von Verantwortung motiviert sind und im Sinne der Unternehmensziele denken und handeln. Die Mitarbeiter können praktisch als „Unternehmer im Unternehmen" angesehen werden.

Auf diese Weise verändert sich in dezentralen Organisationen das Selbstverständnis der Arbeit grundlegend. Im Zusammenhang damit wurde der Begriff des Commitment geprägt, der beinhaltet, dass die Mitarbeiter von den Werten und Zielen ihrer Organisation überzeugt sind, eine hohe Bereitschaft zeigen, sich für diese Ziele zu engagieren und den starken Wunsch haben, in der Organisation weiter beschäftigt zu bleiben.

C. Projektmanagement in den Stephan Schröder Gesellschaften

I. Praktische Problemerfahrungen bei der Qualitätssicherung im konventionellen Projektmanagement

Ein Charakteristikum bei der Realisierung von Bauprojekten ist das Zusammenwirken unterschiedlicher Firmen und Behörden. Die bisherigen Erfahrungen belegen, dass ein Großteil der Projekte den geforderten Kriterien hinsichtlich Preis, Qualität und Zeit nur unzureichend genügte. Steigender Zeit- und Kostendruck beeinträchtigten sehr häufig die Bauqualität, d.h. Baufortschritt konnte nur „auf Kosten" der Produktqualität erreicht werden.

Als Hauptursache für dieses Dilemma konnte ein mangelhaftes Informationsmanagement zwischen den am Projekt beteiligten Firmen und Behörden identifiziert werden. Vor allem äußerte sich dieser Mangel im Fehlen einer gemeinsamen Informationsinfrastruktur und daraus resultierend, in einer ungenügenden Kommunikation und Koordination zwischen den Kooperationspartnern. Dadurch konnte sich ein Vertrauensverhältnis zwischen den Projektpartnern nicht einstellen, Probleme oder Befürchtungen kamen nicht oder zu spät zur Sprache und konnten deshalb von der Projektsteuerung meist nicht mehr berücksichtigt werden. Im Ergebnis dessen wurde der Projektfortschritt in zeitlicher oder qualitätsmäßiger Hinsicht beeinträchtigt. Ein Ausweg aus diesem Mangel an Transparenz und Information kann in der Schaffung von virtuellen Organisationen mit dem für sie typischen Einsatz modernster Informations- und Kommunikationstechnologien gesehen werden. Damit einhergehen müsste die Verbesserung der persönlichen Kommunikation in Verbindung mit der Herausbildung einer Vertrauensbasis. Derartige Möglichkeiten blieben im konventionellen Management von Bauprojekten bislang weitgehend unausgeschöpft.

II. Problemlösung durch innovatives Projektmanagement

1. Lösungskonzept

Zunächst kann die Feststellung getroffen werden, dass im Bereich der regenerativen Energieerzeugung die Projektabwicklung eines Bauprojekts bereits typische Merkmale einer virtuellen Organisationsstruktur erkennen lässt. Zum einen sind die am Projekt beteiligten Firmen in Abhängigkeit von ihrer Geschäftsausrichtung oft schon auf eine oder mehrere Kernkompetenzen konzentriert und bringen diese bei der Realisierung des Projekts ein. Zum anderen ist die Zusammenarbeit der Kooperationspartner auf die Projektdauer beschränkt, womit ein weiteres Charakteristikum eines virtuellen Unternehmens gegeben ist.

Das ganzheitliche Lösungskonzept der 1999 gegründeten Stephan Schröder Gesellschaften ergänzt das konventionelle Projektmanagement um die fehlenden Merkmale virtueller Unternehmen und löst damit die Probleme des konventionellen Projektmanagements.

Das Konzept stützt sich einerseits auf eine offene, dezentralisierte interne Unternehmensstruktur mit ausgeprägter Teamorientierung sowie auf die Hervorhebung der menschlichen Komponente und auf eine entsprechende Unternehmenskultur.

Andererseits wird das Konzept maßgeblich durch den konsequenten Einsatz modernster Informations- und Kommunikationstechnologien geprägt, wobei nicht nur bestehende technische Lösungen adaptiert werden, sondern auch innovative Lösungen zur Schaffung einer einheitlichen Informations- und Datenbasis sowie zur Unterstützung von Koordination und Kommunikation gefunden wurden.

2. Unternehmensstruktur und Kernkompetenzen

Auf die Ausbildung von Hierarchieebenen wurde zu Gunsten einer offenen, kommunikativen und partizipativen Unternehmensführung verzichtet. Eine schnittstellen- und funktionsübergreifende Aufgabenbearbeitung gilt als selbstverständlich.

Abhängig von den zu realisierenden Projekten werden zur Sicherstellung der technischen, rechtlichen und kaufmännischen Qualität und zur Optimierung der Haftungsbedingungen temporäre Partnerschaften mit externen Fachleuten eingegangen (vgl. Abb. 2). Ist ein Projekt abgeschlossen, löst sich diese Struktur weitgehend auf, wobei das Kernteam der Stephan Schröder Gesellschaften erhalten bleibt. Mit jedem neu aufgelegten Projekt, z.B. dem Bau einer Biogasanlage, konfiguriert sich das virtuelle Unternehmen durch die Anpassung der externen Fachleute und Kooperationspartner neu. Die in den Stephan

Abb. 2: Virtuelle Unternehmensstruktur am Beispiel der Realisierung eines Windenergieprojekts

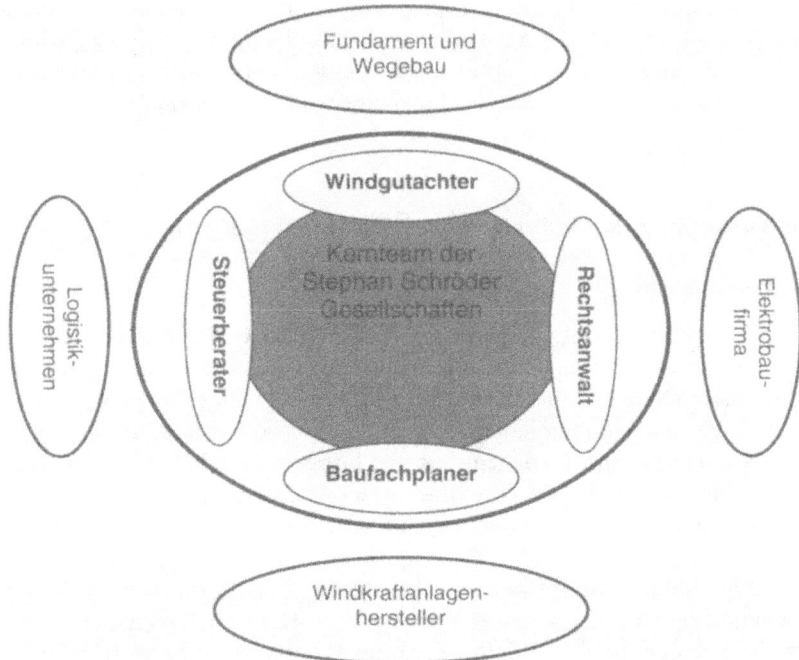

Schröder Gesellschaften realisierte Netzwerkstruktur entspricht weitgehend der eines virtuellen Unternehmens, welches sich insbesondere durch folgende Eigenschaften auszeichnet:

- Kernkompetenzorientierung der Kooperationspartner,
- gemeinsame Informations- und Kommunikationsbasis,
- räumliche Dezentralität der Kooperationspartner,
- zeitliche Limitierung der Kooperation.

Zu den Kernkompetenzen der Stephan Schröder Gesellschaften in den Bereichen Windenergieanlagen, Solaranlagen, Biogasanlagen und Wohnimmobilien gehören:

- kaufmännische Projektsteuerung,
- Projektbewertung,
- Projektplanung und -entwicklung,
- Generalübernahme beim Bau von Windparks, Solaranlagen und Biogasanlagen,
- kaufmännische Beratung auf operativer, taktischer und strategischer Ebene.

3. Unternehmenskultur

Der Teamerfolg wird als Grundlage für das Bestehen des Unternehmens angesehen. Fördernd für Motivation, Selbstständigkeit, Kreativität und Eigenverantwortung der Mitarbeiter ist die Freiheit beim Bearbeiten von Aufgaben und Problemstellungen. Der geschäftsführende Gesellschafter Stephan Schröder fungiert dabei als Coach und Berater und gibt Unterstützung bei auftretenden Problemen.

Der Verdienst der Mitarbeiter ist durch einen erfolgsabhängigen Entlohnungsmodus direkt mit dem Unternehmenserfolg verbunden.

Prägend ist weiterhin die lösungs- und zukunftsorientierte Zusammenarbeit von Experten aus unterschiedlichen Fachbereichen. In den Projektteams arbeiten stets Kaufleute, Ingenieure und Juristen unterschiedlicher Unternehmen zusammen.

4. Informations- und Kommunikationstechnologien

Durch die aktive Nutzung neuester Technologien sind die Gesellschaften in der Lage, in ihrem dynamischen Geschäftsfeld zu agieren, anstatt auf Veränderungen zu reagieren.

Durch den konsequenten Einsatz digitaler Speichermedien und eines projektbezogenen Dateisystems soll die Verwendung von Papier im Büro weitestgehend vermieden werden. Damit wird eine medienbruchfreie Informationserfassung und -verarbeitung gewährleistet sowie möglicher Informationsverlust vermieden.

Neben der Nutzung von E-Mail und Handy kommt dem Internet eine große Bedeutung zu. Es steht jedem Mitarbeiter zur Erledigung seiner Aufgaben zur Verfügung und dient als umfassendes Informationsmedium.

Desweiteren wird das Internet zum Aufbau eines Virtual Private Network (VPN) genutzt, wodurch für die Kooperationspartner ein elementarer Bestandteil einer firmenübergreifenden Informationsinfrastruktur geschaffen wird. Gleichzeitig bildet das VPN die technische Grundlage für Mobile Telework und On-Site-Telework, welche in den Gesellschaften durch den Einsatz mobiler Büros realisiert werden. Wurden VPNs ursprünglich zur Vernetzung firmeninterner Netzwerke konzipiert, wird diese Technologie in den Stephan Schröder Gesellschaften zur Vernetzung firmenexterner Rechnernetzwerke angewendet. Damit wird die für virtuelle Unternehmen charakteristische gemeinsame Informations- und Datenbasis geschaffen.

Jeder Mitarbeiter der Stephan Schröder Gesellschaften und alle an einem Projekt beteiligten Firmen bzw. Behörden erhalten ein Passwort und können unabhängig von Zeit und Ort Zugriff auf relevante Daten ausüben.

Die verschiedensten Informationen, z.B. Ausschreibungen, Projektpläne oder Anlagenzeichnungen werden digitalisiert und auf dem Server, durch entsprechende Passwörter geschützt, abgelegt.

Für die Projektarbeit in den Stephan Schröder Gesellschaften ergibt sich dadurch eine Vielzahl von Vorteilen, die nachfolgend aufgeführt werden:

- Durch die Anwendung des Pull-Prinzips sind die Mitarbeiter weniger mit dem Versenden von Unterlagen beschäftigt.
- Da der Zugriff auf Daten nachvollzogen werden kann, sind die Projektmanager vom Informationsstand der Kooperationspartner unterrichtet. Informationsmängel können so wirksam vermieden werden (active-pull-prinzip).
- Einsparung von Portokosten und Vermeidung von Verzögerungen, die besonders beim Versand identischer Unterlagen an verschiedene Firmen anfallen würden, werden ermöglicht.

- Jegliche Veränderung bei der Projektumsetzung kann schnell und kostensparend bei den Kooperationspartnern bekannt gemacht werden.
- Das VPN stellt die technologische Voraussetzung für die Einführung von Telearbeit dar. Die Mitarbeiter können je nach Arbeitsinhalt Tätigkeiten von zu Hause aus erledigen. Ein Telefonanschluß ist dafür Voraussetzung.
- Das VPN unterstützt Mobile Telework und ON-Site-Telework durch den Zugriff auf den firmeninternen Server.

5. Mobile Büros

Um trotz der räumlichen Distanzen zwischen den Projektorten und dem Firmensitz ein Höchstmaß an Flexibilität und persönlicher Präsenz realisieren zu können, kommen in den Stephan Schröder Gesellschaften mobile Büros zum Einsatz. Es handelt sich dabei um Kleinbusse der Mercedes V-Klasse, welche mit modernster Informations- und Kommunikationstechnologie ausgerüstet sind.

Zu den Ausstattungsmerkmalen der mobilen Büros gehören:

- Notebook zur mobilen Datenerfassung, -speicherung und -verarbeitung,
- Schnittstelle für die Fax- und Datenkommunikation in Mobilfunknetzen,
- Mobiltelefon zur Sprachkommunikation und als Zugang zum Internet und zum VPN,
- Drucker zum Ausdrucken von Texten, Daten und Grafiken,
- Scanner zur Digitalisierung von Dokumenten,
- Digitale Kamera zur Erfassung von Bildern z.B. zur Dokumentation des Baufortschrittes oder von Baumängeln.

Der Einsatz dieser Fahrzeuge bringt in der betrieblichen Praxis im wesentlichen drei Vorteile mit sich:

- Durch die persönliche Präsens am Projektort oder am Standort eines Kooperationspartners wird der Anteil direkter Kommunikation erhöht. Es lassen sich Probleme vor Ort betrachten und lösen. Die Gefahr von Missverständnissen wird verringert und der Aufbau eines gemeinsamen Geschäftsverständnisses und eines Vertrauensverhältnisses gefördert.
- Durch die örtlichen Gegebenheiten und aufgrund der zeitlichen Begrenztheit eines Energiebauprojekts besitzen die Baustellen im allgemeinen keine Kommunikationsinfrastruktur. Die mobilen Büros bringen diese Infrastruktur aufgrund ihrer speziellen Ausstattung mit auf die Baustelle.
- Der Einsatz dieser Fahrzeuge stellt sicher, dass auch während der Anreise zu einem Projektort gearbeitet werden kann. Wertvolle Zeit kann somit für die Vorbereitung z.B. einer Projektbesprechung genutzt werden.

6. Ökonomische Effekte

Das in den Stephan Schröder Gesellschaften umgesetzte ganzheitliche Lösungskonzept zielt vordergründig darauf ab, den Informationsfluss zwischen sämtlichen an einem Projekt beteiligten Mitarbeitern durch die Umsetzung eines konsequenten Informationscontrolling zu optimieren. Dabei agieren die Mitarbeiter der Stephan Schröder Gesellschaften als Informationsmanager und beseitigen so die beim konventionellen Projektmanagement auftretenden Informationsasymmetrien.

Die daraus resultierenden Effekte schlagen sich als Zeitersparnis und Qualitätsverbesserung nieder und ermöglichen insgesamt ein flexibleres Reagieren und Agieren während des gesamten Wertschöpfungsprozesses.

Die Zeitersparnis beträgt etwa 30% gegenüber dem konventionellen Projektmanagement, und durch höhere Bauqualität kommt es zu Kostensenkungen um ca. 10%.

Die Zeitersparnis wird für einen höheren Projektdurchsatz genutzt, wodurch es zu einer Steigerung der Produktivität kommt.

Beide Aspekte führen zu einer Erhöhung des Kundennutzens, da sie mit einer verbesserten Profitabilität des betreffenden Energiebauprojekts einhergehen. Die Anlagen nehmen zeitiger den Netzbetrieb auf und haben aufgrund der gesteigerten Bauqualität geringere Ausfallzeiten sowie eine kürzere Inbetriebnahmezeit. Dies wirkt sich günstig auf die Zahlungsreihe der Energieanlage aus, und zugleich verkürzt sich ihre Amortisationsdauer.

D. Ausblick auf weiterführende betriebswirtschaftliche Fragestellungen

I. Fraktale Strukturen als Gestaltungspotential

Der Begriff „Fraktal" entstammt der Chaostheorie[32] und bedeutet Selbstähnlichkeit von Strukturen auf unterschiedlichen Skalenniveaus.[33] Die Anwendung des Gedankens der Selbstähnlichkeit auf betriebliche Organisationsstrukturen unter räumlich-sachlichem Aspekt führte zu innovativen Gestaltungskonzepten für Geschäftsprozesse.[34]

Wenngleich dem Zeitfaktor als solchem in diesen Konzepten ein erstrangiger Stellenwert beigemessen wird (z.B. Forderung nach Prozessdurchführung „Just-In-Time", Bemühungen um die Verkürzung der Durchlaufzeiten), wurden jedoch betriebswirtschaftliche Prozessstrukturen unter dem Aspekt der Fraktalbildung in der zeitlichen Dimension (Selbstähnlichkeit von Prozessstrukturen auf unterschiedlichen Zeitskalen) bislang noch nicht näher untersucht.

Gerade der verstärkte Einsatz neuer Informations- und Kommunikationstechnologien ermöglicht jedoch eine ganzheitliche Gestaltung von Prozessen, Teilprozessen, Teil-Teilprozessen usw. auch in immer kleiner wählbaren Zeitmaßstäben.

Dies lässt es sinnvoll erscheinen, der Analyse fraktaler (oder auch modularer) Prozessstrukturen in der zeitlichen Dimension größere Bedeutung beizumessen, um daraus weiteres Gestaltungspotential für flexiblere, effektivere und effizientere Prozessabläufe gewinnen zu können.

Eine solche Fraktalbildung und -gestaltung ist zweifelsohne ein sehr komplexes und vielseitiges Problem, das viele Aspekte besitzt.

Ein solcher Aspekt, die Sichtbarmachung der Problembewältigung auf unterschiedlichen Zeitskalenniveaus, wird in Abb. 3 schematisch versinnbildlicht.

Ausgangspunkt sei der Zeitplan für die Realisation eines fiktiven Projekts. Die Ziffern 1, 2, ..., 8 stellen Anfangs- bzw. Endpunkte bestimmter (durch waagerechte Strecken dargestellter) Aktivitäten dar. Ein senkrechter Strich vom Ende einer Aktivität zu einer anderen Aktivität soll verdeutlichen, dass erstere in letztere einmündet.

Abb. 3: Problembewältigung bei der Projektsteuerung auf unterschiedlichen Zeitskalenniveaus

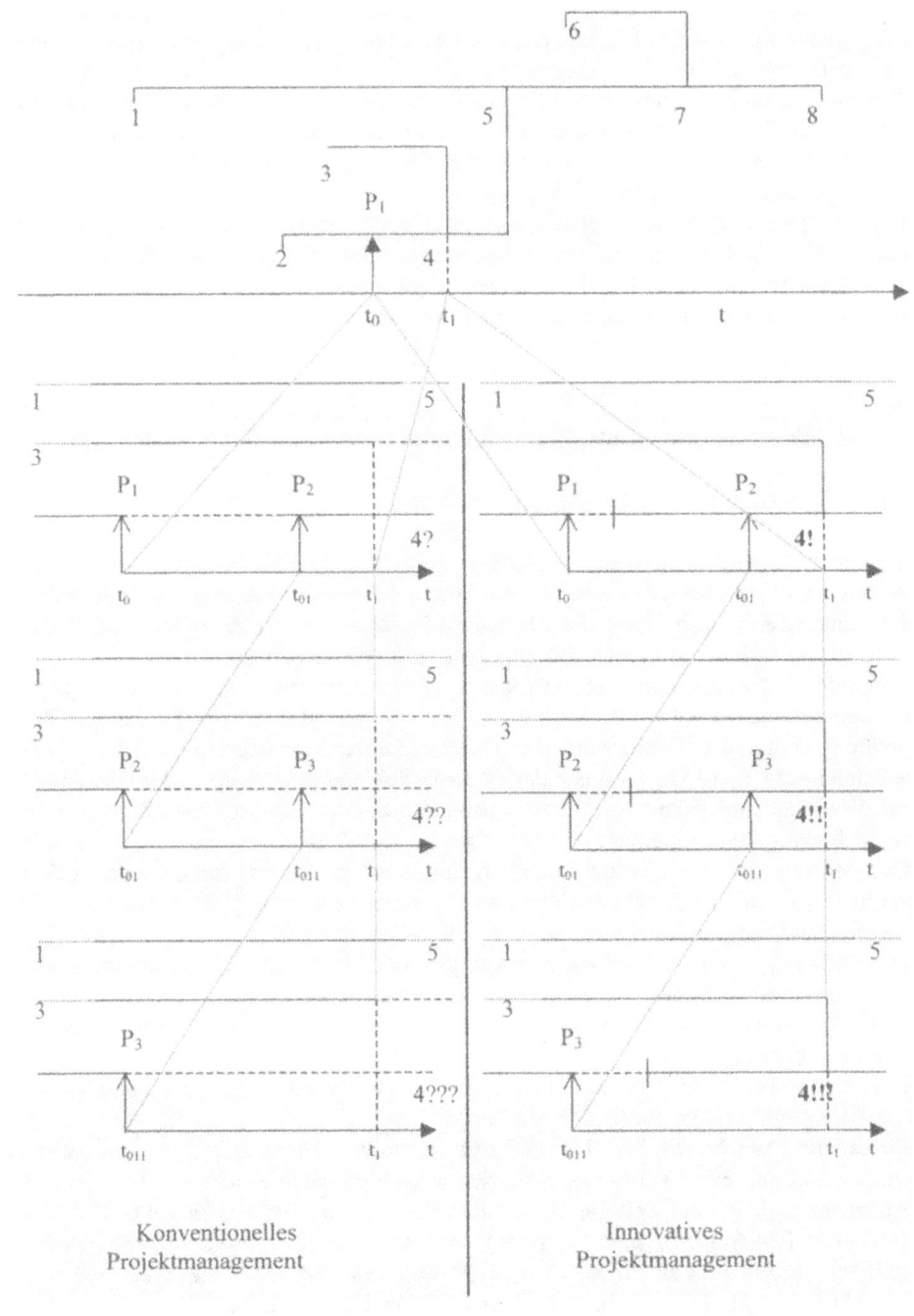

Sicherung von Projektqualität durch Telekooperation

Zu bestimmten Zeitpunkten sollen Problemsituationen (P_1, P_2 und P_3) auftreten, die im Beispielfall jedoch nur auf den von 2 nach 4 verlaufenden Teil der „untersten" Aktivität bezogen werden sollen (P_1 tritt in to, P_2 in to1 und P_3 in to11 auf). Eine Problemsituation kann etwa durch eine Störung im Prozessablauf, durch eine zu berücksichtigende neue gesetzliche Regelung oder durch eine gerade bekannt gewordene innovative Lösung zur Erhöhung des Kundennutzens hervorgerufen werden.

In jedem Falle führt das Auftreten einer solchen Problemsituation zu einer Unterbrechung des Prozessablaufs, die solange anhält, bis eine adägerale Problemlösung gefunden oder aber eine anderweitige Entscheidung über die Weiterführung der Aktivität getroffen wurde.

Beim konventionellen Projektmanagement (linke Seit der Abbildung) sind die Reaktionszeiten (durch waagerechte gestrichelte Strecken symbolisiert) vergleichsweise hoch, und es wird von Problemsituation zu Problemsituation immer fraglicher (?, ??, ???), wann bzw. ob überhaupt noch der Endpunkt 4 erreicht wird, in welchem die „darüberliegende" Aktivität in die „unterste" Aktivität einmünden soll.

Im Beispielfall tritt Problemsituation P_3 bereits auf, bevor Problemsituation P_2 gelöst werden konnte. Durch derartige Überlagerungen kann es zu chaotischen Erscheinungen bei der Projektsteuerung kommen, durch die eine weitere Prozessrealisation durchaus auch zum Scheitern gebracht werden kann.

Demgegenüber gelingt es dem innovativen Projektmanagement, auch in immer kürzer werdenden Zeitabständen auftretende Problemsituationen sofort zu erkennen, rasch zu analysieren und durch gemeinsamen Einsatz der involvierten Mitarbeiter in kürzester Zeit zu lösen (!, !!, !!!). Möglich wird das auf Grundlage der oben beschriebenen innovativen Kooperationsformen in Verbindung mit einer entsprechenden Motivation und eigenverantwortlichen Entscheidungskompetenz des Projektteams: Das Know How der Mitarbeiter kann zusammen mit den übrigen Ressourcen innerhalb kürzester Frist so gebündelt werden, dass das Risiko der Gefährdung des Projektfortschritts im Vergleich zu ähnlich gelagerten Problemsituationen beim konventionellen Projektmanagement bedeutend geringer ist.

Aus der (freilich idealtypisch gestalteten) Abb. 3 geht hervor, dass Prozesse im innovativen Projektmanagement im Gegensatz zu denen im herkömmlichen Projektmanagement eine sehr gute fraktale Strukturierung über mehrere Zeitskalen hinweg besitzen (im vorliegenden Beispiel allerdings nur versinnbildlicht anhand auftretender Problemsituationen und ihrer Lösung).

Ohne an dieser Stelle genauer darauf eingehen zu können, soll die These vertreten werden, dass fraktale (modulare) Organisationsstrukturen auch

- eine fraktale (modulare) Zielbildung sowie
- eine fraktale (modulare) Strategienbildung

erfordern und sich nicht zuletzt

- fraktaler Bewertungskriterien

bedienen sollten.

II. Neue Anforderungen an betriebswirtschaftliche Beurteilungskriterien

Zu entwickelnde und zu gestaltende Projekte sind sehr komplexe Gebilde. Sie besitzen eine fraktale Strukturierung in mehreren Dimensionen, so insbesondere in sachlicher, räumlicher und zeitlicher Hinsicht.

In diesen Dimensionen existieren Projekte in Projekten in Projekten... Dies lässt die Frage sinnvoll erscheinen, wie die für das Projektmanagement relevanten Beurteilungskriterien Kundennutzen, Produkt- und Prozessqualität, Flexibilität, Zeit und Kosten im Komplex unter fraktalen Gesichtspunkten heranzuziehen sind.

Eine fraktale Sichtweise auf die Kriterien sollte auch nach Antworten auf die Frage suchen, wie diese anzuwenden sind

- im Netzwerk als Ganzem,
- in den einzelnen Netzwerkunternehmen,
- auf die einzelnen Teams,
- auf den einzelnen Mitarbeiter.

Auch die weiter oben bereits angesprochene Frage der Gestaltbarkeit der Zahlungsreihe des Projekts ist unter fraktalen Gesichtspunkten zu sehen, denn die Schaffung von Kundennutzen, die Qualitätssicherung, die Erhöhung der Flexibilität, Zeitersparnis und Kostensenkung sind über Aktivitäten auf allen Skalenniveaus der sachlichen, räumlichen und zeitlichen Dimension der Projektentwicklung und -realisierung angesiedelt.

Anmerkungen

1 Von Marktunsicherheit kann dann gesprochen werden, wenn Unternehmen gezwungen sind, schnelle Antworten auf Marktforderungen und Trends zu geben. Eine solche Unsicherheit liegt insbesondere dann vor, wenn eine hohe Dynamik in der Produkt- oder Prozessabwicklung das intensive Zusammenwirken auch mit Marktpartnern (Lieferanten, Kunden) erforderlich macht. Vgl. dazu Pribilla et al. (1996), S. 6.
2 Zur Gestaltbarkeit der Zahlungsreihe eines Investitionsprojekts vgl. Adam (1994), S. 344 ff.
3 Qualität ist nach neuem Qualitätsverständnis stets aus Sicht der Kundenanforderungen zu definieren, vgl. Wildemann (2000), S. 26.
4 Vgl. dazu auch in anderem Zusammenhang und in ähnlicher Weise Wildemann (1994), S. 6.
5 Vgl. dazu auch Adam (1994), S. 344 ff.
6 Vgl. auch Wildemann (1996 c), S. 33.
7 Vgl. Wildemann (1996 c), S. 25.
8 Der Begriff „Kernkompetenzen" wird von Wildemann sehr treffend definiert als „Fähigkeiten ..., die durch eine hohe Wettbewerbswirksamkeit auf den Märkten und einen großen Wettbewerbsvorteil gegenüber der Konkurrenz gekennzeichnet sind" (Wildemann (2000), S. 18). Demzufolge sind Kernkompetenzen „nicht nur auf Endprodukte zu beziehen, sondern es kann sich auch um die herausragende Beherrschung von Produktentwicklungsprozessen, um den Ausbau stabiler Kundenbeziehungen oder um das erfolgreiche Management neuer Technologien handeln" (ebenda, S. 18).
9 Zum Begriff des virtuellen Unternehmens vgl. z.B. Pribilla et al. (1996), S. 251, Mertens et al. (1998), S. 3.
10 Vgl. zum Lean Management z.B. Wildemann (1996a); zur Schaffung modularer Unternehmensstrukturen vgl. Wildemann (1994) sowie Wildemann (1996 b), S. 13 ff.
11 Vgl. Wildemann (1995).

12 Eine sehr gute Systematisierung und Erörterung der Organisationsformen von Unternehmen in Abhängigkeit von Produktkomplexität und Marktunsicherheit findet man bei Pribilla et al. (1996), S. 1 ff.
13 Vgl. dazu auch Wildemann (2000), S. 24.
14 Vgl. Tapscott (1996).
15 Vgl. http://www.e-business.fhg.de /, 01.06.2000.
16 Vgl. http://www.forrester.com/home/0,3257,1FF.html/, 04.06.2000.
17 Vgl. Wildemann (2000), S. 18.
18 Vgl. Tapscott (1996), S. 85–136.
19 Vgl. Wildemann (2000), S. 39.
20 Vgl. Wildemann (2000), S. 22.
21 Vgl. Wildemann (2000), S. 57 f.
22 Vgl. Wildemann (1998), S. 26.
23 Vgl. Wildemann (1998), S. 26.
24 Vgl. Bea / Göbel (1999), S. 370.
25 Vgl. Walz / Bertels (1995), S. 23.
26 Vgl. Hinterhuber et al. (1996), S. 84.
27 Vgl. Wildemann (2000), S. 20.
28 Vgl. Pribilla et al. (1996), S. 246.
29 Vgl. Weinert (1998), S. 402 ff.
30 Godehard / Worch (1995), S. 5.
31 Vgl. Reichwald et al. (1998), S. 123.
32 Zu Anwendungen der Chaostheorie in der Betriebswirtschaft vgl. z. B. Albach (1987), Pinkwart (1992), Feichtinger/Kopel (1994), Adam et al. (1994), Kopel (1994) und Schünemann (2000).
33 Sehr gute Beispiele dafür gibt Mandelbrot an, vgl. Mandelbrot (1991).
34 Vgl. Warnecke (1996) und Wildemann (1994).

Literatur

Adam, D. (1994): Investitionscontrolling, Oldenburg Verlag, München Wien.
Adam, D./Schünemann, G./ Sibbel, R. (1994): Deterministisches Chaos im Verhalten dynamischer Investitions- und Finanzierungsmodelle, in WiSt, 23. Jg. Heft 11, S. 546–551.
Albach, H. (1987): Geburt und Tod von Unternehmen, IFM-Materialien Nr. 55, Bonn.
Argyris, C./Schön, D. (1999): Die lernende Organisation, Stuttgart.
Arnold, O. /Härtling, M. (1995): Virtuelle Unternehmen: Begriffsbildung und -Diskussion, Arbeitspapier aus der Reihe: Informations- und Kommunikationssysteme als Gestaltungselement virtueller Unternehmen. Universität Bern, Leipzig.
Bea, F. X./Göbel, E. (1999): Organisation, Stuttgart.
Bullinger, H.-J. (1999): Effizientes Informationsmanagement in dezentralen Organisationsstrukturen, Berlin, Heidelberg.
Bürgel, H. (1998): Wissensmanagement, Berlin, Heidelberg.
Büssing, A./Aumann, S. (1996): Telearbeit und Arbeitszeitgestaltung, in: WISI-Mitteilungen, 49. Jg., Heft 7.
Daft, R. L./Lengel, R. H. (1996): Organisational Information Requirements, Media Richness and Structural Design, in: Management Science, Nr. 5.
Feichtinger, G./Kopel, M. (1994): Nichtlineare Systeme und Chaos: Neue Impulse für die Betriebswirtschaftslehre ?, in: Zeitschrift für Betriebswirtschaft, 64. Jg. S. 7 ff.
Godehardt, B./Worch, A.(1995): Telearbeit-Rahmenbedingungen und Potentiale, Opladen, Wiesbaden.
Hinterhuber, H. H. /Friedrich, S. A./Handlbauer, G./Stuhec, U. (1996): Die Unternehmung als loguitives System von Kernkompetenzen und strategischen Geschäftseinheiten, in Wildemann, H. [Hrsg.] Produktions- und Zuliefernetzwerke, TCW, München
Huber, J. (1987): Telearbeit-Ein Zukunftsbild als Politikum, Opladen.

Kemmner, A. /Gillessen, A. (2000): Virtuelle Unternehmen, Heidelberg.
Kopel, M. (1994): Komplexe Unternehmensdynamik, chaotische dynamische Systeme in der Betriebswirtschaftslehre, Deutscher Universitätsverlag, Wiesbaden.
Mandelbrot, B. B. (1991): Die fraktale Geometrie der Natur, Basel u.a.
Mertens, P./Griese, J./Ehrenberg, D. (1998): Virtuelle Unternehmen und Informationsverarbeitung, Springer, Berlin, Heidelberg, New York.
Ministerium für Arbeit, Gesundheit und Soziales des Landes Nordrhein-Westfalen[Hrsg.] (1997): Telearbeit, Telekooperation, Teleteaching, Studie zu Akzeptanz, Bedarf, Nachfrage und Qualifizierung, Februar.
Ministerium für Frauen, Jugend, Familie und Gesundheit [Hrsg.] (1997)):Telearbeit, ein Leitfaden für Unternehmer, Düsseldorf.
Pautzke, G. (1989): Die Evolution der organisatorischen Wissenbasis: Baustseine zu einer Theorie des organisatorischen Lernens, Herrsching.
Peters, T. (1993): Jenseits der Hierarchien, Wien, New York.
Pinkwart, A. (1992): Chaos und Unternehmenskrise, in: Beiträge zur betriebswirtschaftlichen Forschung 69, Wiesbaden.
Pribilla, P./Reichwald, R./Goecke, R. (1996): Telekommunikation im Management: Strategien für den globalen Wettbewerb, Schäffer-Poeschel, Stuttgart.
Reichelt, D. (2000): Sichere Netzwerkverbindungen mit VPN, in: Internet Professionell, 6.
Reichwald, R. /Möslein, K./Sachenbacher, H./Engelberger, H. (1998): Telekooperation, Berlin, Heidelberg.
Rensmann,/Gröpler (1998): Telearbeit, Berlin, Heidelberg.
Scholz, C. (1997): Strategische Organisation – Prinzipien zur Vitalisierung und Virtualisierung, Landsberg/Lech.
Scholz, C. (1996): Virtuelle Organisation: Konzeption und Realisation, in: zfo – Zeitschrift Führung + Organisation, 4.
Schuler, H. (1995): Organisationspsychologie, Stuttgart.
Schulte-Zurhausen (1999): Organisation, München.
Schünemann, G. (2000): Chaotische Verhaltensmuster im Rahmen komplexer Programmplanungsmodelle, in: Wildemann, H. [Hrsg.]: Produktion und Controlling, TCW, München.
Scott, C./Wolfe, P. (1999): Virtuelle Private Netzwerke, Köln.
Senge, M. P. (1990): Die Fünfte Disziplin, New York.
Starbuck, W. (1981): Handbook of Organisational Design, London.
Stroebe, R. W./Stroebe, G. H. (1992): Führungsstile: Situatives Führen und Management by Objektives, Heidelberg.
Tapscott, D. (1996): Die digitale Revolution - Verheißungen einer vernetzten Welt, Wiesbaden.
Walz, H. /Bertels, T. (1995): Das intelligente Unternehmen, Landsberg/Lech.
Warnecke, H.-J. (1996): Die Fraktale Fabrik, Revolution der Unternehmenskultur, Rowohlt, Reinbeck bei Hamburg.
Watzlawick, P./Beaven, J. H. (1990): Menschliche Kommunikation: Formen, Störungen, Paradoxien, Bern.
Weinert, A. B. (1998): Organisationspsychologie, Weinheim.
Werner, D. (1997): Telearbeit als Beschäftigungswandler und -erzeuger: Beschäftigung und Arbeitsplätze in einem globalen Markt, in: Telearbeit Deutschland '96: neue Formen und Wege zu Arbeit und Beschäftigung, Empirica GmbH [Hrsg.], Heidelberg.
Wheeler, M./Zackin, D. (1994): Work-Family Roundtable: Telecommuting, The Conference Board, Vo. 4, No. 1.
Wildemann, H. (1994): Die modulare Fabrik: Kundennahe Produktion durch Fertigungssegmentierung, TCW, München.
Wildemann, H. (1995): Das Just-In-Time Konzept, TCW, München.
Wildemann, H. (1996 a): Lean Management, TCW, München.
Wildemann H. (1996 b): Geschäftsprozessreorganisation in indirekten Bereichen, in: Wildemann, H.[Hrsg.]: Geschäftsprozessorganisation, TCW, München.
Wildemann H. (1996 c): Management von Produktions- und Zuliefernetzwerken, in: Wildemann, H.[Hrsg.]: Produktions- und Zuliefernetzwerke, TCW, München.

Wildemann, H. (1998): Der Weg zum agilen Unternehmen: Kostenführerschaft und Service, in: Wildemann, H. [Hrsg.]: Das agile Unternehmen. Kostenführerschaft und Service, Tagungsband, Münchener Management Kolloquium, TCW, München.

Wildemann, H. (2000): Kernkompetenz – Management: Mit intelligenten Technologien Kunden binden, in: Wildemann, H. [Hrsg.]: Kernkompetenzen und E-Technologien managen, Tagungsband, Münchener Management Kolloquium, TCW, München.

Winand, U./Natusius, K. (1998): Unternehmensnetzwerke und virtuelle Organisationen, Stuttgart.

Wolter, H.-J./Wolff, K. (1998): Das virtuelle Unternehmen, Wiesbaden.

http:// www.e-business.fhg.de/, 01.06.2000.
http://www.electronic-commerce.org/; 01.06.2000.
http://www.flexible-unternehmen.de, 21.06.2000.
http://www.orga.uni-sb.de/forschung/virtorga/allgvo.htm., 03.05.2000.
http://www.uni-siegen.de/others/student/vwi/vision/virtuell.htm, 16.06.2000.
http://www.medi.purespace.de/page2.html, 04.07.2000.
http://www.langenscheidt.aol.de/ 02.07.2000.
http://www.studieren-im-netz.de, 13.07.2000.
http://www.zdnet.de, 19.07.2000.
http://www.forrester.com/HomeF/0,3257,1,FF.html/, 04.06.2000.

Matthias Loose, Stephan Schröder und Gerhard Schünemann

Zusammenfassung

Bauprojekte im Bereich der Nutzung regenerativer Energien sind sowohl durch eine hohe Komplexität als auch durch besondere Marktunsicherheiten gekennzeichnet. Konventionelle Formen des Projektmanagements sind nicht mehr in der Lage, den immer härteren Anforderungen der fristgemäßen und qualitätsgerechten Fertigstellung der Projekte gerecht zu werden. Am Beispiel der Stephan Schröder Gesellschaften wird ein innovativer Lösungsansatz vorgestellt. Durch Bildung projektbezogener Unternehmensnetzwerke (virtueller Unternehmen) gelingt es unter Einsatz modernster Formen von Telekooperation, sowohl das Zeit- als auch das Qualitätsproblem zu lösen. Neue Ansatzpunkte für die betriebswirtschaftliche Forschung betreffen zum einen die Untersuchung von fraktalen Prozessstrukturen in der zeitlichen Dimension, zum anderen die Anpassung der betriebswirtschaftlichen Beurteilungskriterien an die neuen Bedingungen.

Summary

Construction projects of plants for the generation of energy from renewable sources of energy are characterised by their high complexity as well as uncertainties of this particular market. Conventional forms of project management will no longer be able to meet the increasing demands of completing a project according to the required deadlines and quality. Based on the Stephan Schröder companies, a new innovative approach will be presented. In order to solve the problems regarding time and quality, new project-related company networks (virtual companies) are formed using sophisticated forms of telecooperation. Further research work and investigations may be undertaken concerning the fractal process structures depending on time as well as the adaptation of assessment criteria in business management under the new conditions.

84: Planungsrechnung und Controlling (JEL M43)

Multimedia in der Lehre: Entwicklungen und Wirtschaftlichkeitsaspekte

Von Günter Fandel und Cathrin Hegener

Überblick

- Die Studiensituation an den deutschen Hochschulen, die Arbeitsmarktsituation für Akademiker und die Entwicklungen in der Informations- und Kommunikationstechnologie fördern bzw. beschleunigen den Einsatz von Multimedia in der Lehre.

- Traditionelle Kommunikationswege zwischen Studenten und Hochschullehrern sowie Studienangebote werden durch die „neuen Medien" ergänzt und/oder ersetzt.

- Der Beitrag legt die Möglichkeiten multimedialer Lehre dar.

- Beispielhaft werden die Phasen des Erstellungsprozesses CD-ROM-basierter Lehrsoftware mit Hilfe der Netzplantechnik abgebildet.

- Erstellungsprozesse und -kosten von multimedialen Dateikursen unterschiedlicher Entwicklungsstufen werden miteinander verglichen und Ursachen für Unterschiede in den Erstellungskosten aufgezeigt.

Eingegangen: 23. Februar 2001

Professor Dr. Günter Fandel, Dipl.-Oec. Cathrin Hegener, Lehrstuhl für Produktions- und Investitionstheorie, FernUniversität Hagen, Fachbereich Wirtschaftswissenschaft, Feithstr. 140, 58084 Hagen.

© Gabler-Verlag 2001

Günter Fandel und Cathrin Hegener

A. Einleitung

Der Begriff Multimedia ist – gemessen an der Häufigkeit und Breite seines Auftretens – zu einem jener Schlagwörter geworden, die in nahezu jeden Lebensbereich Eingang gefunden haben. In den letzten Jahren erlangte der Multimedia-Aspekt auch an den deutschen wissenschaftlichen Hochschulen große Bedeutung. Traditionelle Lehrangebote an Präsenzuniversitäten werden längst durch alternative Studienformen ergänzt, die überwiegend auf den Einsatz unterschiedlicher Medien setzen. Ein Beispiel hierfür ist das multimedial ergänzte Studienangebot der FernUniversität. Vor diesem Hintergrund erscheint es sinnvoll, eine Bestandsaufnahme multimedialer Lehrformen in der Hochschule zu wagen.

Vier Aspekte des Einsatzes von Multimedia in der Hochschule sind Gegenstand dieses Beitrags. In einem ersten Schritt werden die Entwicklungslinien multimedialer Lehre in den deutschen Hochschulen aufgezeigt. Anschließend stehen die Einsatzformen und -möglichkeiten multimedialer Kommunikations- und Studienangebote sowie ihre Ziele und Voraussetzungen im Mittelpunkt der Betrachtung. Speziell für CD-ROM-basierte Lehrsoftware werden dann verschiedene multimediale Elemente und Entwicklungsstufen vorgestellt, bevor schließlich der Entwicklungsprozeß am Beispiel einer aus dem Studienangebot des Fachbereichs Wirtschaftswissenschaft der FernUniversität ausgewählten multimedialen CD-ROM veranschaulicht und im Hinblick auf seine Wirtschaftlichkeit untersucht wird.

B. Entwicklungslinien des Einsatzes von Multimedia in der Hochschullehre

Die Entwicklungen an den deutschen Universitäten, am Arbeitsmarkt sowie in der Informations- und Kommunikationstechnologie sind seit den 90er Jahren dieses Jahrhunderts durch sehr unterschiedliche Tatbestände gekennzeichnet. Sie alle fördern bzw. beschleunigen auf ihre Weise den Einsatz von Multimedia in der Lehre.

Die Studiensituation an den deutschen wissenschaftlichen Hochschulen ist im wesentlichen dadurch geprägt, daß die Studienzeiten in den verschiedenen Ausbildungsgängen im Durchschnitt sehr hoch liegen, zum Teil sogar noch Tendenzen eines weiteren Anstiegs aufweisen (Schaeper, Minks, 1997, S. 7ff.). Zugleich fallen die Quoten von Studienabbrüchen recht hoch aus (Griesbach, Lewin, Heublin, Sommer, 1998, S. 6ff.), was immer wieder eine Diskussion über die Qualität der Lehre auslöst und sich in stets neuen Forderungen nach einer Reform des Studiums niederschlägt. Als Begründung für diese Fehlentwicklungen werden oft die großen Studentenzahlen angeführt, welche die Hochschulen zu Massenuniversitäten wandelten (Geiersbach, Weegen, 1990, S. 65ff.), an denen ein räumlich und organisatorisch geordnetes und erfolgreiches Studium nicht mehr möglich ist (Fandel, 1998, S. 242). Zudem verändert sich das Studienverhalten der Studenten dahingehend, daß sie zunehmend neben dem Studium arbeiten, um das Geld für das Studium, den Lebensunterhalt oder die Aufrechterhaltung eines bestimmten Lebensstandards aufzubringen (Schnitzer, Isserstedt, Schreiber, Schröder, 1996, S. 11ff.). Vor diesem Hintergrund erweisen sich die Hochschulen auf der Grundlage tradierter Organisationsformen des Studiums als kaum mehr finanzierbar. Insofern ergibt sich zwangsläufig die Notwendigkeit, nach neuen Formen der Lehre Ausschau zu halten.

Am Arbeitsmarkt nimmt die Quote der Arbeitslosen ständig zu, und auch Absolventen akademischer Studiengänge an Universitäten sind von dieser Arbeitslosigkeit betroffen. Sie erhalten keine Anstellung in dem Beruf, für den sie die grundständigen Studiengänge der wissenschaftlichen Hochschulen qualifiziert haben. Manche von ihnen nutzen daher das Fernstudium, um auf dem Wege der akademischen Weiterqualifizierung eine zusätzliche Ausbildung zu erlangen, die sie befähigen soll, einen Arbeitsplatz in Wirtschaft und Verwaltung zu finden (Peters, 1997, S. 27f.). Aber auch an die Personen, die eine Hochschulausbildung abgeschlossen haben und bereits im Beruf stehen, stellen der Wettbewerb um die besten Personalqualifikationen sowie die Tatsache, daß erworbenes Wissen sich oft schnell überholt, die Anforderung, sich während des Berufes dauernd weiterzubilden (Fandel, Hoffmann, Streubel, 1994, S. 284f.). Dies macht spezielle Studienangebote erforderlich, die zeit- und ortsunabhängig neben dem Beruf wahrgenommen werden können und zu zertifizierten Abschlüssen führen (Fandel, Hoffmann, Streubel, 1994, S. 284–287).

Der technische Fortschritt auf dem Gebiet der Informations- und Kommunikationstechnologien eröffnet zugleich ganz neue Möglichkeiten der digitalisierten Wissensvermittlung. Diese kann online über eine zeitnahe Nutzung von Informationsnetzen erfolgen, offline mit Hilfe portierbarer Datenträger oder als Kombination von beidem vorgenommen werden (Hesse, Mandl, 2000, S. 5). Die neuen Formen der Wissensvermittlung führen einerseits dazu, daß ausländische Universitäten und private Institutionen über die virtuellen Netze als Anbieter von Bildungsinformationen und Studiengängen auftreten, die in unmittelbarer Konkurrenz zu den Studienangeboten deutscher Universitäten stehen (Bundesministerium für Bildung und Forschung, 2000). Andererseits gestattet die schnelle Entwicklung bei den Instrumenten der Informations- und Kommunikationstechnologie die Visualisierung von komplexen Lehrinhalten, die durch mehrdimensionale Präsentationen verwirklicht werden können (Fründ, 1998, S. 63ff.). Damit stehen die Universitäten vor der dringenden Aufgabe, ihre Lehre grundlegend zu reformieren.

Multimedia, die computergestützte und durch Interaktivität ergänzte Verbindung mehrerer Medien wie Sprache, Bilder, Texte und Ton (Eichhorn, 1998, S. 50f.), bietet sich als ein wirkungsvolles Konzept an, das Universitätsstudium effizient, flexibel und erfolgreich zu gestalten. Daher sollen die neuen Informations- und Kommunikationstechnologien zur inhaltlichen und organisatorischen Verbesserung der Lehre in das Hochschulstudium integriert werden. Dadurch läßt sich der Anteil geführter bzw. betreuter Einheiten des Selbststudiums innerhalb eines Studiengangs erhöhen. In Kombination mit der Präsenzlehre können neue Fernstudienangebote zum Selbststudium entwickelt und gleichzeitig attraktive Angebote für die Weiterbildung geschaffen werden (Bundesministerium für Bildung und Forschung, 2000). Multimedia in der Lehre unterstützt so die Modularisierung von Studienangeboten, wobei die qualitativ hochwertigen Inhalte und die durchdachte didaktische Aufbereitung für die Studenten unmittelbar nutzbar werden. Dies führt zu einem größeren Wettbewerb unter den Hochschulen im Hinblick auf die Qualität der Lehre, die es den Nachfragern erlaubt, individuelle Studienpakete zusammenzustellen (Hesse, Mandl, 2000, S. 5), die von den Universitäten zertifiziert und anerkannt werden.

Die Europäische Union, das Bundesministerium für Bildung und Forschung sowie die Bund-Länder-Kommission für Bildungsplanung und Forschungsförderung sehen in den Chancen, die der Einsatz von Multimedia in der Lehre eröffnet, wichtige Schritte, die dargelegten Defizite an den Universitäten zu beheben und den gestiegenen Anforderungen des Arbeitsmarktes gerecht zu werden. Sie haben daher in den letzten Jahren spezielle Förderprogramme für den Einsatz von Multimedia in der Lehre aufgelegt[1], die zum Teil mit ganz erheblichen Förderungssummen ausgestattet sind.[2] Insofern ist die Verwendung von Multimedia in der Lehre keine Entscheidung, vor die sich die Universitäten erst neuerdings gestellt sehen. Vielmehr sind die Entwicklungen auf diesem Gebiet bereits in vollem Gange. Wollen Hochschulen im nationalen und internationalen Wettbewerb um die besten Studenten Anschluß halten, dann können sie sich dem Einsatz von Multimedia in der Lehre nicht verschließen. In diesem Zusammenhang hat die HIS-Studie über „Mediennutzungskonzepte im Hochschulbereich", die im Jahr 2000 erstellt worden ist, interessante Fakten zum gegenwärtigen Stand von Planung, Organisation und Strategien an deutschen Universitäten zu Tage gefördert: Multimedia in der Lehre wird an den wissenschaftlichen Hochschulen der Bundesrepublik Deutschland bereits häufig sowie erfolgreich praktiziert und gewinnt in zunehmendem Maße an Bedeutung (Sand, Wahlen, 2000, S. 7ff.).

C. Multimediale Kommunikations- und Studienangebote

I. Einsatzformen und -möglichkeiten

Bezüglich des Einsatzes von Multimedia an der Hochschule müssen zwei Einsatzformen unterschieden werden (FernUniversität, 1999, Anlage 5, S. 10ff.):

1. das multimediale Kommunikationssystem,
2. multimediale Studienangebote.

Das multimediale Kommunikationssystem zeichnet sich dadurch aus, daß Studenten eines Fachbereichs sich über allgemeine organisatorische Vorgänge ihres Studiums, über angebotene Seminare und Kolloquien oder über individuelle Sachverhalte informieren und dazu multimediale Kommunikationsmittel einsetzen. Im Rahmen des Kommunikationssystems, das vor dem Einsatz von Multimedia aus Telefonat, Briefkorrespondenz oder persönlichem Gespräch bestand, gibt es die drei Subsysteme: Auskunftssystem, Übermittlungssystem, Dialogsystem.

Durch die Nutzung des Auskunftssystems informiert sich der Student über die aktuellen Klausurtermine, die Seminarangebote des Fachbereichs etc. Dazu werden insbesondere die Internetseiten des Lehrstuhls oder Fachbereichs eingesetzt. Das Übermittlungssystem dient dem Prüfungsamt eines Fachbereichs oder den Lehrstühlen dazu, dem Studenten bestimmte personenbezogene Informationen, wie zum Beispiel die eigenen Prüfungsergebnisse, gezielt zu übermitteln. Die Kommunikation erfolgt in der Regel über zugriffsbeschränkte Internetseiten. Das Dialogsystem ermöglicht den direkten Kontakt zwischen Studenten und Lehrstühlen über Newsgroups oder E-Mail.

Unter multimedialen Studienangeboten versteht man komplexe Studieninhalte oder einzelne Teilmodule eines Studienganges, die in multimedialer Form aufbereitet sind. Im Studienangebot der Hochschulen werden traditionelle Lehrinstrumente zunehmend durch neue Lehrformen ergänzt oder ersetzt (FernUniversität, 1998, S. 15–21). Insbesondere Präsenzseminare, Kolloquien, Repetitorien und Vorlesungen werden durch die „neuen Medien" unterstützt. Virtuelle Seminare, Kolloquien, Repetitorien sowie Multi-Point-Videokonferenzen ermöglichen als Online-Angebote im Vergleich zu den traditionellen Medien die Überbrückung räumlicher Distanzen, erfordern aber die zeitliche Übereinkunft von Lehrenden und Lernenden. Ihr Vorteil liegt in der Möglichkeit der Rückkopplung. Der Student kann Verständnisschwierigkeiten durch Fragen an den Hochschullehrer klären.

Das Bearbeiten einer Vorlesung, die aus dem Internet in Form eines Videos oder eines Textes, d.h. in Download-Form, heruntergeladen wurde, und das Abspielen einer CD-ROM können dagegen völlig orts- und zeitunabhängig stattfinden. Allerdings ist ein direkter Dialog zwischen Student und Hochschullehrer nicht möglich, Verständnisprobleme und inhaltliche Fragen können aber durch interaktive Elemente aufgeklärt werden. Videokonferenzen, Downloads im Internet und CD-ROMs stellen also multimediale Instrumente zur Übermittlung von Studieninhalten dar.

Die folgende Abbildung gibt einen Überblick über die traditionellen Kommunikations- und Lehrmittel an Universitäten sowie über neue Entwicklungsformen, die bereits eingesetzt werden oder deren Einsatz in nächster Zeit denkbar ist.

Abb. 1: Einsatz „alter" und „neuer Medien"

	„alte Medien"	„neue Medien"	
		Datenträger	Netze
Kommunikationssystem	Telefon/Briefkontakt/ Persönliches Gespräch		Internet/ E-Mail/ Newsgroup
Studienangebote	Präsenzseminar		Virtuelles Seminar
	Kolloquium		Virtuelles Kolloquium
	Repetitorium		Virtuelles Repetitorium
	Präsenzvorlesung/ Studienbrief	CD-ROM	Multi-Point-Videokonferenz/ Text oder Video über Internet

II. Ziele und Voraussetzungen

Während früher Studenten lediglich in den Semesterferien einer Beschäftigung nachgingen, um ihr Studium zu finanzieren, ist das „Jobben" neben dem Studium heute zu einem festen Bestandteil im Leben der Studenten geworden. Dies hat Auswirkungen auf die Situation an den deutschen Hochschulen. So wachsen an den Hochschulen derzeit die Studiendauern sowie die Quote der Studienabbrüche stetig an. Die Entwicklung multimedialer Lehrmaterialien, durch die der traditionelle Lehrstoff ergänzt bzw. substituiert werden kann, soll helfen, die in den letzten Jahren an den Hochschulen entstandenen Probleme zu beseitigen bzw. zu vermindern.

Dabei werden mit einem Einsatz multimedialer Instrumente in der Lehre folgende Ziele verfolgt:

- Überbrückung der räumlichen Distanz zwischen Hochschullehrer und Student;
- Kommunikation zwischen Lehrendem und Lernendem über eine Vielzahl von Medien;
- Beschleunigung und zuverlässigere Gestaltung des Informationsaustausches zwischen Studenten und Lehrstühlen;
- Verbreitung von Informationen über verschiedenartige Lehrangebote;
- Schaffen von Freiräumen neben dem Studium;
- Ermöglichung des Zugangs zum Lehrangebot anderer Hochschulen;
- Visualisierung des Lernstoffes mit Hilfe unterschiedlicher Medienelemente;
- Förderung des bedarfsorientierten, zeitlich und örtlich flexiblen Lernens;
- Ermöglichung des Selbststudiums neben dem Präsenzstudium;
- Verkürzung der Studiendauern;
- Reduzierung der Zahl von Studienabbrüchen.

Während sich die ersten drei Ziele auf die durch Multimedia geschaffenen Kommunikationsmöglichkeiten zwischen Studenten und Organisationseinheiten der einzelnen Fachbereiche beziehen, betreffen die übrigen Ziele das multimediale Studienangebot. Zahlreiche Möglichkeiten der Kommunikation über E-Mail, Internet, Newsgroup usw. vereinfachen und beschleunigen die Kommunikation zwischen Lehrendem und Lernendem und helfen insbesondere auch Studienanfängern, Informations- und Kommunikationsschwierigkeiten in den ersten Semestern zu überwinden.

Oberstes Ziel des multimedialen Studienangebotes ist die Förderung des zeitlich und örtlich unabhängigen Lernens. Das Studieren mit Hilfe multimedialer Studienangebote muß nicht mehr zu bestimmten Zeiten an bestimmten Orten erfolgen. Einige multimediale Studienangebote schaffen nur eine örtliche, andere dagegen zeitliche und örtliche Unabhängigkeit. Aus diesem Grund eignen sich insbesondere CD-ROMs oder im Netz zur Offline-Betrachtung angebotene Downloads für eine Ergänzung von Präsenzvorlesungen und ermöglichen so ein bedarfsorientiertes Lernen in Form des Selbststudiums.

Flexibles Lernen wird durch die Ergänzung der traditionellen Lehrinhalte um multimediale Lehrangebote der gleichen oder anderer Universitäten erreicht. Das Internet eröffnet dem Studenten den Zugang zu einem breiten Angebot von Lehrmaterialien in verschiedener Form. Ein bestimmter Lerninhalt kann so auf unterschiedliche Art und Weise vertieft werden. Von der durch Multimedia geschaffenen Flexibilität erhofft man sich die Verkürzung der Studienzeiten und den Rückgang der Anzahl der Studienabbrecher, da Arbeiten und Studieren einfacher zu verbinden sind und nicht mehr in direkter zeitlicher Konkurrenz zueinander stehen. Die Flexibilisierung der Lehrangebote und damit die Flexibilisierung des Lernens ist ein typisches Merkmal des Fernstudiums, das durch die Errichtung der FernUniversität im Jahre 1976 institutionalisiert worden ist.

Aus den an der FernUniversität gewonnenen Erfahrungen weiß man, daß die Ergänzung oder Substitution traditioneller Studieninhalte durch multimediale Lehrformen bestimmte Anforderungen an die zu übermittelnden Studieninhalte stellt (FernUniversität, 1999, Anlage 5, S. 3ff.). Voraussetzung für die Entwicklung multimedialer Lehrangebote sind didaktisch für das Selbststudium erprobte Lehrinhalte. Weiterhin müssen die Lehrziele klar definiert und einzelne Lehrinhalte unter didaktischen Gesichtspunkten bestimmten Medienelementen zugeordnet werden können. Eine dezentrale Betreuungsstruktur und die dauerhafte Qualitätskontrolle der Lehrmaterialien sind zudem unterstützend notwendig. Aufgrund der spezifischen Eigenschaften des Fernstudiums ist die FernUniversität auf den Gebieten der Fernlehre und des Selbststudiums erfahren und verfügt über komplette, didaktisch für die Fernlehre aufbereitete Studiengänge.

Damit die multimedial aufbereiteten Lehrinhalte auch den erhofften Erfolg bringen und von den Studenten effizient im Studium genutzt werden können, sind auch an die Studenten neue bzw. geänderte Anforderungen zu stellen. Ein erfolgreicher Einsatz der multimedialen Lehrinhalte im Studium erfordert folgende Eigenschaften des Studenten (Hesse, Mandel, 2000, S. 21f.):

- Motivation zum multimedialen Lernen;
- selbstverantwortliches Lernen;
- kontrolliertes Vorgehen beim Lernen;
- die Fähigkeit, geeignete Informationen effizient zu suchen;
- die Fähigkeit, unter den angebotenen Lehrinhalten die gesuchten auszuwählen;
- Übung im Umgang mit den „neuen Medien".

Auf die technischen Voraussetzungen, die der Student zum multimedialen Studieren benötigt, wird nachfolgend noch genauer eingegangen.

III. Die CD-ROM als bevorzugtes multimediales Lehrmittel

Die Vermittlung multimedialen Lehrstoffs durch den Professor bzw. der Zugang zu multimedialem Wissen kann also über das Internet oder über digitalisierte Datenträger wie die CD-ROM erfolgen. Multimediale Lehrmaterialien lassen sich in einer Vorlesung einsetzen oder auch von den Studenten in Ergänzung zu den traditionellen Lehrmaterialien verwenden.

Inwieweit angebotene Studienmaterialien auch tatsächlich von Studenten einer Universität nachgefragt und eingesetzt werden, hängt neben anderen Aspekten wie dem Studienfortschritt entscheidend davon ab, ob den Studenten ein multimediafähiger PC und zusätzlich ein Internetzugang zur Verfügung stehen. Um diese Problemlage zu erhellen, wurde an der FernUniversität im Studienjahr 1999/2000 eine Umfrage durchgeführt (Prümmer, Rossié, 2000, S. 2ff.). Von 205 befragten Studenten und Studentinnen des Fachbereichs Wirtschaftswissenschaft gaben 86% an, für Studienzwecke auf einen Rechner zugreifen zu können, 14% verneinten dies. 72% von den 205 Befragten verfügten über einen Internetzugang. Eine enge Koppelung zwischen PC-Besitz und Internetzugang ist also deutlich erkennbar. Ob diese Zahlen aber auch auf Studenten einer Präsenzuniversität übertragbar sind, bleibt allerdings fraglich, da mindestens 42% der befragten Studenten des Fachbereichs Wirtschaftswissenschaft der FernUniversität sowohl privat als auch am Arbeitsplatz einen PC verfügbar haben. Die Beantwortung einer weiteren Frage ergab, daß nur 50% der Studenten mit Internetzugang diesen auch für ihr Fernstudium einsetzten. Der Internetzugang wurde dabei hauptsächlich für die Beschaffung von allgemeinen Informationen zum Studium und nur in sehr wenigen Fällen für ein systematisches Online-Studium verwandt.

Die Befragung unterstreicht den allgemeinen Eindruck, daß Studenten das Offline-Studium der entsprechenden Online-Variante vorziehen. Ein Grund für dieses Verhalten mag in den zur Zeit noch relativ hohen Kosten der Internet-Nutzung liegen. Das Offline-Studieren ist durch Downloads aus dem Internet, für deren Besorgung aber ein Internetzugang zwingend erforderlich ist, und mittels CD-ROMs durchführbar.

Da das multimediale Lehrmittel CD-ROM sowohl die Vorteile des zeit- und ortsunabhängigen Lernens aufweist als auch momentan aufgrund der geringeren technischen Erfordernisse häufiger zum Studieren genutzt wird als das Internet, wird der Schwerpunkt der weiteren Ausführungen auf die Erstellung und den Einsatz multimedialer CD-ROMs in der Lehre gelegt.

D. Einsatz von CD-ROMs in der multimedialen Lehre

I. Multimediale Elemente

Die Untersuchung des Einsatzes von CD-ROMs als Instrument der multimedialen Lehre in der Hochschule wird hier exemplarisch für das wirtschaftswissenschaftliche Studienangebot der FernUniversität durchgeführt.

Seit ihrer Gründung verwendet die FernUniversität in der Lehre zur Vermittlung des Lehrstoffes Studienbriefe in schriftlicher Form. Die Studenten der FernUniversität bekommen dieses Material zugeschickt. In den letzten Jahren wurden im Fachbereich Wirtschaftswissenschaft verstärkt CD-ROMs als Ergänzung zu den oder sogar als Ersatz der schriftlichen Kursmaterialien eingesetzt, um die Betriebswirtschaftslehre den Studenten nahezubringen. Wenn die multimediale CD-ROM den Studienbrief ergänzen bzw. ersetzen soll, dann müssen die Studieninhalte für das selbständige Arbeiten bzw. Lernen konzipiert sein. Vorteil der FernUniversität ist es, daß sie über im Fernstudium erprobte schriftliche Studienmaterialien verfügt, die regelmäßig an den neuesten Stand der Forschung angepaßt und auf Kritik der Studenten hin verbessert werden. Sie sind Ausgangspunkt für die Entwicklung multimedialer Lehrangebote an der FernUniversität.

In der multimedialen Lehre mit Hilfe von CD-ROMs sind unterschiedliche Ausprägungen multimedialer Elemente aufzufinden; sie lassen sich folgendermaßen klassifizieren:

- Hypertexttypische Links:
  - Verbindungen zwischen Textteilen;
  - Verbindungen zwischen Text und multimedialen Elementen;
- Tonsequenzen;
- Videosequenzen;
- Animierte Grafiken;
- Interaktive Übungsaufgaben;
- Interaktive Lehrsoftwaresegmente.

Hypertexttypische Links sollen die Navigation im Kurs erleichtern, Links zum Glossar helfen bei Verständnisschwierigkeiten. Tonsequenzen stellen eine Alternative zum Text dar, um Inhalte zu übermitteln. Mit Hilfe des Einsatzes von Videosequenzen lassen sich

Multimedia in der Lehre: Entwicklungen und Wirtschaftlichkeitsaspekte

Theorien durch dynamische Realbilder verdeutlichen. Animierte Grafiken bestehen aus einem Zusammenspiel von Ton und Grafik. Während sich die Grafik sukzessive aufbaut, werden fachliche Zusammenhänge mittels Ton parallel dazu erklärt. Tonwiedergabe und Bildbewegungen werden in ihrer Geschwindigkeit aufeinander abgestimmt.

Multimediale CD-ROMs eröffnen dem Studenten die Möglichkeiten der Interaktivität. Interaktivität wird dabei im Sinne von Rückmeldung verstanden (Hesse, Mandel, 2000, S. 15). Der Studierende bekommt auf seine Eingaben bzw. Antworten vom Programm eine Rückmeldung, d.h. das Programm reagiert auf die Aktionen des Studenten und fördert so dessen aktive Lernhaltung. Aus diesem Grund können interaktive Übungsaufgaben dem Studenten helfen, sein im Selbststudium erworbenes Wissen systematisch in regelmäßigen Abständen zu überprüfen und gegebenenfalls zu verbessern.

Ein interaktives Lehrsoftwaresegment ist dadurch gekennzeichnet, daß zum Beispiel eine bestimmte Problemstellung aus der Produktionswirtschaft wie die Reihenfolgeplanung mit Hilfe eines Programms, bei dem der Bearbeiter bestimmte Einstellungen selbst vornehmen kann, simuliert, anhand dieser Simulation bis ins Detail erklärt und insbesondere für unterschiedliche Problemstellungen grafisch veranschaulicht wird. Der Student macht dem Programm eine Vorgabe, auf die das Programm reagiert. Durch diese Eingabe am PC bringt der Student sich selber und sein Wissen mit ein und ist nicht mehr nur passiver Betrachter der Problemlage.

Die oben aufgeführten Klassifizierungselemente sind im Hinblick auf die unterschiedlichen Entwicklungsstufen multimedialer CD-ROMs geordnet.

II. Entwicklungsstufen

Ausgangspunkt der Entwicklung multimedialer Dateikurse sind an der FernUniversität die über mehrere Jahre eingesetzten und erprobten schriftlichen Studienmaterialien. In Abhängigkeit vom Einsatz multimedialer und/oder interaktiver Elemente lassen sich drei Entwicklungsstufen unterscheiden (FernUniversität, 1999, Anlage 5, S. 5ff.):

1. Einfache Dateikurse

Einfache bzw. traditionelle Dateikurse zeichnen sich dadurch aus, daß sie in kurzer Zeit mit relativ geringen finanziellen Mitteln aus Studienbriefen entwickelt werden können. Es handelt sich also um vorhandene Briefkurse, die in Form einer CD-ROM aufberei-

Abb. 2: Entwicklungsstufen von Dateikursen

Entwicklungsstufe	Dateikurs	
1	Einfacher Dateikurs	
2	Innovativer Dateikurs	
	Multimedialer Dateikurs	Interaktiver Dateikurs
3	Integrativer Dateikurs	

tet werden. Zu diesem Zweck wird der Text um hypertexttypische Links zum Glossar oder zu anderen Textstellen sowie zu einfachen Grafiken und statischen Realbildern ergänzt.

Der traditionelle Dateikurs bietet sich besonders für Studieninhalte an, die aufgrund zahlreicher Definitionen oder Ausschnitte aus Gesetzestexten sehr textlastig sind und bei denen der Text nur sehr schwer durch multimediale Elemente ersetzbar ist. Der traditionelle Dateikurs stellt aber auch eine Vorstufe auf dem Weg zum multimedialen und integrativen Dateikurs dar. Er kann auf CD-ROM oder über das Netz angeboten werden. Aufgrund seiner Textfülle eignet er sich nicht für den Einsatz in Vorlesungen an Präsenzuniversitäten. Der finanzielle Aufwand zur Erstellung eines traditionellen Dateikurses ist deshalb vergleichsweise niedrig, da der Anteil der fachlichen Arbeit aufgrund der bereits vorliegenden schriftlichen Lehrmaterialien gering ist und hauptsächlich Textbearbeiter und Layouter zum Einsatz kommen. Zusätzliches fachliches Wissen ist lediglich noch bei der Erstellung der hypertexttypischen Links erforderlich.

2. Innovative Dateikurse

Im Rahmen dieser Entwicklungsstufe müssen zwei Ausprägungen, nämlich der multimediale und der interaktive Dateikurs unterschieden werden. Die Basis des multimedialen Dateikurses stellt der einfache Dateikurs dar. Dieser wird um multimediale Elemente, wie z.B. animierte Grafiken, Ton- oder Videosequenzen, ergänzt. Beim multimedialen Dateikurs setzt man also neben Text und statischen Grafiken auch Ton und bewegte Bilder ein, um Lehrinhalte zu vermitteln. Die einzelnen multimedialen Elemente können vom Text des Dateikurses aus über hypertexttypische Links erreicht werden. Die Erstellungskosten eines multimedialen Dateikurses, der auf dem einfachen Dateikurs aufbaut, liegen über denen des einfachen, aber unter denen des interaktiven Dateikurses.

Der interaktive Dateikurs baut nicht auf der ersten Entwicklungsstufe auf, sondern ist ein völlig neu konzipierter Kurs. Wie auch beim multimedialen Dateikurs werden als Lehrmittel Text und Ton eingesetzt. Aber im Gegensatz zum multimedialen Dateikurs weist nicht der Text den Weg durch den Lehrstoff, sondern der Student wird durch den Ton geleitet. Für die Entwicklung des interaktiven Dateikurses kann der traditionelle Briefkurs nur als fachliche Orientierungshilfe dienen, da ein völlig neues Konzept entwickelt werden muß, um den Lehr-Lern-Dialog zu simulieren. Die Interaktivität kommt bei der Bearbeitung dieses Dateikurses dadurch zum Ausdruck, daß der Student die Möglichkeit hat, sich beim Erlernen des Stoffes aktiv zu betätigen. Dieses aktive Einbringen kann zum einen eine aktive Bearbeitung von Übungsaufgaben am PC, d.h. die Eingabe von Lösungen in den PC, sein, zum anderen im Rahmen eines interaktiven Lehrsoftwaresegments die Festlegung spezieller Problemstellungen beinhalten, die dann das Programm und der Student gemeinsam lösen. Der finanzielle Aufwand zur Erstellung eines interaktiven Dateikurses ist ziemlich hoch, da für die Entwicklung interaktiver Elemente wirtschaftswissenschaftlich qualifizierte Akademiker und entsprechend ausgebildete Programmierer eingesetzt werden müssen und eine bestimmte Software- und Hardware-Ausstattung vorliegen muß.

Aufgrund der Möglichkeit der Auseinandersetzung mit einem in sich abgeschlossenen Lehrinhalt einerseits und der isolierten Betrachtung bzw. Bearbeitung der multimedialen bzw. interaktiven Elemente andererseits sind innovative Dateikurse vielfältig verwendbar.

3. Integrative Dateikurse

Integrative Dateikurse stellen die höchste Entwicklungsstufe der multimedialen Lehrmaterialien dar. Sie enthalten die Elemente des multimedialen sowie des interaktiven Dateikurses und können sowohl ton- als auch textgesteuert sein. Ihre Entwicklungszeit ist abhängig von der Quantität und insbesondere der Qualität der eingesetzten multimedialen Elemente. Die tongesteuerte Ausprägung des integrativen Dateikurses kann auf dem interaktiven Dateikurs der zweiten Entwicklungsstufe aufbauen und ist zum Beispiel ein interaktiver Dateikurs mit animierten Grafiken. Der integrative textgesteuerte Dateikurs entsteht auf Basis des traditionellen Dateikurses durch Ergänzung um animierte Grafiken und Videosequenzen sowie interaktive Übungsaufgaben und Lehrsoftwaresegmente. Sein Ziel ist es, möglichst viele Textpassagen durch andere Lehrelemente zu ersetzen, ohne den Lehrinhalt zu verlieren. Integrative Dateikurse erfordern eine lange Entwicklungszeit und sehr hohen personellen und materiellen Aufwand. Im Vergleich zu den anderen Dateikursen ist ihre Nutzung aufgrund der vielen multimedialen Elemente wesentlich attraktiver.

III. Der Dateikurs „Grundwissen Produktionswirtschaft"

Der am Lehrstuhl für Produktions- und Investitionstheorie der FernUniversität entstandene Dateikurs „Grundwissen Produktionswirtschaft" wendet sich an Studenten im Hauptstudium und verfügt über einen Curriculumumfang von einer Semesterwochenstunde. Den Inhalt des Kurses bilden produktions- und kostenanalytische Beurteilungsansätze, Grundlagen und ausgewählte Methoden der Produktionsplanung und -steuerung sowie die Teilgebiete und Aufgaben der Materialwirtschaft. Ausgangspunkt der Entwicklung war der im Hauptstudium eingesetzte Briefkurs, der erst in einen traditionellen Dateikurs und dann durch Ergänzungen um Übungsaufgaben, Praxisbeispiele, Animationen und Videosequenzen in einen textgesteuerten, integrativen Dateikurs umgewandelt wurde. Auf der zweiten und der dritten Entwicklungsstufe kamen zum traditionellen Dateikurs folgende Elemente hinzu: neun ergänzende Textanlagen, vier animierte Grafiken, sechs interaktive Übungsaufgaben, ein interaktives Lehrsoftwaresegment und fünf Videosequenzen.

Animierte Grafiken werden insbesondere im Rahmen der Produktionsprogrammplanung eingesetzt. Das interaktive Lehrsoftwaresegment ermöglicht dem Bearbeiter die Lösung eines von ihm unter bestimmten Prämissen definierten Reihenfolgeproblems bei Werkstattfertigung mit Hilfe eines Branch-and-Bound-Verfahrens. Der Bearbeiter kann in festgelegten Grenzen die Anzahl der Aufträge und der Maschinen bestimmen, auf denen die Aufträge bearbeitet werden sollen. Anschließend wählt er die Bearbeitungszeiten der einzelnen Aufträge auf den einzelnen Maschinen sowie die Maschinenfolgen, in denen die Aufträge bearbeitet werden müssen. Da unterschiedliche Maschinenfolgen zugelassen sind, kann mit dem Lehrsoftwaresegment sowohl ein Job-Shop- wie auch ein Flow-Shop-Problem modelliert werden.

Interaktive und Multiple-Choice-Aufgaben erlauben die individuelle Abfrage bereits erlernten Wissens. Dabei weisen die Übungsaufgaben unterschiedliche Schwierigkeitsgrade auf. Videosequenzen stellen die Verbindung zwischen Theorie und Praxis her.

E. Erstellung multimedialer CD-ROMs

I. Erstellungsprozeß

1. Aufgaben und Beteiligte

In Anlehnung an die Einteilung der Erstellung multimedialer CD-ROMs in drei Entwicklungsstufen wird der Erstellungsprozeß eines textgesteuerten, integrativen Dateikurses exemplarisch an der CD-ROM „Grundwissen Produktionswirtschaft" untersucht.

An der Erstellung des Dateikurses „Grundwissen Produktionswirtschaft" beteiligten sich zahlreiche Beschäftigte der FernUniversität sowie externe Mitarbeiter unterschiedlicher Fachrichtungen und Qualifikationen. Dabei erbrachte der Lehrstuhl selbst die fachliche Arbeit. Programmier- und Filmtätigkeiten wurden hauptsächlich vom Zentrum für Fernstudienentwicklung erledigt, einer zentralen medientechnischen Einrichtung an der FernUniversität. Am Lehrstuhl brachten sich in den Erstellungsprozeß der Hochschullehrer, seine wissenschaftlichen Mitarbeiter und der lehrstuhleigene Programmierer ein. Vom Zentrum für Fernstudienentwicklung wurden Grafikdesigner, Layouter, Programmierer, Textbearbeiter, Tonmeister und ein Videoteam eingesetzt. Die Tabelle 1 gibt einen Überblick über die am Entwicklungsprozeß beteiligten Personen, ihre Vergütungsgruppen sowie die daraus resultierenden Stundenlöhne, die für die spätere Berechnung der Entwicklungskosten der CD-ROM benötigt werden.

Aus der Charakterisierung und den Elementen der CD-ROM „Grundwissen Produktionswirtschaft" sind diejenigen Tätigkeiten leicht ableitbar, die für eine Fertigstellung der CD erforderlich waren. Jeder beteiligten Person wurde vor Beginn der Entwicklungsarbeiten ein spezifisches Aufgabengebiet zugewiesen. Die Mitarbeiter des Zentrums für

Tab. 1: Beteiligte Personen und ihre Vergütungsgruppen; Grundlage: Mittlere Altersstruktur (35–37 Jahre, verheiratet, 1 Kind); Stand: Februar 2000

Person	Vergütungsgruppe	Stundensatz
Professor	C4	61,23 DM
Wissenschaftlicher Mitarbeiter	BAT IIa	43,50 DM
Layouter	BAT III	39,89 DM
Programmierer	BAT III	39,89 DM
Tonmeister	BAT III	39,89 DM
Grafikdesigner	BAT IVa	37,11 DM
Videoteam	BAT IVa	37,11 DM
Textbearbeiter	BAT Vb	30,87 DM

Multimedia in der Lehre: Entwicklungen und Wirtschaftlichkeitsaspekte

Fernstudienentwicklung wurden insbesondere für die Erstellung der multimedialen und interaktiven Elemente in Form von animierten Grafiken, Ton- und Videosequenzen eingesetzt. Der Hochschullehrer und seine wissenschaftlichen Mitarbeiter wurden sowohl konzeptionell als auch bei der fachlichen Begleitung aller Gestaltungs- und Programmierarbeiten tätig, die durch die Mitarbeiter des Zentrums für Fernstudienentwicklung oder durch Externe verrichtet wurden. Externe Programmierer erstellten das interaktive Lehrsoftwaresegment.

2. Phasen des Erstellungsprozesses

Um die Phasen des Erstellungsprozesses des Dateikurses abzubilden, wird die Netzplantechnik als Instrument des Projektmanagements eingesetzt, da diese sich sehr gut zur simultanen Zeit- und Kostenplanung eignet (Schwarze 1994, S. 13ff.). Der Erstellungsprozeß einer CD-ROM läßt sich in verschiedene Phasen unterteilen. Jede Phase besteht aus bestimmten Aktivitäten bzw. Vorgängen, die von den einzelnen an der Erstellung beteiligten Personen durchgeführt werden. Die Aktivitäten stehen in engem Zusammenhang zu den oben aufgeführten Aufgaben der beteiligten Personengruppen.

Zur Darstellung des Erstellungsprozesses des Dateikurses „Grundwissen Produktionswirtschaft" durch einen Netzplan sowie zur Ermittlung der mit dem Erstellungsprozeß verbundenen Zeiten und Kosten sind folgende Vorarbeiten zu leisten (Fandel, 1999, S. 3f.):

- Die im Entwicklungsprozeß durchzuführenden Einzelvorgänge müssen systematisch erfaßt, durchnumeriert und tabellarisch aufgelistet werden.
- Es ist erforderlich, die Einzelvorgänge in eine Anordnungsbeziehung zu bringen, um festzuhalten, welche Vorgänge parallel ausgeführt werden können und zwischen welchen Vorgängen eine direkte Vorgänger-Nachfolger-Beziehung besteht.
- Für jede Aktivität muß der Zeitbedarf ermittelt werden, um den Weg der kritischen Vorgänge im Entwicklungsprozeß ausfindig zu machen.
- Für jede Aktivität müssen die Kosten der an ihr beteiligten Personen berechnet werden. Die Anfertigung einer Vorgangsliste hilft, diese Aufgaben zu erfüllen.

a) Vorgangsliste

Die Vorgangsliste in Tabelle 2 beinhaltet die Vorgänge bzw. Aktivitäten von den Vorüberlegungen bis hin zur Qualitätskontolle der fertiggestellten und gebrannten CD-ROM. In Spalte 1 werden die Vorgänge durchnumeriert und in Spalte 2 inhaltlich bezeichnet. Da hier nur der enge Prozeßablauf mit Hilfe der Netzplantechnik abgebildet und analysiert werden soll, werden einige Aktivitäten vernachlässigt, die in der Regel im Erstellungsprozeß einer CD-ROM erbracht werden.

Spalte 3 beschreibt, welche Person die in Spalte 2 beschriebene Aktivität ausgeführt hat. Die Spalten 4 und 5 bilden die logische Abfolge der Vorgänge innerhalb des Erstellungsprozesses ab. Sie beschreiben für jeden Vorgang, welche Vorgänge vollständig beendet sein müssen, damit der betrachtete Vorgang durchgeführt werden kann (Vg.), und welche Vorgänge direkt im Anschluß an diesen Vorgang folgen (Nf.).

Spalte 6 der Vorgangsliste gibt die zeitliche Dauer des Vorgangs, Spalte 7 die an dem Vorgang beteiligten Personalqualifikationen und Spalte 8 die zugehörigen personenbezo-

Tab. 2: Vorgangsliste

1 Nr.	2 Vorgang	3 Beteiligte	4 Vg.	5 Nf.	6 Dauer des Vorgangs	7 Qualifi- kation	8 Dauer	9 Kosten in DM
0	Projektbeginn	/	/	1	0 h	/	0 h	0,00
1	Vorüberlegungen zur multimedialen Umsetzung des Briefkurses	Professor Mitarbeiter	0	2 3	8 h	C4 BAT IIa	3 h 8 h	183,69 348,00
2	Entwicklung des detaillierten Medienkonzepts	Professor Mitarbeiter	1	5 11 12 15 18	150 h	C4 BAT IIa	97,5 h 150 h	5.969,93 6.525,00
3	Umformatierung des Briefkurses	Layouter Textbearbeiter	1	4	196 h	BAT III BAT Vb	196 h 140 h	7.818,44 4.321,80
4	Inhaltliche Festlegung und Vorbereitung der Links im Text und zu multimedialen Elementen	Mitarbeiter Textbearbeiter	3	25	38 h	BAT IIa BAT Vb	38 h 6 h	1.653,00 185,22
5	Entwicklung der Inhalte des Lehr- softwaresegments	Professor Mitarbeiter	2	6	75 h	C4 BAT IIa	75 h 75 h	4.592,25 3.262,50
6	Programmierung des Lehrsoftware- segments	Programmierer	5	7	1350 h	BAT III	1350 h	53.851,50
7	Begutachtung der Programmierung des Lehrsoftware- segments	Professor Programmierer	6	8 9	3 h	C4 BAT III	3 h 3 h	183,69 119,67
8	Einarbeitung der Korrekturen in die Programmierung	Programmierer	7	10	61 h	BAT III	61 h	2.433,29
9	Formulierung des Hilfetextes zum Lehrsoftwareseg- ment	Professor Mitarbeiter	7	10	15 h	C4 BAT IIa	15 h 15 h	918,45 652,50
10	Abnahme des Lehr- softwaresegments	Professor Programmierer	8 9	25	4 h	C4 BAT III	4 h 4 h	244,92 159,56
11	Erstellung der statischen Grafiken	Grafikdesigner	2	25	229 h	BAT IVa	229 h	8.498,19
12	Erstellung des Ton- kommentars für animierte Grafiken	Mitarbeiter	2	13	21 h	BAT IIa	21 h	913,50
13	Aufnahme des Tons für animierte Grafiken	Professor Tonmeister	12	14	2,5 h	C4 BAT III	2,5 h 2,5 h	153,08 99,73
14	Erstellung der animierten Grafiken mit Ton	Grafikdesigner	13	25	152 h	BAT IVa	152 h	5.640,72

Tab. 2: Vorgangsliste (Fortsetzung)

1 Nr.	2 Vorgang	3 Beteiligte	4 Vg.	5 Nf.	6 Dauer des Vorgangs	7 Qualifikation	8 Dauer	9 Kosten in DM
15	Formulierung interaktiver Übungsaufgaben und Lösungen	Mitarbeiter	2	16	90 h	BAT IIa	90 h	3.915,00
16	Programmierung der interaktiven Aufgaben	Programmierer	15	17	246 h	BAT III	246 h	9.812,94
17	Abnahme der interaktiven Aufgaben	Professor	16	25	8 h	C4	8 h	489,84
18	Kontaktaufnahme mit Unternehmen zwecks Erstellung von Videosequenzen	Professor	2	19	16 h	C4	16 h	979,68
19	Drehen von Videosequenzen in dem Unternehmen	Mitarbeiter Videoteam	18	20	8,5 h	BAT IIa BAT IVa	8,5 h 8,5 h	369,75 315,44
20	Sichten des gedrehten Materials und Schneiden des Videofilms	Mitarbeiter Videoteam	19	21	35 h	BAT IIa BAT IVa	35 h 35 h	1.522,50 1.298,85
21	Formulieren des Tonkommentars zum Video	Mitarbeiter	20	22	8 h	BAT IIa	8 h	348,00
22	Aufnahme des Tonkommentars	Professor	21	23	5 h	C4	5 h	306,15
23	Fertigstellung des Videofilms	Videoteam	22	24	24 h	BAT IVa	24 h	890,64
24	Abnahme des fertiggestellten Videofilms	Professor	23	25	1 h	C4	1 h	61,23
25	Konvertierung der Textbasis zu einer portablen Datei; Einbindung der medialen Elemente und Realisierung der Verknüpfungen	Layouter Textbearbeiter	4 10 11 14 17 24	26 27	37 h	BAT III BAT Vb	37 h 37 h	1.475,93 1.142,19
26	Erstellung des Titelblattes und des Booklets	Grafikdesigner	25	28	33 h	BAT IVa	33 h	1.224.63
27	Gestaltung und Programmierung der Gesamtdatei auf einer „Goldenen CD"	Layouter	25	28	35 h	BAT III	35 h	1.396,15
28	Qualitätskontrolle der „Goldenen CD"	Professor Mitarbeiter	26 27	29	36 h	C4 BAT IIa	8 h 36 h	489,84 1.566,00
29	Projektende	/	28	/	0 h	/	0 h	0,00

genen Zeitdauern an. Man beachte, daß die Zeitangabe in Spalte 6 nicht der Summe der Zeitangaben aus Spalte 8 entspricht, da ein Vorgang, zum Beispiel der Vorgang 2 der Vorgangsliste in Tabelle 2, von den an seiner Erstellung beteiligten Personalqualifikationen parallel durchgeführt werden kann. Die in Spalte 8 eingetragenen Zeitdauern der Vorgänge können aktuelle Werte, Durchschnittswerte oder Erfahrungswerte aus der Vergangenheit sein.

Aus den Zeiten der Beanspruchung der Personalqualifikationen in Spalte 8 der Tabelle 2 und den Stundensätzen der Vergütungsgruppen der Tabelle 1 errechnen sich die Kosten jeder Aktivität in DM. Diese sind in Spalte 9 der Tabelle 2 zu finden.

Leitet man auf Basis der Vorgangsliste des integrativen Dateikurses „Grundwissen Produktionswirtschaft" eine Vorgangsliste für einen einfachen Dateikurs her, der den gleichen Lehrinhalt umfaßt, fällt auf, daß die Vorgangsliste des einfachen Dateikurses anstatt aus 30 Aktivitäten nur noch aus 10 Aktivitäten besteht. Die Vorgangsliste umfaßt nur noch die Aktivitäten 0, 1, 3, 4 und 11 sowie 25 bis 29, da sämtliche Aktivitäten für die Programmierungen sowie für die Erstellung von Ton- und Videosequenzen, interaktiven Lehrsoftwaresegmenten und Übungsaufgaben wegfallen. Weiterhin ist zu beachten, daß sich die Inhalte der Vorgänge 4 und 25 geändert haben. So sind nur noch die Links zwischen den Textstellen sowie zwischen Text und statischen Bildern inhaltlich vorzubereiten und festzulegen. Im Rahmen der Konvertierung der Textbasis zu einer portablen Datei müssen dann auch nur diese Verknüpfungen realisiert werden.

b) Netzplan

Die Abbildung 3 beschreibt den zur Vorgangsliste der Tabelle 2 zugehörigen Netzplan. In dem MPM-Netzplan sind Kanten und Vorgangsknoten zu unterscheiden (Beisel, Mendel, 1991, S. 146 und Schwarze, 1994, S. S. 93ff.). Jeder Vorgangsknoten bezeichnet einen Vorgang bzw. eine Aktivität. Die Kanten stellen die Verbindungslinien zwischen den Vorgangs- bzw. Ereignisknoten dar und geben die logischen Anordnungsbeziehungen zwischen den Vorgängen gemäß den Spalten 4 und 5 der Vorgangsliste in Tabelle 2 an. Der Netzplan ist in aufsteigender Folge der Vorgangsnummern von links nach rechts zu lesen. Mit Aktivität 0 beginnt und mit Aktivität 29 endet das Projekt.

Abb. 3: Netzplan für den integrativen Dateikurs

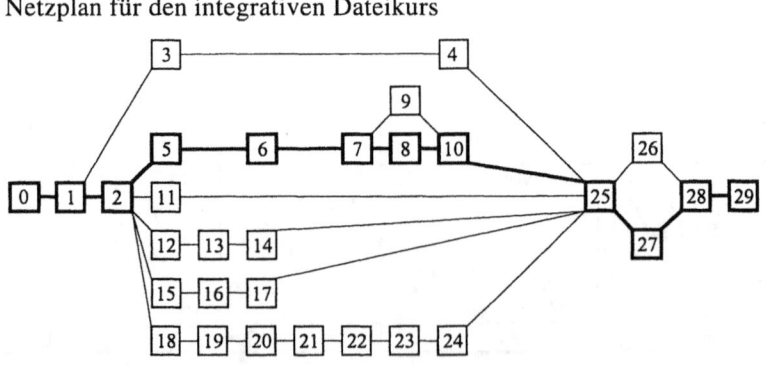

Der Netzplan in Abbildung 3 zeigt, welche Vorgänge parallel erfolgen können und zwischen welchen Vorgängen eine direkte Vorgänger-Nachfolger-Beziehung besteht. So können erst nach vollständiger Durchführung des Vorgangs 2 die Vorgänge 5, 11, 12, 15 und 18 beginnen, die dann parallel ausgeführt werden können. Die Zuordnung der Aktivitäten zu den ausführenden Personen berücksichtigt der Netzplan nicht.

Ziel der Projektplanung mit Hilfe der Netzplantechnik ist die Minimierung der gesamten Prozeßdauer. Dabei wird die minimale Prozeßdauer durch den Weg der zeitkritischen Aktivitäten durch das Netz bestimmt (Zimmermann, 1999, S. 20). Im Netzplan in Abbildung 3 ist der „kritische Weg" dadurch markiert, daß die zu ihm gehörigen Vorgangsknoten und Kanten dick schwarz gezeichnet sind. Gemäß der Vorgangsliste aus Tabelle 2 umfaßt der „kritische Weg" die Vorüberlegungen und den darauf aufbauenden Entwurf des Medienkonzeptes, die Programmiertätigkeiten für die Erstellung des Lehrsoftwaresegments sowie das Zusammenfügen der einzelnen Text- und multimedialen Elemente zu einer „Goldenen CD" und ihre Qualitätskontrolle. Daß die Erstellung der CD-ROM „Grundwissen Produktionswirtschaft" eine Entwicklungsdauer von einem Jahr hatte, lag danach vor allem an der Zeitdauer, die für die Entwicklung interaktiver Lehrsoftwaresegmente benötigt wurde. Die Entwicklungsdauer eines integrativen Dateikurses steigt folglich mit der Anzahl der Lehrsoftwaresegmente. Eine weitere Ursache für eine lange Entwicklungsdauer könnte aber auch die Anzahl interaktiver Übungsaufgaben sein, die bei der Erstellung der CD-ROM „Grundwissen Produktionswirtschaft" jedoch keinen kritischen Vorgang bildet.

Abb. 4: Netzplan für einen einfachen Dateikurs

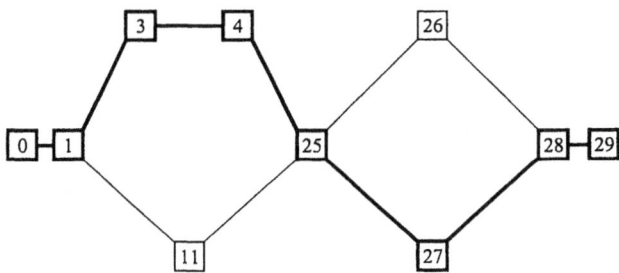

Abbildung 4 veranschaulicht dagegen den Netzplan zur Erstellung des einfachen Dateikurses, der inhaltlich durch die Reduktion der Vorgangsliste in Tabelle 2 und die entsprechende Kürzung des Netzplans in Abbildung 3 gewonnen wird. Im Vergleich zum Netzplan des integrativen Dateikurses fällt dieser wesentlich kleiner aus. Der Grund hierfür ist die geringe Anzahl an Vorgängen aufgrund des Wegfalls der Programmiertätigkeiten und der Tätigkeiten für die Ton- und Videoerstellung.

Der Netzplan eines einfachen Dateikurses beginnt und endet wie der des integrativen Dateikurses mit den Vorgängen 0 und 29. Der „kritische Weg" durch den Netzplan ist durch die dick schwarz gezeichneten Vorgangsknoten und Kanten markiert.

II. Kosten des Erstellungsprozesses

1. Kostenbestandteile

Zur Berechnung der Entwicklungskosten eines integrativen und eines einfachen Dateikurses seien hier nur die Personalkosten der Erstellung betrachtet, die den wesentlichen Teil der insgesamt anfallenden Kosten ausmachen. Neben den Personalkosten können auch noch Kosten für den Einsatz der benötigten Hardware und Software anfallen. Dabei ist zu beachten, daß dieser Kostenbestandteil aufgrund der Anforderungen der multimedialen und interaktiven Elemente an die medientechnische Ausstattung beim integrativen Dateikurs wesentlich höher ausfällt als beim einfachen Dateikurs.

Für die Erstellung des integrativen Dateikurses „Grundwissen Produktionswirtschaft" wird in der Qualifikationstabelle 3 für jede Vergütungsgruppe die insgesamt im Erstellungsprozeß aufgewendete Zeitdauer in Stunden aufgezeigt. Multipliziert man diese Zeitdauern der Vergütungsgruppen mit den dazugehörigen Stundensätzen aus Tabelle 1, so erhält man die Qualifikationstabelle 4, welche die Kosten der eingesetzten Vergütungsgruppen anzeigt. Aus der Addition dieser Kosten ergeben sich Gesamtkosten für die Erstellung der CD-ROM in Höhe von 136.333,38 DM.

Tab. 3: Qualifikationstabelle in Stunden für den integrativen Dateikurs

Vergütungsgruppe	Zeit in Stunden
C4	238,0 h
BAT IIa	484,5 h
BAT III	1.934,5 h
BAT IVa	481,5 h
BAT Vb	183,0 h

Tab. 4: Qualifikationstabelle in DM für den integrativen Dateikurs

Vergütungsgruppe	Kosten in DM	Anteil an den Gesamtkosten in %
C4	14.572,74	10,7
BAT IIa	21.075,75	15,5
BAT III	77.167,21	56,6
BAT IVa	17.868,47	13,1
BAT Vb	5.649,21	4,1
Summe	**136.333,38**	**100**

Bei einer näheren Betrachtung der Verteilung der Gesamtkosten auf die Vergütungsgruppen erkennt man, daß ca. 57% der gesamten Personalkosten durch die Vergütungsgruppe BAT III verursacht wurden. In dieser Vergütungsgruppe befinden sich die Programmierer, der Layouter und der Tonmeister. Ordnet man aus späteren Vergleichsgründen die entstandenen Kosten statt nach Vergütungsgruppen jetzt nach Tätigkeitsbereichen, so erhält man die Kostenverteilung gemäß Tabelle 5. Diese Tabelle zeigt, daß für fachliche Tätigkeiten (Vergütungsgruppen C4 und BAT IIa) zusammen ungefähr 26% der Gesamtkosten anfallen. Die Kosten für Layout und Design betragen ca. 23%. Der geringste finanzielle Aufwand entstand für Ton- und Videoaufnahmen (2%). Die Programmierung verursacht also mit 49 % den bei weitem größten Anteil an den Gesamtkosten. Programmiertätigkeiten wurden zur Erstellung der interaktiven Übungsaufgaben und des interaktiven Lehrsoftwaresegments benötigt. In der Vorgangsliste der Tabelle 2 ist erkennbar, daß die Programmiertätigkeiten für das Lehrsoftwaresegment wesentlich zeitaufwendiger waren als für die Übungsaufgaben. Dies liegt vor allem an der Schwierigkeit und der Komplexität der Programmierung eines interaktiven Lehrsoftwaresegments.

Tab. 5: Kosten der einzelnen Tätigkeiten in DM und in Prozent der gesamten Erstellungskosten des integrativen Dateikurses

Tätigkeit	Kosten in DM	Anteil an den Gesamtkosten in %
Fachliche Tätigkeit	35.648,49	26,1
Design und Layout	31.703,27	23,3
Ton und Video	2.604,66	1,9
Programmierung	66.376,96	48,7
Summe	**136.333,38**	**100**

2. Vergleich der Kosten unterschiedlicher Dateikurse

Die Kosten der Erstellung des textgesteuerten, integrativen Dateikurses sollen nun mit den Erstellungskosten des einfachen Dateikurses identischen Lehrinhalts verglichen werden. Zu diesem Zweck wurden analog zu dem in Abbildung 4 dargestellten Netzplan für den einfachen Dateikurs die zugehörigen Kosten ermittelt, die in Tabelle 6 aufgeführt sind.

Würde man auf Basis des Lehrinhalts „Grundwissen Produktionswirtschaft" einen einfachen Dateikurs entwickeln, dann würde dieser insgesamt 30.303,08 DM kosten. Davon entfielen ungefähr 14% auf die fachliche und konzeptionelle Arbeit des Hochschullehrers und seiner Mitarbeiter. 86% der finanziellen Aufwendungen müßten für Design und Layout ausgegeben werden (Tabelle 6).

Tab. 6: Kosten der einzelnen Tätigkeiten in DM und in Prozent der gesamten Erstellungskosten des einfachen Dateikurses

Tätigkeit	Kosten in DM	Anteil an den Gesamtkosten in %
Fachliche Tätigkeit	4.240,53	14,0
Design und Layout	26.062,55	86,0
Ton und Video	0	0
Programmierung	0	0
Summe	**30.303,08**	**100**

Bei einem Vergleich der Entwicklungskosten des integrativen mit denen des einfachen Dateikurses werden Kostendifferenzen und ihre Ursachen deutlich. Wenn von den Gesamtkosten des integrativen Kurses die Kosten für Programmiertätigkeiten und für die Erstellung von Ton- und Videosequenzen subtrahiert werden, liegen die restlichen Kosten für fachliche sowie Layout- und Designtätigkeiten über denen des einfachen Dateikurses. Die Differenz in den Ausgaben für Layout und Design entspricht den Kosten der Aktivität 14, d.h. den Kosten für die Erstellung der animierten Grafiken, die bei der Erstellung des einfachen Dateikurses nicht anfallen. Höhere Kosten beim integrativen Dateikurs für die fachlichen Arbeiten sind durch notwendige fachliche Vorbereitungen und Begleitungen der Programmierentwicklungen begründet.

F. Fazit

Ein Vergleich der gesamten Entwicklungskosten des integrativen Dateikurses „Grundwissen Produktionswirtschaft" mit denen des einfachen Dateikurses gleichen Lehrinhalts ergibt, daß die Erstellungskosten des integrativen Dateikurses deutlich über denen des einfachen liegen. Dies stimmt mit den Erfahrungen überein, die am Fachbereich Wirtschaftswissenschaft der FernUniversität mit der Erstellung von Dateikursen in den letzten Jahren gewonnen worden sind. Ein Grund für die enormen Unterschiede in den Erstellungskosten der Dateikurse der ersten und dritten Entwicklungsstufe liegt in der Dauer und Komplexität der Programmierung interaktiver Lehrsoftwaresegmente und Übungsaufgaben. Die lange Zeitdauer der Programmierung und die erforderliche Personalqualifikation verursachen sehr große finanzielle Aufwendungen. An der FernUniversität ist aufgrund der seit vielen Jahren im Fernstudium eingesetzten und erprobten Studienmaterialien die Entwicklung einfacher Dateikurse relativ problemlos durchführbar. Hohe finanzielle und zeitliche Aufwendungen entstehen hingegen, wenn digitalisierte Kurse durch Lehrsoftwaresegmente, Übungsaufgaben sowie Ton- und Videosequenzen angereichert werden sollen.

Für die Zukunft ist zu erwarten, daß die multimedialen Entwicklungen sowohl die Vielzahl der Lehrangebote als auch die Gestaltung der Lehrinhalte erheblich beeinflussen werden. Dies wirkt sich auch auf die Lehre an Präsenzuniversitäten aus. Auf jeden Fall werden multimediale Lehrangebote Veränderungen im Studierverhalten der Studenten hervorrufen, da diesen die Möglichkeiten des selbstverantwortlichen, orts- und zeitunabhängigen Lernens eröffnet werden.

Bei der Vielzahl von Vorteilen, die die multimedialen Entwicklungen in der Lehre mit sich bringen, dürfen aber auch die für die Entwicklung und den erfolgreichen Einsatz multimedialer Lehrinhalte notwendigen Voraussetzungen nicht übersehen werden. Die multimediale Lehre stellt neue Anforderungen an Studenten und Lehrende. Das größte Problem für die Hochschulen sind die enorm hohen Entwicklungskosten. Diese können die Hochschulen alleine nicht tragen, sie lassen sich nur durch umfangreiche Förderprogramme bewältigen.

Die Netzplandarstellung ist dabei ein geeignetes Instrument zur Analyse des wirtschaftlichen Erstellungsprozesses multimedialer CD-ROMs.

Anmerkungen

1 Seit der Einrichtung des Förderschwerpunkts „Fernstudium" im Jahre 1993 hat die Bund-Länder-Kommission 46 Förderprogramme auf dem Gebiet der Neuen Medien mit einem Gesamtvolumen von ca. 46 Mio. DM gefördert.
2 Das fünfte Rahmenprogramm der Europäischen Union, das insgesamt Fördergelder in Höhe von 14,96 Mrd. Euro umfaßt, enthält das Arbeitsprogramm „Multimedia-Inhalte und -Werkzeuge".

Literatur

Beisel, E.-P., Mendel, M. (1991): Optimierungsmethoden des Operations Research, Band 2: Optimierung in Graphen, Braunschweig, Wiesbaden 1991.
Bundesministerium für Bildung und Forschung (2000): Förderprogramme Neue Medien in der Bildung: Lehr- und Lernsoftware, http://www.gmd.de/NMB/Programm/Programm.html, Internet-Präsentation.
Bund-Länder-Kommission für Bildungsplanung und Forschungsförderung (2000): http://www.blk-bonn.de/aufgaben.html, Internet-Präsentation.
Eichhorn, D. (1998): Multimedia – Kriterien der Eignung, Wirkung und Akzeptanz, in: Einsatz der neuen Medien in Lehre und Forschung, Dokumentation zur Jahrestagung des Bad Wiesseer Kreises vom 8. bis 11. Mai 1997, herausgegeben von der Hochschulrektorenkonferenz, Bonn 1998.
Fandel, G., Hoffmann, H., Streubel, W. (1994): Erfolge, Perspektiven und kritische Aspekte des wirtschaftswissenschaftlichen Fernstudiums an der FernUniversität Hagen, in: ZfB-Ergänzungsheft (1994), Heft 2, S. 281–295.
Fandel, G. (1998): Funktionalreform der Hochschulleitung, in: ZfB 68. Jahrgang (1998), Heft 3, S. 241–257.
Fandel, G. (1999): Beziehungen zwischen netzplantechnischer und aktivitätsanalytischer Beschreibung von Produktionszusammenhängen bei der Erstellung von Großprojekten, in: Albach, H., Eymann, E., Luhmer, A., Steven, M. (Hrsg.): Die Theorie der Unternehmung in Forschung und Praxis, Berlin et al. 1999.
FernUniversität (1998): Antrag der FernUniversität – Gesamthochschule in Hagen auf Förderung des Leitprojekts Lernraum virtuelle Universität im Rahmen des BMBF-Wettbewerbs „Nutzung des weltweit verfügbaren Wissens für Aus- und Weiterbildung und Innovationsprozesse", 1998.
FernUniversität (1999): Leistungs- und Entwicklungsprofil des Fachbereichs Wirtschaftswissenschaft der FernUniversität Hagen – Gesamthochschule in Hagen, Materialienband, herausgegeben vom Dekan des Fachbereichs Wirtschaftswissenschaft, Hagen 1999.
Fründ, R. (1998): Anwendung und Nutzen moderner Bildverarbeitung in der Medizin: 3-dimensionale Rekonstruktion von Schnittbildern, in: Lehner, F.; Braungart, G./ Hitzenberger, L. (Hrsg.): Multimedia in Lehre und Forschung: Systeme – Erfahrungen – Perspektiven, Wiesbaden 1998.
Geiersbach, F., Weegen, F.-W. (1990): Die Entwicklung des westdeutschen Hochschulsystems bis zum Jahre 2010 als Teil eines Bildungsgesamtplanes, in: Hochschulausbildung, Heft 2, 1990, 8. Jahrgang.
GMD, Projektträger Neue Medien in der Bildung (2000): Fünftes Rahmenprogramm der EU, http://gmd.de/NMB/EU-Foerderung/Rahmenpro.html, Internet-Präsentation.
Griesbach, H., Lewin, K., Heublin, U., Sommer, D. (1998): Studienabbruch – Typologie und Möglichkeiten der Abbruchquotenbestimmung, in: HIS Kurzinformation A5/98, Hannover.
Hesse, F. W., Mandl, H. (2000), unter Mitarbeit von Reinmann-Rothmeier, G., Ballstaedt, St.-P.: Expertenkreis Hochschulentwicklung durch neue Medien: Empfehlungen zur Gestaltung und Nutzung von multimedialen Lehr- und Lernumgebungen, BIG-Bildungswege in der Informationsgesellschaft, Bertelsmann Stiftung, Heinz Nixdorf Stiftung.
Peters, O. (1997): Die Didaktik des Fernstudiums: Erfahrungen und Diskussionsstand in nationaler und internationaler Sicht, in: Feuchthofen, J. E. et al. (Hrsg): Grundlagen der Weiterbildung, Neuwied et al. 1997.

von Prümmer, Ch., Rossié, U. (2000): Referat für die Evaluation der Virtuellen Universität, ZFE: Präsentation von Ergebnissen einer Befragung von Fernstudierenden zur Verfügbarkeit und Nutzung von Computern und Informations- und Kommunikationstechnologien, Hagen 2000.

Sand, Th., Wahlen, K. (2000): Mediennutzungskonzepte im Hochschulbereich: Planung, Organisation, Strategien, Hochschulplanung Band 140, herausgegeben von der HIS Hochschul-Informations-System GmbH Hannover 2000.

Schaeper, H., Minks, K.-H. (1997): Studiendauer – eine empirische Analyse ihrer Determinanten und Auswirkungen auf den Berufseintritt, in: HIS Kurzinformation A1/97, Hannover.

Schnitzer, K., Isserstedt, W., Schreiber, J., Schröder, M. (1996): Das soziale Bild der Studentenschaft in der Bundesrepublik Deutschland, 15. Sozialerhebung des Deutschen Studentenwerks – Zusammenfassung, in: HIS Kurzinformation A3/96, Hannover.

Schwarze, J. (1994): Netzplantechnik: eine Einführung in das Projektmanagement, 7. Auflage, Herne, Berlin 1994.

Zimmermann, W. (1999): Operations Research: Quantitative Methoden zur Entscheidungsvorbereitung, 9., überarb. Aufl., München, Wien 1999.

| Multimedia in der Lehre: Entwicklungen und Wirtschaftlichkeitsaspekte |

Zusammenfassung

Traditionelle Lehrangebote an deutschen Hochschulen werden heutzutage vielfach durch multimediale Lehrangebote ergänzt bzw. ersetzt. Der Beitrag stellt die allgemeinen Entwicklungen multimedialer Lehre an Hochschulen dar und zeigt ihre Einsatzformen, Ziele und Voraussetzungen auf. Mit dem Einsatz rückt zugleich auch die Frage nach der wirtschaftlichen Erstellung multimedialer Lehrmaterialien in den Vordergrund. Der Beitrag zeigt beispielhaft für die Entwicklung CD-ROM-basierter Lehrsoftware auf, wie mit Hilfe der Netzplantechnik eine solche Wirtschaftlichkeitsanalyse durchgeführt werden kann.

Summary

Teaching at German universities is changing significantly in that traditional ways of teaching are being supplemented or substituted by multimedia teaching. This paper gives an outline of the development of multimedia teaching activities in German universities and presents different types of multimedia teaching aids, their goals and prerequisites. Accordingly, the question as to how multimedia teaching materials can be developed efficiently is of crucial importance. This contribution describes how network planning techniques can be applied in order to analyse, evaluate and optimise the development of CD-ROM based teaching software.

13: Ausbildungs- und Berufsfragen (JEL J29)

Das ABC für Werbeprofessionals

Behrens, Gerold/Esch, Franz-Rudolf/
Leischner, Erika/Neumaier, Maria (Hrsg.)
Gabler Lexikon Werbung
2001. VIII, 476 S.
Geb. DM 98,00
ISBN 3-409-19963-2

Die Werbung ist eine der kreativsten Branchen in unserer Wirtschaft. Ständig entwickeln sich neue Werbetechniken und Werbeformen. So wächst in der Kreativwelt auch der Bedarf an zuverlässigen Informationen. Mit dem Gabler Lexikon Werbung können Werbetreibende in Unternehmen und Werbeschaffende in Agenturen ihre Arbeit entscheidend verbessern. Mit einem breiten Überblick über Werbemanagement, Werbeformen und Werbewirkungen bietet dieses Nachschlagewerk alles, was man über Werbung wissen muss - von A wie Anzeige bis Z wie Zielperson.

Bestellung

Fax: 06 11.78 78-420

Ja, ich bestelle:

Expl. Behrens/Esch/Leischner/
Neumaier (Hrsg.)
Gabler Lexikon Werbung
Geb. DM 98,00
ISBN 3-409-19963-2

Vorname und Name

Straße (bitte kein Postfach)

PLZ, Ort

Unterschrift

Änderungen vorbehalten.
Erhältlich beim Buchhandel oder beim Verlag.

Abraham-Lincoln-Str. 46, 65189 Wiesbaden, Tel.: 06 11.78 78-124, www.gabler.de

Interaktive Lehrmethoden im Supply Chain Management durch Planspiele und Simulation

Von Günther Zäpfel und Bartosz Piekarz

Überblick

- Erfolgreiches Supply Chain Management setzt die gesamthafte Betrachtung, Planung und Steuerung der Logistikketten voraus.

- Der Umgang mit komplexen, dynamischen und intransparenten Entscheidungssituationen entlang der Logistikkette kann durch den Einsatz logistikbezogener Planspiele und Simulatoren geübt werden. Dazu kann eine ganze Palette von Planspielen, die auf unterschiedliche Aspekte des Supply Chain Managements abzielen, eingesetzt werden.

- In diesem Zusammenhang werden drei am Institut für Industrie und Fertigungswirtschaft entwickelte Logistikplanspiele bzw. Simulatoren vorgestellt: Das als Erweiterung des traditionellen Bier-Spiels konzipierte Supply Chain Competition, das Unternehmensplanspiel Lean Production mit einem dazugehörigen Simulationstool sowie ein mehr strategisch ausgerichtetes Gruppenplanspiel aus dem Bereich der Paketdienstleister.

- Durch den multimedialen Charakter der einzelnen Planspiele können die darin enthaltenen Konzepte den Studierenden erfolgreich vermittelt werden; der spielerische Aspekt sorgt dafür, dass auch die Motivation der Teilnehmer hoch bleibt.

Eingegangen: 23. Februar 2001

o. Professor Dr. Günther Zäpfel ist Vorstand des Instituts für Industrie und Fertigungswirtschaft an der Universität Linz, Altenbergerstrasse 69, A-4040 Linz. Seine Forschungsschwerpunkte liegen in den Bereichen Logistikkettenmanagement, strategische Produktions- und Logistikplanung, PPS-Systeme.

Univ. Ass. Mag. Bartosz Piekarz ist Mitarbeiter am Institut für Industrie und Fertigungswirtschaft. Die Schwerpunkte seiner Arbeit liegen in den Bereichen Logistik-Controlling, Supply Chain Management und Unternehmensplanspiele.

© Gabler-Verlag 2001

A. Einführung

„Few topics in production and operations management have had the impact, both on industry and academia, as supply chain management. Managers in nearly every industry have begun to realize that competition in the 21st century will no longer by firm against firm, but supply chain against supply chain" (Johnson/Pyke 2000, p. 1). Erfolg im Wettbewerb macht daher eine integrierte Planung und Steuerung der Material- und Warenflüsse sowie der dazugehörigen Informationsflüsse – nicht nur innerhalb eines Unternehmens, sondern der gesamten Logistik- bzw. Lieferkette im Sinne von Wertschöpfungsverbunden zur Deckung eines Kundenbedarfs – notwendig. Es lassen sich zwei Hauptaufgaben des Supply Chain Managements (SCM) unterscheiden:

- Die Gestaltungsaufgaben des SCM beziehen sich auf das Schaffen von wettbewerbsfähigen Strukturen von Wertschöpfungsketten. Dazu zählen beispielsweise aus der Sicht eines Produzenten Entscheidungen zur Wahl der Fertigungstiefe, Anzahl und Anlieferungskonzept der Lieferanten, Wahl der Produktionsstandorte, Festlegung der Distributionsstruktur zur Belieferung der Kunden sowie Art und Ausmaß der Kooperation der Wertschöpfungspartner untereinander.
- Die Lenkungsaufgaben des SCM bestehen in der zielgerichteten laufenden Regelung der Material- und Warenflüsse für die gegebene Lieferkette. Bezogen auf den Material- und Warenfluss bedeutet das beispielsweise, Beschaffungs-, Produktions- und Distributionsmengen zu koordinieren, so dass z.B. ein gegebener Lieferservicegrad mit möglichst geringen Kosten erreicht wird.

Aus der obigen Aufgaben lassen sich wesentliche konstituierenden Inhalte des Supply Chain Managements (SCM) wie folgt festhalten:

- Das Ziel des SCM ist aus strategischer Sicht auf das Schaffen von wettbewerbsfähigen Wertschöpfungsketten ausgerichtet und hat aus operativer Sicht die Aufgabe, effiziente Wertschöpfungsprozesse der Lieferkette sicherzustellen. Die mit dem Material- und Warenfluss zusammenhängenden Geschäftsprozesse – wie Beschaffung, Transport, Auftragssteuerung, Produktion, Lagerung, Distribution etc. – werden dabei nicht nur aus isolierter, unternehmensinterner Sicht gesehen, sondern in ihren gesamthaften Wirkungen auf die ganze Lieferkette betrachtet.
- Diese ganzheitliche bzw. systemische Betrachtung geht von der Überlegung aus, dass Wettbewerbsfähigkeit bzw. das Erreichen von Wettbewerbsvorteilen von den beteiligten Akteuren einer Lieferkette verlangt, dass Prozesse einer Lieferkette nicht mehr vor dem Hintergrund lokaler Suboptima einzelner Unternehmen geplant und realisiert werden können und damit Bereichsegoismen widerspiegeln, sondern eine Integration der gesamten Lieferkette erforderlich macht.
- Integration der Lieferkette stellt das Schaffen jener verbindenden Beziehungen für die einzelnen Teilbereiche des Logistiksystems dar, durch die es möglich wird, ein gegenseitiges Abstimmen bzw. eine Koordination der Handlungsalternativen der Akteure im Hinblick auf die gemeinsamen Ziele zu erreichen. Integration setzt also eine Einbeziehung aller Partner der Wertschöpfungskette voraus und macht ein Abbauen der Informationsbarrieren zwischen den Planungs- und Steuerungsbereichen der Partner notwendig.

- Das Ziel der Integration bzw. Koordination der Lieferkette besteht vor allem darin, Optimierungsverluste, die durch mangelnde Abstimmung der in einer Lieferkette voneinander abhängigen Entscheidungen entstehen, möglichst zu verhindern, indem etwa Kunden-Lieferanten-Beziehungen verbessert werden, z.B. dadurch, dass der Anteil der kundenauftragsgetriebenen Prozesse erhöht und eine schnelle Anpassung auch an geänderte Kundenwünsche möglich wird, damit zusammenhängend der Bedarf mit der Versorgung synchronisiert wird, ein Abbau von unnötigen Beständen entlang der Wertschöpfungskette erfolgt und der Einsatz der Ressourcen (Personal, Transportmittel, Handhabungsgeräte, Maschinen und maschinelle Anlagen etc.) für die Abwicklung der Material- und Warenflüsse besser aufeinander abgestimmt werden.

Aus diesen Inhalten ist ersichtlich, dass ein erfolgreiches SCM vor allem über folgende Kenntnisse und Fertigkeiten verfügen muss:

1. Systemische Betrachtung der Wertschöpfungskette, d.h. Überwindung von Bereichsegoismen durch Integration der Partner in der gesamten Lieferkette.
2. Umgang mit komplexen Entscheidungssituationen, die dadurch gekennzeichnet sind, dass eine Vielzahl von Einzelentscheidungen getroffen werden müssen, die sich wechselseitig mehr oder weniger stark beeinflussen.
3. Umgang mit dynamischen Entscheidungssituationen, die sich dadurch auszeichnen, dass bei Entscheidungen unmittelbare wie auch zeitlich verzögerte Effekte auftreten.
4. Umgang mit Intransparenz, d.h. die Problematik, Wirkungszusammenhänge der Entscheidungen auf die Wertschöpfungskette zu erkennen, um darauf abgestimmte zielgerichtete Entscheidungen fällen zu können.

B. Logistikbezogene Planspiele und Simulatoren

Der Umgang mit relativ komplexen, dynamischen und intransparenten Systemen kann vor allem mit Hilfe von Planspielen gelernt und geübt werden (vgl. umfassender in Dörner 1995). Dafür sprechen vor allem zwei Gründe: Erstens eignen sich die in Planspielen verwendeten Modelle zum Ausprobieren und Testen von Strategien und Verhaltensweisen und zeigen zweitens die Effekte der getroffenen Entscheidungen relativ unmittelbar auf. Die damit im Planspiel gewonnenen Erkenntnisse können dann in die Praxis umgesetzt werden. Logistikbezogene Planspiele und Simulatoren können wie folgt klassifiziert werden:

Nach der Wettbewerbsbeziehung des Planspiels:

- Nicht-kompetitive Spiele: Einzelne Spieler sind für den jeweiligen Zustand des simulierten Systems verantwortlich, wobei diese mehr oder weniger interagieren, d.h. kooperieren können.
- Kompetitive Spiele: Einzelne Spieler bzw. Gruppen von Spielern stehen im Wettbewerb und beeinflussen sich gegenseitig. Damit lässt sich vor allem eine Wettbewerbssituation nachahmen und die Wechselwirkungen der Akteure im zeitlichen Ablauf simulieren.

Nach der Komplexität des Systemmodells:

- Planspiele mit wenigen (einfachen) Wirkungszusammenhängen: Das Planspielmodell bildet wenige Zusammenhänge zwischen Einflussgrößen des Systems ab. Derartige Planspiele sind geeignet, um ein bestimmtes Systemverhalten zu simulieren und Möglichkeiten der Überwindung aufzuzeigen.
- Planspiele mit vielen (komplexen) Wirkungszusammenhängen: Das Planspielmodell bildet viele interdependente Zusammenhänge zwischen Einflussgrößen des Systems ab. Derartige Planspiele haben das Ziel, komplexe, dynamische und intransparente Entscheidungssituationen zu simulieren und bieten die Möglichkeit ein Verhalten zu üben, wie das System durch ein geeignetes Vorgehen „beherrschbar wird".

Da die beiden Typologien im Zusammenhang gesehen werden müssen, lassen sich prinzipiell vier Typen unterscheiden (siehe Abbildung 1).

Abb. 1: Klassifikationsraster der Planspieltypen

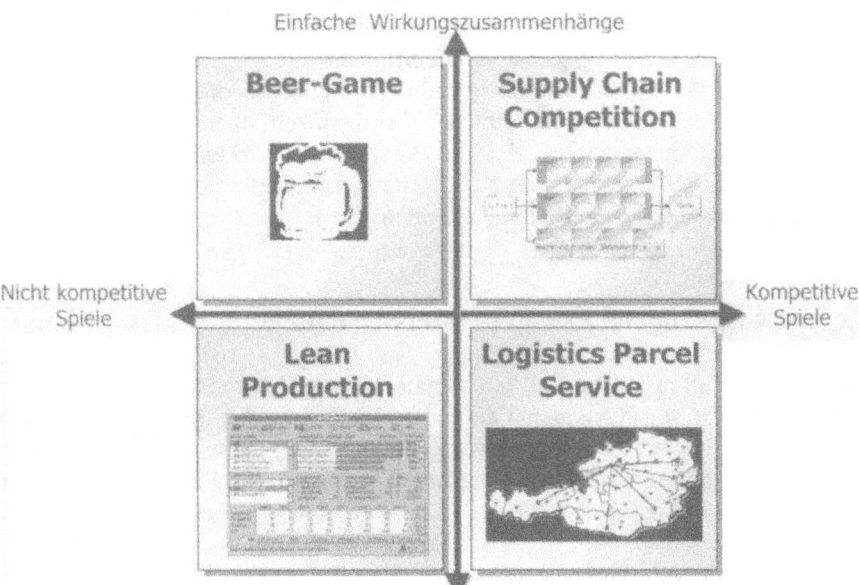

Nicht-kompetitives Planspiel mit einfachen Wirkungszusammenhängen

Eines der bekanntesten Planspiele diesen Typs für das SCM ist das Bierspiel (Beer Distribution Game), das in den sechziger Jahren an der Sloan School of Management des M.I.T. entwickelt wurde. Anhand einer einfachen Logistikkette, gebildet durch die einzelnen Akteure Produzent, Distributor, Großhändler, Einzelhändler für ein Produkt (z.B. Bier), wird das Bestellverhalten dieser Akteure im Zeitablauf beobachtet, das sich aufgrund von Nachfrageveränderungen des Endkunden ergibt. Häufig wird als Nachfrageszenario unterstellt, dass zu Beginn des Spiels eine konstante Nachfrage von vier Liefereinheiten gegeben ist, die sich im Laufe des weiteren Spiels auf acht Liefereinheiten erhöht. Das Nachfrageszenario ist unmittelbar nur dem Einzelhändler bekannt. Als Ziel einer Logistikkette wird vorgegeben: die Summe aus Lagerhaltungs- und Fehlmengenkosten über alle Akteure für den gesamten Spielverlauf ist so gering wie möglich zu machen. Ein häufig auftretendes Entscheidungsmuster der Akteure besteht darin, dass die Varianz der Bestellmengen vom Einzelhändler bis zum Produzenten sich erheblich verstärkt und auf eine mangelhafte systemische Betrachtung zurückgeführt werden kann, die im sogenannten Peitschenschlageffekt ihren sichtbaren Ausdruck findet. Der *Peitschenschlageffekt* (auch Bullwhip-Effekt oder Forrester-Aufschaukelung genannt) wurde bei Procter & Gamble beobachtet: Ausgehend von einer relativ konstanten Nachfrage nach Babywindeln wurde eine steigende Varianz bei den Bestellmengen entlang der logistischen Kette vom Händler bis zum Produzenten und seinen Lieferanten beobachtet (vgl. Kaminsky/Simchi-Levi 1997). Ähnliches lässt sich auch sehr anschaulich am Beispiel des „Beer Distribution Game" beobachten (siehe Abbildung 2):

Abb. 2: Der Bullwhip-Effekt am Beispiel des Beer Distribution Game

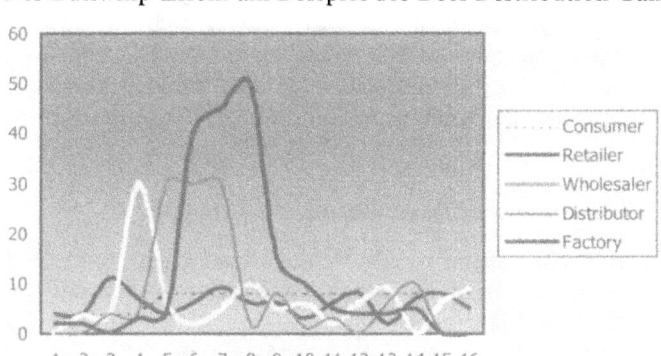

Als Folge des Peitschenschlageffekts treten erhöhte Bestände und die damit verbundenen Bestandskosten auf, da der optimale Lagerbestand vom Bestellverhalten der vorgelagerten Einheit abhängig ist (vgl. Sterman 1989, S.330; Lanzenauer/Pilz-Glombik 1999; Zäpfel/ Wasner 1999). Kommt es zu einer Überreaktion, ist die Einheit gezwungen, hohe Bestände aufzubauen um Fehlbestände zu vermeiden. Andererseits führen die Belastungsspitzen zu einer unausgeglichenen Auslastung der Produktions- und Transportkapazitäten sowie einer deutlichen, zumindest temporären Verringerung des Lieferservicegrades (vgl. Kaminsky/ Simchi-Levi 1997). Verursacht wird der Peitschenschlageffekt u.a. durch unzureichende Kommunikation zwischen den Akteuren, lokale Optimierungen sowie lange Lieferzeiten des jeweiligen Zulieferers (vgl. Senge 1998, S. 44f; Kaminsky/Simchi-Levi 1997; Huchzermeier 1999, S.889; Zäpfel/Wasner 1999).

Günther Zäpfel und Bartosz Piekarz

Kompetitives Planspiel mit einfachen Wirkungszusammenhängen

Die Einführung von Wettbewerbssituationen in ein Planspiel führt zu einer Erhöhung der Komplexität der Entscheidungssituation für die Spieler, da die Entscheidungen der Akteure auch das Verhalten der Mitbewerber in ihr Kalkül einbeziehen müssen. Da nicht mehr einzelne Akteure im Wettbewerb stehen, sondern Lieferkette gegen Lieferkette, ist das Üben des Verhaltens in Wettbewerbssituationen für das SCM wesentlich. Aus diesem Grunde wurde von unserem Institut das Planspiel Supply Chain Competition entwickelt, das als wettbewerbsorientierte Weiterentwicklung des klassischen „Beer Distribution Game" betrachtet werden kann. Supply Chain Competition weist eine Reihe von Erweiterungen auf, welche die Spielsituation in Summe deutlich realitätsnäher gestalten: Die einzelnen Logistikketten agieren nicht losgelöst voneinander, sondern stehen in direktem Wettbewerb um die vom Kunden vergebenen Aufträge. Die Aufteilung der Kundennachfrage auf die einzelnen Ketten erfolgt sowohl über die Preis- als auch Logistikservicepräferenz (quantifiziert über die Kennzahl Lieferterminetreue). Die mehr oder weniger statische Nachfrage beim „Beer Game" wird durch einen saisonalen Verlauf der nachgefragten Menge abgelöst. Weiterhin findet im Spielverlauf eine Verlagerung der Preis- in Richtung Logistikservicepräferenz beim Kunden statt. Die Kapazität des Produzenten ist nicht unbegrenzt, sondern hängt von der Anzahl der eingestellten Schichten ab. Im Kostenmodell spiegeln sich die Aktionen der einzelnen Bereiche der Lieferkette wieder: Von den Marketing-, über die Transport- und Lagerkosten bis hin zu den Produktionskosten und Mengenrabatten in der Beschaffung haben die einzelnen Parameter eine direkte Auswirkung auf das Gesamtergebnis.

Nichtkompetitives Planspiel mit komplexen Wirkungsbeziehungen

Komplexe, dynamische und intransparente Systeme, die aufgrund von vielfältigen und zeitverzögerten Wirkungsbeziehungen zwischen den Einflussgrößen des Systems entstehen, lassen sich vor allem mit geeigneten Planungs- und Controllinginstrumenten beherrschbar machen. Nicht-kompetitive Planspiele mit komplexen Wirkungsbeziehungen sind im besonderen dazu geeignet, Planungsmethoden und Verfahren des Controlling für komplexe Systeme kennen zu lernen und in ihrer jeweiligen Bedeutung für die Beherrschung derartiger Systeme zu erkennen. Im Bereich des SCM sind vor allem Planungs- und Controllinginstrumente zur zielgerichteten Regelung der Lieferketten von besonderer Bedeutung. Zu diesen Planungs- und Controlling-Instrumenten gehören die ERP (Enterprise Resource Planning) und APS (Advanced Planning)-Systeme in Verbindung mit dem Konzept des Data Warehouse. Am Institut wurde das nicht-kompetitive Planspiel LEAN PRODUCTION entwickelt, das durch die Vielfalt der interdependenten Entscheidungsvariablen eine bestimmte Komplexität für die Spieler aufweist und eine virtuelle Lieferkette einer Fahrradfabrik mittels eines für den Anwendungsfall implementierten ERP-Konzepts zu simulieren gestattet. Zusätzlich dazu ist ein Excel-basiertes Data-Warehouse verfügbar und es wird derzeit ein spezielles APS-Simulationstool namens Supply Chain Simulator entwickelt, um die Methoden im Zusammenspiel üben zu können.

> Interaktive Lehrmethoden im Supply Chain Management

Kompetitives Planspiel mit komplexen Wirkungsbeziehungen

Vielfältige und zeitverzögerte Wirkungsbeziehungen zwischen Einflussgrößen des Systems ergeben sich vor allem, wenn Wettbewerbseffekte zu beachten sind. Dabei sehen sich die Akteure in derartigen Systemen vor allem einer komplexen, dynamischen und intransparenten Entscheidungssituation gegenüber. Kompetitive Planspiele mit komplexen Wirkungsbeziehungen bieten das ideale Umfeld, um umfassend systemische Kenntnisse zu üben und effiziente Entscheidungen in derartigen Situationen erfahren zu können. Aus diesem Grund wurde das Planspiel Logistics Parcel Service entwickelt. Dieses Unternehmensplanspiel stellt die strategischen, taktischen und operativen Entscheidungen eines Paketdienstleisters dar. Zwei bis sechs Spielgruppen übernehmen dabei die Führung eines Paketdienstleistungsunternehmens und konkurrieren mit den übrigen Gruppen auf einem gemeinsamen Markt. Der Erfolg des geführten Unternehmens hängt von den getroffenen Entscheidungen als auch vom Verhalten der Kunden sowie der Konkurrenten ab. Dabei werden typische Entscheidungsfelder eines Paketdienstleisters simuliert, nämlich wo Depots gebaut bzw. wie die Einzugsgebiete gestaltet werden sollen oder etwa in welche Entwicklungsprojekte zu investieren ist. Im folgenden werden die einzelnen o.a. Planspiele näher beschrieben.

C. Supply Chain Competition

Das Planspiel Supply Chain Competition kann als wettbewerbsorientierte Weiterentwicklung des klassischen *„Beer Distribution Game"* betrachtet werden. Es geht von mehreren vergleichbaren Logistikketten aus, die auf einem gemeinsamen Markt miteinander konkurrieren (siehe Abbildung 3). Ziel des Spieles ist das Erreichen des höchstmöglichen Unternehmensergebnisses als Differenz zwischen den Umsatzerlösen und Kosten entlang der logistischen Kette. Umsatzerlöse werden durch den Absatz eines Standardproduktes an den Endkunden erzielt; Kosten fallen für die verschiedenen Prozesse von der Beschaffung eines Rohstoffs über die Produktion bis hin zur Distribution und Marketing an. Die besondere Eigenschaft dieses Spiels ist, dass der allen Ketten gemeinsame Endkunde seine Nachfrage je nach Angebotspreis und Lieferservice auf die konkurrierenden Lieferketten aufteilt.

Mit dem Spiel werden folgende besonderen Ziele aus der Sicht der teilnehmenden Gruppen, die jeweils eine Lieferkette darstellen, angestrebt:

- Üben der kooperativen Planung und Steuerung entlang der gesamten Logistikkette;
- Erkennen der Abhängigkeit des Erfolgs einer Logistikkette von den Entscheidungen der Konkurrenz und dem eigenen Verhalten bezüglich Angebotspreis und Logistikleistung;
- Kennen lernen von betriebswirtschaftlichen Methoden der Logistikplanung und -kostenrechnung;
- Erleben des Unterschieds zwischen Teilbereichsoptima und „optimalen" Lösungen.

I. Logistiksystem mit Einflussgrößen

Innerhalb der jeweiligen Lieferkette unterscheiden wir zwischen dem Distributor, dem Produzenten und dem Lieferanten, welche zusammengenommen für die Auslieferung des jeweiligen Produktes (Bier o.ä.) in der vom Kunden gewünschten Menge zum jeweiligen Zeitpunkt verantwortlich sind. Der Distributor nimmt die Aufgaben der physischen Distribution als Bindeglied zwischen Produzent und Endkunde sowie des Marketing wahr. Der Produzent wiederum ist mit den klassischen Aufgaben der Produktionsplanung und -steuerung betraut (Bereitstellung von Kapazitäten, Fertigung der Nachfragemenge), die letztendlich zu Bestellungen des für die Produktion notwendigen Standardrohstoffes beim Lieferanten führt.

Abb. 3: Konfiguration des Logistiksystems

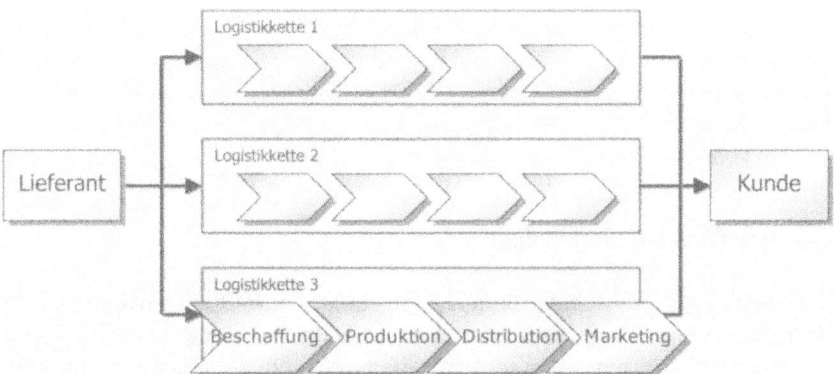

Die praktische Umsetzung der Supply Chain Competition findet – ähnlich dem „Beer Game" – als Gruppenspiel statt. Neben dem Endkunden und dem Lieferanten muss eine bestimmte Anzahl von Lieferketten (zwei bis vier) als Spielgruppen gebildet werden, in denen die vier Funktionen des Marketing, der Distribution, der Produktion und der Beschaffung auf die einzelnen Gruppenmitglieder aufgeteilt werden. Was den Lieferanten betrifft, liefert dieser die bestellte Rohstoffmenge nach Ablauf der dreiperiodigen Wiederbeschaffungszeit an die Beschaffung der einzelnen Gruppen aus. Störungen bzw. Materialengpässe treten an dieser Stelle nicht auf; insofern kann die Funktion des Lieferanten vom Spielleiter oder einem Dritten übernommen werden.

II. Bewertungsmodell

Das Spiel endet nach einer zuvor festgelegten Anzahl von Runden (z.B. vierundzwanzig). Gewonnen hat diejenige Gruppe, die am Ende das höchste Unternehmensergebnis aufweist. Da Lagerbestände nicht bewertet werden, wirkt sich das logistische Ziel minimaler Bestände direkt auf das (Spiel-)Ergebnis aus. Die Verkaufserlöse ergeben sich aus dem jeweiligen Angebotspreis multipliziert mit der Anzahl der in einer Spielrunde ausgelie-

Abb. 4: Bewertungsmodell

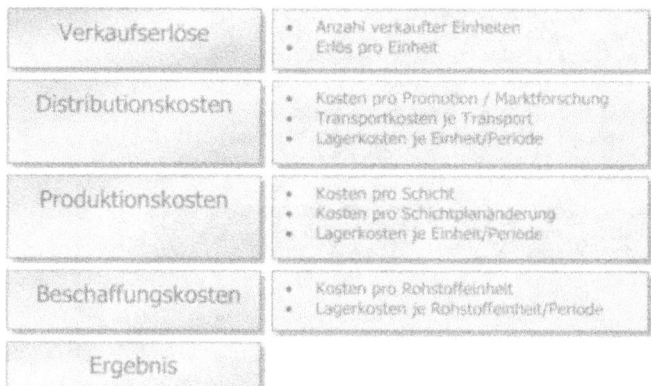

ferten Einheiten. Die Kosten lassen sich grob in drei Kategorien einteilen, nämlich in Distributions-, Produktions- und Beschaffungskosten (vgl. Abbildung 4):

- Auf Seiten der Distribution fallen Marketingkosten für Marktforschung und Promotions an sowie mengenunabhängige Transportkosten für jeden Warentransport zwischen Produzent und Distributor. Müssen Fertigwaren gelagert werden, fallen darüber hinaus Lagerkosten an, die deutlich höher als beim Produzenten angesetzt sind.
- Damit die Produktion eine bestimmte Produktmenge produzieren kann, muss eine ausreichende Menge des Rohstoffes, der im Verhältnis 1:1 in das Endprodukt eingeht, sowie genug Kapazität verfügbar sein. Die verfügbare Kapazität errechnet sich aus der Anzahl der gewählten Schichten (eine bis drei pro Periode) multipliziert mit der maximalen Ausstoßmenge (20 ME des Produktes pro Schicht). Produktionskosten fallen sowohl für jede eingestellte Schicht als auch für Schichtplanänderungen gegenüber der Vorperiode an („Schichtwechselkosten"). Außerdem müssen Lagerkosten für die nicht an den Distributor ausgelieferten Produkte berücksichtigt werden.
- Schließlich nimmt die Beschaffung die Aufgabe der Materialversorgung für die Produktion wahr. Je Mengeneinheit des Rohstoffs fallen Materialkosten an, die allerdings ab einer bestimmten Bestellmenge um 20% zurückgehen (= Mengenrabatt). Die Lagerung unverbrauchter Rohstoffe ist wiederum mit entsprechenden (im Vergleich zur Produktion und zum Distributor allerdings deutlich niedrigeren) Lagerkosten verbunden.

Durch Gegenüberstellung der Gesamtkosten und der aus dem Absatz der Produkte erzielten Erlöse kann nach Ende jeder Runde auch das aktuelle Ergebnis errechnet werden.

III. Spielablauf

Jede Spielrunde besteht im Prinzip aus fünf Schritten (siehe Abbildung 5):

1. Zunächst wird vom Spielleiter gemäß dem saisonalen Verlaufs die aktuelle Nachfrage berechnet.

Abb. 5: Spielablauf und Gruppenentscheidungen im Überblick

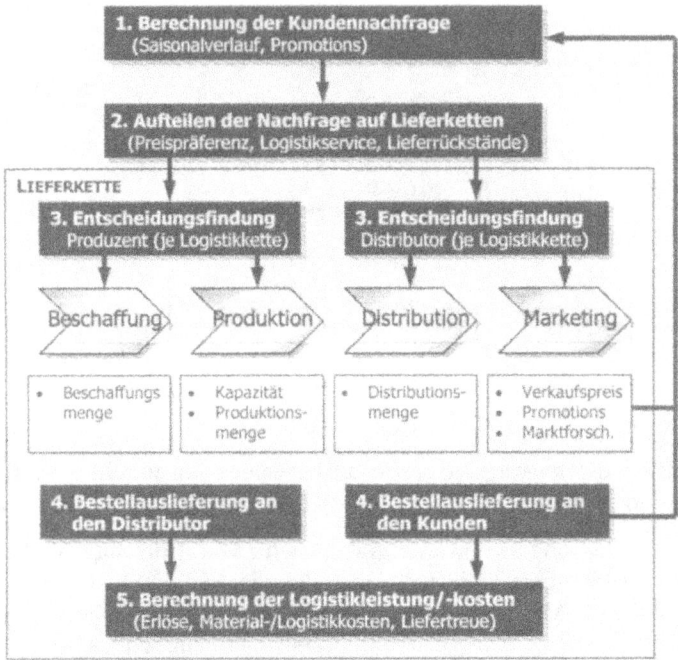

2. Danach wird die Kundennachfrage unter Berücksichtigung des Angebotspreises, der Liefertermintreue und Lieferrückstände auf die einzelnen Logistikketten aufgeteilt.
3. Jede Spielgruppe ist nun aufgefordert, entsprechende Entscheidungen entlang der Logistikkette zu treffen, um die Nachfrage decken zu können. Welche Komplexität dabei für jede Logistikkette entsteht, kann dem Anhang entnommen werden.
4. Abschließend wird die bestellte bzw. lieferbare Menge an den Kunden ausgeliefert sowie die getroffenen Marketing-Entscheidungen bekannt gebeben.
5. Für die Lieferkette besteht darüber hinaus die Möglichkeit, die jeweiligen Kosten und Erlöse gegenüberzustellen und so ihr Gesamtergebnis zu bestimmen.

Aus der Sicht einer einzelnen Logistikkette beginnt die Spielrunde damit, dass der Kunde seine Bestellung dem Distributor übermittelt (siehe Abbildung 6). Letzterer kann nun auf die im Distributionslager gelagerte Menge sowie auf die aktuelle, d.h. in der Vorperiode vom Produzenten ausgelieferte Menge des Endprodukts zurückgreifen, um den Kundenbedarf zu decken. Gleichzeitig gibt der Distributor seine Bestellung für die übernächste Periode an den Produzenten weiter, der diese in der nächsten Periode erhalten wird. Somit ist zwischen Distributor und Produzent mit einer Gesamtlieferzeit von zwei Perioden zu rechnen (1 Periode für die Übermittlung der Bestellung plus 1 Periode für die Auslieferung). Der Produzent bestellt den für die Produktion benötigten Rohstoff beim Lieferanten nach und kann diesen nach Ablauf der Wiederbeschaffungszeit von drei Perioden

Abb. 6: Informations-, Material- und Geldflüsse in der Logistikkette

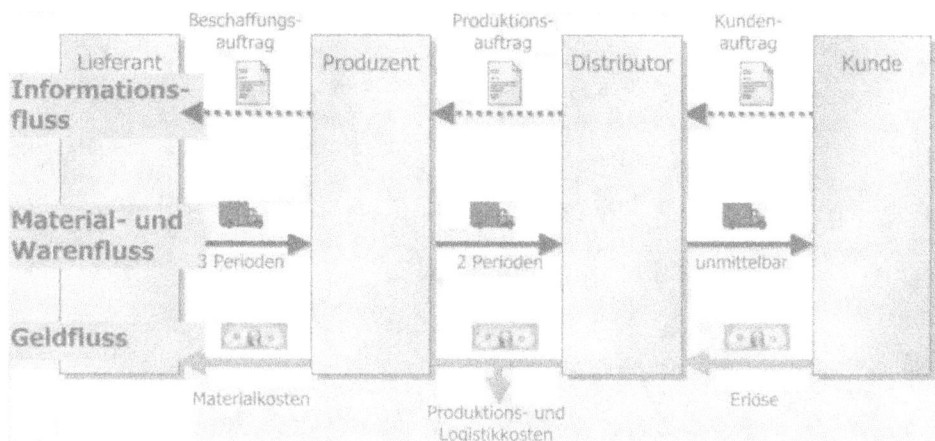

als Wareneingang verbuchen. Die (maximale) Produktionsmenge ist daher einerseits von der Verfügbarkeit des Rohstoffes als auch von der Anzahl der eingestellten Schichten abhängig. Nur diejenige Menge, die der Distributor auch bestellt hat, darf an diesen ausgeliefert werden; etwaige Produktionsüberschüsse werden im Fertigteillager des Produzenten gelagert.

Zum Abschluss einer Spielrunde liefert der Distributor die bestellte bzw. lieferbare Menge an den Kunden aus und der Marketing-Bereich gibt dem Kunden den neuen Angebotspreis bekannt. Sollte eine Promotion und/oder Marktforschung in der nächsten Spielperiode erwünscht sein, muss dies ebenso dem Spielleiter gemeldet werden. Im Falle einer Marktforschung würde dieser dann in der kommenden Runde der jeweiligen Gruppe die entsprechenden Informationen bekannt geben. Die getroffenen Entscheidungen werden von den jeweiligen Akteuren in die entsprechenden Formulare eingetragen, hereinkommende Rohstoffe und Waren als Eingang verbucht sowie Bestellungen an die im Materialfluss vorgelagerte Stelle weitergegeben.

IV. Fallstudie

Dadurch, dass der Angebotspreis von jeder Logistikkette frei festgelegt werden kann, die Kundenpräferenzen in den ersten Perioden relativ stark preisdominiert sind und die Kostensituation für einzelne Logistikkettenmitglieder ohne einer Logistik- bzw. Totalkostenrechnung nicht transparent ist, wird zunächst oft eine Preissenkung als Hebel für die Steuerung der Kundennachfrage herangezogen (vgl. Abbildung 7, linker Teil, wo die Gruppe D ihren Angebotspreis von 20 auf 16 GE verringert). Dies hat vorerst einmal eine deutliche Steigerung der Nachfrage (und somit auch des relativen Marktanteils) in der nächsten Periode zur Folge. Kann die Nachfragemenge allerdings durch verfügbare Lagerbestände sowie die Liefermenge des Produzenten nicht befriedigt werden, kommt es zu Fehlmengen.

Abb. 7: Spielverlauf – Verkaufspreise und Liefertermintreue

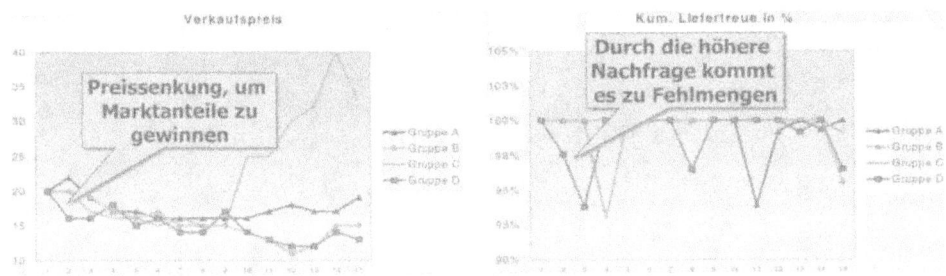

Abb. 8: Spielverlauf – Marktanteile

Diese gehen über die Liefertermintreue in die Kundenpräferenz ein, wodurch ein negativer Rückkopplungseffekt auf die Kundennachfrage entsteht. Der Marktanteil nimmt wieder ab (vgl. Abbildung 8). Ein weiterer häufig zu beobachtender Effekt besteht darin, dass bei Einführung einer Totalkostenrechnung über die gesamte Logistikkette hinweg den einzelnen Gruppen sozusagen ihr Mindestangebotspreis bewusst wird.

In der Folge findet eine deutliche Anpassung des Verkaufspreises nach oben statt, wie es auch am Beispiel der Gruppe C in Abbildung 7 deutlich zu beobachten ist.

D. Lean Production, Data Warehouse und Supply Chain Simulator

Ziel dieser Kombination von Planspiel, Analyseinstrument und Simulation ist zum einen das Kennenlernen der Bedeutung von Planungs- und Steuerungsinstrumenten für das Management von Logistikketten sowie das praktische Aufzeigen des Zusammenspiels eines ERP-Systems (Lean Production) mit einem Data Warehouse und einem APS-System. Sowohl das Data Warehouse als auch das Modell der Logistikkette im Supply Chain Simulator basieren auf dem Logistiksystem einer virtuellen Fahrradfabrik. Während aber das

Data Warehouse die Daten automatisch aus dem Simulationsspiel übernimmt, muss das entsprechende Planungsszenario im Supply Chain Simulator erst manuell erstellt werden. Was den Einsatzschwerpunkt betrifft, kommt das Data Warehouse bei der Analyse von Vergangenheitsdaten zum Einsatz (vgl. Abbildung 9). Die Visualisierung von Kennzahlenverläufen kann dabei helfen, Engpässe zu identifizieren und sich längerfristig abzeichnende Trends zu erkennen. Der Supply Chain Simulator ist hingegen auf die Erstellung und Simulation von Zukunftsszenarien ausgerichtet. Dabei wird auch sein primär strategisch-taktischer Charakter deutlich, da auch das Logistiksystem selber modifiziert werden kann.

Abb. 9: Zusammenspiel ERP – DWH – APS

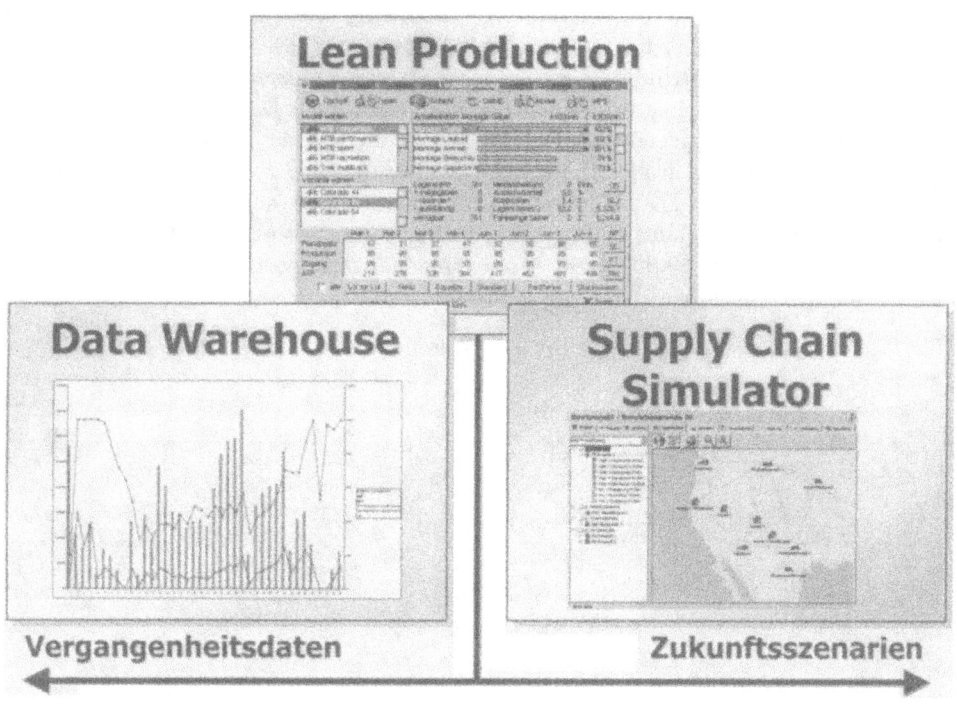

I. Lean Production

Lean Production ist ein interaktives Simulationsmodell einer virtuellen Fahrradfabrik und ihrer gesamten Logistikkette. Es beinhaltet ein logistisches Planungs- und Steuerungssystem nach dem MRP II-Konzept und ein integriertes Controlling-Informationssystem, das eine komplette Geschäftsplanung und eine Vielzahl von Kennzahlen umfasst. Die logistischen wie finanziellen Entscheidungen des Spielers werden vom Programm durchsimuliert und in zahlreichen Analysen und grafischen Auswertungen einer anschließenden Kontrolle und Gegensteuerung zugänglich gemacht. Da dieses Simulationsspiel bereits an anderer Stelle ausführlich vorgestellt worden ist (siehe dazu Zäpfel/Piekarz 1996), konzentrieren sich diese Ausführungen auf das dazugehörige Data Warehouse sowie den Supply Chain Simulator.

II. Data Warehouse

Mit Hilfe des unter MS-Excel laufenden Data Warehouse-Programms soll seine Arbeitsweise und Möglichkeiten im Kleinen aufgezeigt werden. Die Datenbasis setzt sich aus über 400 Kennzahlen und Werten aus dem Simulationsprogramm Lean Production zusammen, die in jeder Spielwoche vom System automatisch aufgezeichnet werden. Die Daten können jederzeit durch das Excel-Programm eingelesen werden und stehen sofort für diverse Auswertungen zur Verfügung (siehe Abbildung 10).

Durch die eingebaute Drill-down-Funktionalität können einzelne Spitzenkennzahlen in ihre Unterkennzahlen weiter aufgelöst werden; mit Hilfe der Diagramme kann auch ihr Entwicklungsverlauf dargestellt werden. Diese Erweiterung des Lean Production-Simulationsspiels kann zwar nur als ein kleiner Prototyp für die Arbeitsweise und Möglichkeiten eines umfassenden Data Warehouse verstanden werden; doch auf der anderen Seite stellt es komfortable und auch einfach zu bedienende Analyseinstrumente zur Verfügung mit der Möglichkeit, in relativ kurzer Zeit entsprechende Reports zu generieren.

Abb. 10: Analyse der Logistikkette im Data Warehouse

Logistik-Kennzahlen				
Periode	12	13	14	15
Auftragslage (gesamt)	99,40	98,70	98,20	97,50
Auftragslage (Pacific)	99,20	99,20	98,10	98,10
Auftragslage (Central)	99,70	98,40	98,40	98,40
Auftragslage (South)	99,60	99,20	98,70	98,70
Auftragslage (Atlantic)	96,20	95,80	94,80	94,80
Vertriebstreue (Atlantic)	85,00	62,30	62,20	97,60
Marketingaktivitäten (Atlantic)	50,00	50,00	50,00	50,00
Vertriebstreue (gesamt)	73,60	65,90	71,00	91,90
Produktionsdurchsatz (gesamt)	92,10	90,00	81,00	88,30
Materialversorgung (gesamt)	99,00	98,70	99,40	99,90
Beschaffungsquote (gesamt)	99,80	88,40	81,00	81,40

III. Supply Chain Simulator

Mit dem sich derzeit in Entwicklung befindlichen Simulationstool Supply Chain Simulator können Logistikketten abgebildet, visualisiert, simuliert und ausgewertet werden. Dazu müssen die entsprechenden Flussobjekte, das betrachtete Logistiksystem sowie die darin stattfindenden Prozesse modelliert werden. Die Simulation verläuft in der Form, dass im Unterschied zu einem operativen Simulationstool, wo beispielsweise Arbeitsaufträge ereignisorientiert im Minuten- oder Sekundentakt unter Beachtung einer entsprechenden Prioritätensteuerung berechnet werden, diese im Supply Chain Simulator auf einer aggregierten Ebene unter Zugrundelegung entsprechender Absatz-, Distributions-, Produktions- und Beschaffungspläne sowie geschätzter (aber stochastischer) Durchlaufzeiten betrachtet werden. Dies entspricht auch dem Einsatzzweck des Simulationstools, nämlich Logistikketten als Ganzes im Hinblick auf ihre Wirtschaftlichkeit sowie der damit verbundenen logistischen Ziele des Lieferservice, Durchlaufzeit, Kapazitätsauslastung und Bestandshöhe zu untersuchen.

Abb. 11: Logistikkette der Fahrradfabrik

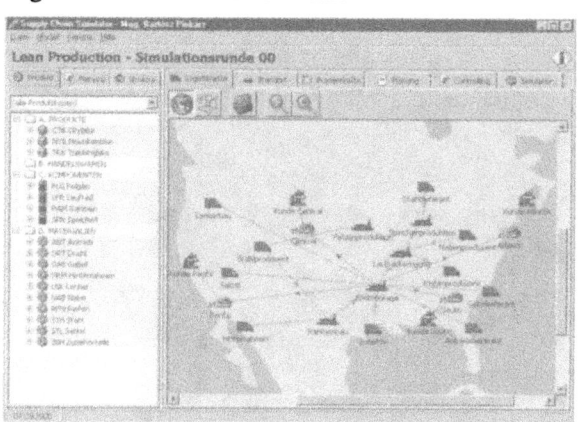

Abbildung 11 stellt die Logistikkette der Fahrradfabrik im Supply Chain Simulator dar. Auffallend ist, dass die 48 Fahrradvarianten des Planspiels hier zu 3 Fahrradtypen (gleiches gilt auch für die selbst zu fertigenden Komponenten) zusammengefasst worden sind, da, wie bereits erwähnt, strategisch-taktische Fragestellungen (z.B. welche Auswirkungen die Belieferung eines Kunden von einem anderen Distributionszentrum hätte) und nicht etwa operative Reihenfolgeprobleme der einzelnen Varianten betrachtet werden.

IV. Fallstudie

Im Rahmen der Fallstudie soll nun das Zusammenspiel der drei Instrumente aufgezeigt werden. Darin geht es zunächst einmal um die Frage, worauf ein im Lean Production-Planspiel identifizierter Materialengpass (siehe Abbildung 12) zurückzuführen ist.

Dazu werden die Daten des Data Warehouse analysiert (siehe Abbildung 13), wo aufgrund der Visualisierung des Entwicklungsverlaufs bei der Liefertermintreue des Antriebslieferanten ein negativer Trend sichtbar wird.

Abb. 12: Produktionsplanung im Lean Production-Planspiel

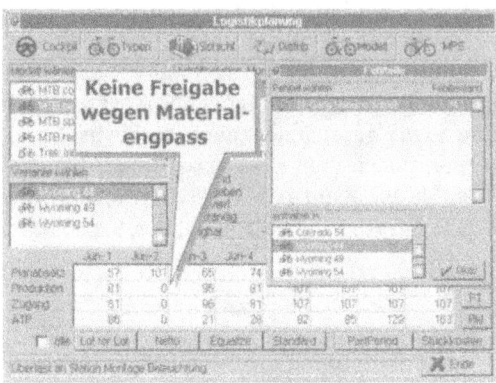

Abb. 13: Datenanalyse im Data Warehouse

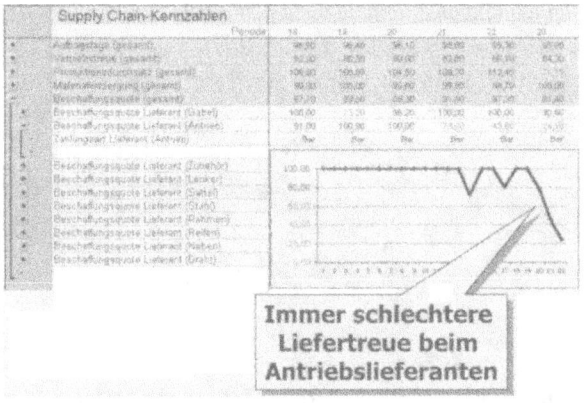

Abb. 14: Planung der Lieferkapazität und Erweiterung der Logistikkette im Supply Chain Simulator

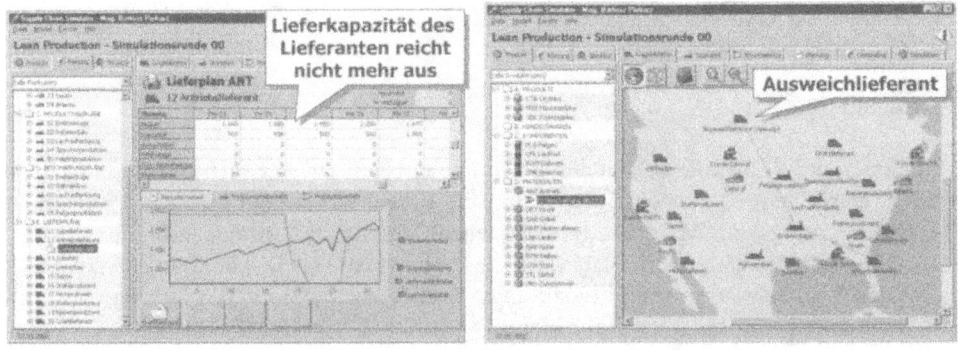

Eine mögliche Ursache für diesen Zustand könnte z.B. ein Kapazitätsproblem beim betreffenden Lieferanten sein, was im Beschaffungsplan des Antriebslieferanten im Supply Chain Simulator sichtbar wird (siehe Abbildung 14 links).

Eine Möglichkeit besteht nun darin, die entsprechenden Produktionspläne so zu modifizieren, dass die Engpasskapazität optimal ausgenutzt wird. Eine weitere Alternative bestünde darin, auf einen Ausweichlieferanten zurückzugreifen (siehe Abbildung 14, rechter Teil). Beide Alternativen können im Supply Chain Simulator abgebildet und im Hinblick auf ihre Wirtschaftlichkeit bewertet werden.

E. Logistics Parcel Service

Logistics Parcel Service ist ein Unternehmensplanspiel aus dem Bereich der Paketlogistik. Zwei bis sechs Spielgruppen übernehmen dabei die Führung eines Paketdienstleistungsunternehmens und konkurrieren mit den übrigen Gruppen auf einem gemeinsamen Markt. Der Erfolg des geführten Unternehmens hängt von den getroffenen Entscheidungen als auch vom Verhalten der Kunden sowie der Konkurrenten ab. Bei den mit diesem Planspiel verfolgten Zielen sind insbesondere hervorzuheben:

- Spielerische Einführung in die Branche der Logistikdienstleister bzw. Paketdienste;
- Erlernen einer ziel- und wertorientierten Unternehmensführung;
- Entwurf und Management logistischer Systeme.

Im Unterschied zu vielen anderen logistischen Planspielen wird nicht ein Produktions- oder Handelsunternehmen und seine Logistikkette betrachtet, sondern ein ganz enger Bezug zur Branche der Paketdienstleister hergestellt. Der in letzter Zeit stark wachsende Sektor logistischer Dienstleistung und insbesondere der Paketdienste ist durch ein hohes Maß an Preiswettbewerb und technologischer Innovation gekennzeichnet. Für die Anbieter gilt es, schnell, flexibel und zuverlässig zu sein; insofern kommt der Logistikperformance ein entscheidender Stellenwert zu. Den optimalen Mix zwischen der Logistikleistung und der dafür anfallenden Kosten zu finden stellt eine der größten Herausforderungen im Planspiel dar. Eine Materialbedarfsplanung mit den damit verbundenen Stücklisten oder ein unternehmensübergreifendes Bestandscontrolling spielen zwar in diesem Fall so gut wie keine Rolle, trotzdem stellt das Management des logistischen Netzwerks keine triviale Aufgabe dar, insbesondere wenn man auf das Verhalten der Konkurrenz richtig reagieren und das eigene Handeln mit Marketing- und Entwicklungsprojekten sowie finanzwirtschaftlichen Dispositionen koordinieren muss.

I. Logistiksystem

Jede der bis zu sechs Spielgruppen übernimmt die Führung jeweils eines Paketdienstleistungsunternehmens auf einem gemeinsamen Markt, der durch das Bundesgebiet Österreichs repräsentiert wird (siehe Abbildung 15). Durch den Bau von Depots und das Festlegen von Einzugsgebieten können die dort verfügbaren Pakete eingesammelt und zum

Abb. 15: Logistikinfrastruktur einer Spielgruppe (Depots, Regionen, Hauptläufe)

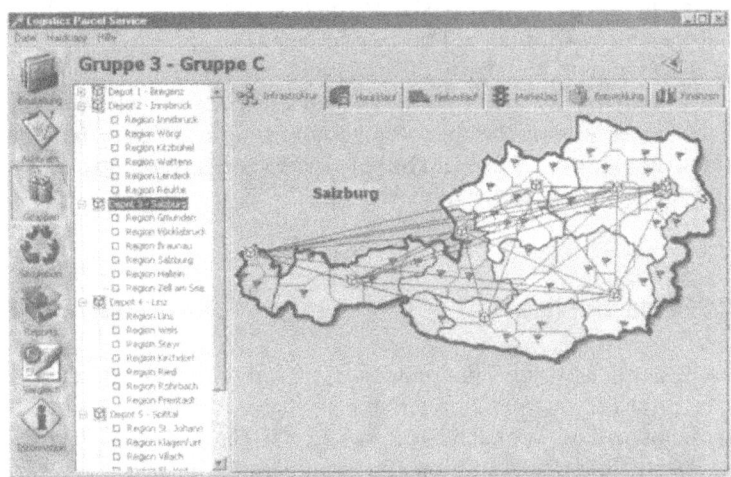

jeweiligen Bestimmungsort (innerhalb des Einzugsbereichs desselben oder eines anderen Depots) gebracht werden.

Diese Leistung wird seitens der Kunden mit einem entsprechenden Umsatzerlös (pro Paket) honoriert. Auf der anderen Seite fallen Kosten an, von der Depotführung über die Transportkosten der Hauptläufe zwischen den einzelnen Depots bis hin zu den Auslieferungskosten der einzelnen Pakete zum jeweiligen Empfänger. Ziel des Spiels soll es sein, zum einen die eigenen Logistikprozesse so gut als möglich zu optimieren und zum anderen auf die Erfordernisse des Marktes und das Verhalten der Konkurrenten in der entsprechenden Art und Weise zu reagieren. Quantifiziert wird diese Zielsetzung durch den Shareholder Value, der aus dem Unternehmenskapitalwert abzüglich des Marktwertes des eingesetzten Fremdkapitals errechnet wird, wodurch auch eine wertorientierte Unternehmensführung akzentuiert wird.

Die Struktur der Logistikkette eines Paketdienstunternehmens ist durch eine Anzahl von Depots gekennzeichnet, von denen aus die Pakete eingesammelt und auch wieder ausgeliefert werden. Jedem Depot ist dabei eine bestimmte Anzahl von Einzugsgebieten zugeordnet, die durch eine Flotte von Auslieferungsfahrzeugen bedient werden. Die Strecke, die ein Auslieferungsfahrer i.d.R. täglich zurücklegt, wird als Tour bezeichnet. Auf dieser Tour werden den jeweiligen Empfängern Pakete zugestellt als auch neue Pakete abgeholt, die dann am nächsten Tag zugestellt werden. Liegt die Empfängeradresse innerhalb des Einzugsgebietes des betrachteten Depots, werden die dazugehörigen Pakete im jeweiligen Depot am Abend von den Fahrern entgegengenommen, sortiert und in der Früh der entsprechenden Tour zugeordnet. Andernfalls müssen die Pakete im Nachtsprung zu einem anderen Depot bzw. zu einem zentralen Umschlagsplatz (ZUP, häufig auch als Hub bezeichnet) gebracht werden, wo alle Pakete je nach Zieldepot sortiert und aufgeteilt werden. Die Summe der Touren aller Depots werden als Nebenläufe bezeichnet (vgl. Abbil-

Abb. 16: Logistikkette eines Paketdienstleisters im Überblick

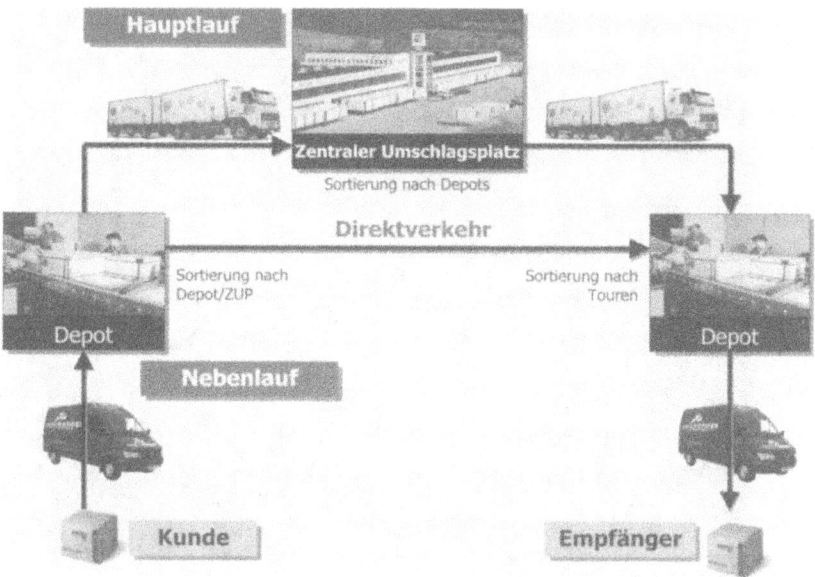

dung 16). Der Transport der Pakete zwischen den einzelnen Depots bzw. zu und von einem zentralen Umschlagsplatz wird Hauptlauf genannt. Dabei werden die Pakete abends in den Depots in sog. Wechselaufbaubehälter (WAB) verstaut, die dann von einer Spedition zum jeweiligen Zieldepot oder zentralen Umschlagsplatz gebracht werden. Ein Motorzug kann dabei bis zu zwei WABs aufnehmen.

Die Entladung der WABs findet dann in allen Depots in der Früh statt. Zu berücksichtigen ist allerdings, dass im Falle eines Hub-Verkehrs auf der Hinfahrt alle diejenigen Pakete zum Hub gebracht werden, bei denen die Empfänger nicht im Einzugsbereichs des betrachteten Depots liegen; auf der Rückfahrt werden die WABs hingegen mit all denjenigen Paketen beladen, die aus den übrigen Depots stammen und bei denen die Empfängeradresse dem betrachteten Depot zugeordnet ist. Daher kann z.B. jener Fall auftreten, dass von einem Depot aus weniger Pakete ausgehen als von den übrigen Depots hereinkommen; in einem solchen Fall müsste daher die maximale Transportkapazität bereitgestellt werden, was bei der Hinfahrt freilich mit einer gewissen Leerkapazität verbunden wäre. Ist kein Hub vorhanden, finden alle Hauptläufe in Form von Direktverkehren zwischen den einzelnen Depots statt; aber auch bei Vorhandensein eines Hubs kann ein Direktverkehr sinnvoll sein, wenn die Paketmenge zwischen zwei Depots ausreichend ist und die Belastung des Hubs verringert werden soll.

Um den teilnehmenden Personen den Einstieg in die Branche der Paketdienstleister zu erleichtern und die o.a. Begriffe möglichst praxisnah vorzustellen, gibt es zu diesem Planspiel eine multimediale Einführung, die mittels Photos und Kurzfilmen die wesentlichen Prozesse eines Paketdienstunternehmens darstellt (siehe Screen-Shot in Abbildung 17).

Abb. 17: Multimediale Einführung in die Branche der Paketdienstleister

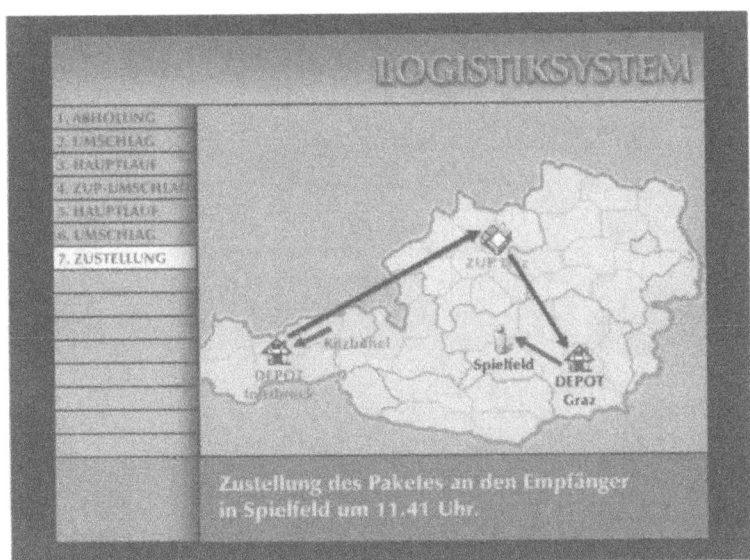

II. Bewertungsmodell

Das Kostenmodell lehnt sich sehr eng an die simulierten Logistikprozesse an und entspricht als solches relativ genau den tatsächlichen Gegebenheiten. Die einzelnen Kostenpositionen werden in vier Kategorien aufgeteilt: Die Nebenlauf-, Hauptlauf-, Infrastruktur- und Führungskosten (siehe Abbildung 18).

- Die Nebenlaufkosten hängen von der Anzahl der zugestellten Pakete – in Form von Abhol- und Zustellprämien, die im Planspiel unter „Paketprämie" zusammengefasst werden –, der Anzahl der gefahrenen Kilometer sowie der Anzahl der benötigten Fahrer ab. Letztere hängen davon ab, wie weit die Region vom jeweiligen Depot entfernt ist (Anfahrzeiten!) und wie viele Pakete in dieser Region ein- und ausgehen. Ein wiederholtes Anfahren eines Kunden trägt auch zur Erhöhung der gefahrenen Kilometer bei.
- Die Hauptlaufkosten beziehen sich auf die Anzahl der gefahrenen Kilometer im Hauptlauf zwischen den einzelnen Depots und dem Hub, welche über einen Verrechnungssatz einer externen Spedition in die Berechnung eingehen, sowie auf die Anzahl der benötigten WABs. Je weiter die Depots und der Hub voneinander entfernt sind und je mehr Zugmaschinen benötigt werden, desto mehr Hauptlaufkilometer werden zurückgelegt.
- Die Infrastrukturkosten entstehen durch den Betrieb und Instandhaltung der einzelnen Depots und des Hubs und setzen sich aus Personal- und Betriebskosten zusammen. Je mehr Depots, Mitarbeiter und Sortierkapazität ein Unternehmen besitzt, desto höher werden seine Infrastrukturkosten sein. Diese hängen nur in einem relativ geringen Maße von der Anzahl der beförderten Pakete ab.

Abb. 18: Bewertungsmodell mit Einflussgrößen

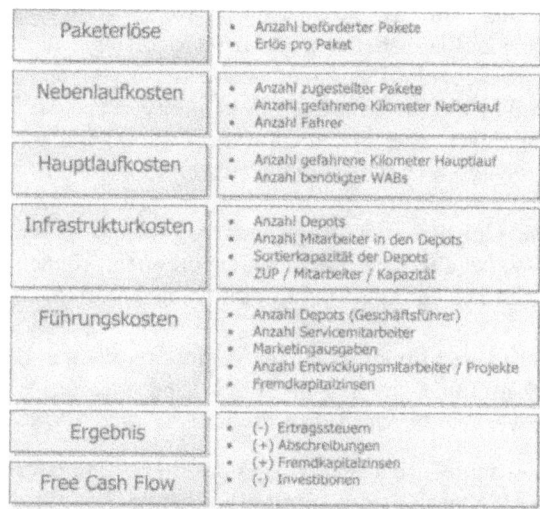

- Die Führungskosten schließlich ergeben sich aus den (kostengleichen) Aufwendungen im Bereich Kundenservice, Marketing, Projektmanagement und Geschäftsführung. All diese Positionen hängen zwar nicht unmittelbar von der Paketmenge ab, können aber über die Anzahl der angestellten Mitarbeiter in den einzelnen Bereichen bzw. über die Anzahl der Depots oder die Höhe der monatlichen Marketingausgaben gesteuert werden. Zu den Führungskosten werden auch die Fremdkapitalzinsen für Bankkredite hinzugerechnet.

Der Cash Flow wird nach der indirekten Methode aus dem Unternehmensergebnis ermittelt und unter Zurechnung der angefallenen Fremdkapitalzinsen und nach Abzug der Investitionsauszahlungen in einen Free Cash Flow überführt, der als Basis für die Berechnung des Shareholder Value dient.

III. Spielablauf

Der Schwerpunkt der zu treffenden Entscheidungen liegt vor allem im strategisch-taktischen Bereich, insbesondere was den Aufbau und die Gestaltung des logistischen Systems anbelangt; gleichzeitig kommen aber auch preispolitische und kundenbezogene Maßnahmen bedingt durch die gegebene Konkurrenzsituation relativ stark zum tragen:

- Infrastrukturentscheidungen: Es können bis zu zehn Depots mit unterschiedlicher Kapazität sowie einer unterschiedlichen Anzahl von belieferten Regionen gebaut werden. Zusätzlich dazu kann auch ein zentraler Umschlagsplatz (Hub) eingerichtet werden.

- Haupt- und Nebenlaufentscheidungen: Um das Logistiksystem zu optimieren ist es möglich, auch bei Vorhandensein des Hubs Direktverkehre zwischen zwei Depots einzurichten. Ferner können Wechselaufbaubehälter gekauft werden sowie die Anfahrfrequenzen und Fahrerprämien im Nebenlauf verändert werden.
- Marketingentscheidungen: Neben der Änderung des Paketpreises kann das Niveau der Marketingausgaben sowie die Anzahl der Servicemitarbeiter verändert werden. Weiterhin ist es möglich, Marktforschungen und Konkurrenzvergleiche in Auftrag zu geben.
- Entwicklungsentscheidungen: Um den technologischen, organisatorischen und kundenbezogenen Entwicklungsstand des Unternehmens zu erhöhen, können sog. Entwicklungsprojekte durchgeführt und der Stand der Entwicklungsmitarbeiter beeinflusst werden.
- Finanzentscheidungen: Um etwaige Liquiditätslücken zu decken, können Kredite aufgenommen bzw. auch zurückgezahlt werden. Schließlich kann auch das Kundenzahlungsziel je nach Erfordernis verlängert oder verkürzt werden.

Das Planspiel wird über maximal acht Geschäftsjahre geführt, die ihrerseits in vier Quartale unterteilt werden. Ein solches Quartal stellt somit eine Planperiode für die teilnehmenden Gruppen dar. Hervorzuheben ist, dass im Verlauf des Planspiels – je nach gewähltem Szenario – sowohl das Marktvolumen als auch die Anforderungen der Kunden steigen, um den tatsächlichen Gegebenheiten gerecht zu werden und gleichzeitig eine herausfordernde Spielumgebung für die Teilnehmer zu schaffen. Am Anfang jeder Planperiode bekommen die Spielgruppen einen Statusbericht, der Ergebnisse der getroffenen Entscheidungen und die aktuelle Situation des jeweiligen Unternehmens wiedergibt. Auf Basis dieser Daten und der Überlegungen der Spieler werden von diesen bestimmte Entscheidungen getroffen und manuell in ein entsprechendes, in allen Runden (mit Ausnahme der Startrunde) gleiches Aktionsblatt eingetragen. Die Entscheidungen werden zum Abschluss jeder Spielrunde bzw. Planperiode vom Spielleiter eingesammelt und in das Computermodell eingegeben, das die Entscheidungen der Spielgruppen simultan auswertet. In der Folge werden entsprechende Auswertungsberichte generiert, die in eine nächste Planungsperiode münden (siehe Abbildung 19). Zum Abschluss jedes Geschäftsjahres findet eine Ergebnispräsentation der einzelnen Gruppen statt; dadurch soll nicht nur die Präsentationstechnik der Gruppenmitglieder geschult werden, sondern auch den übrigen Grup-

Abb. 19: Der Spielablauf im Überblick

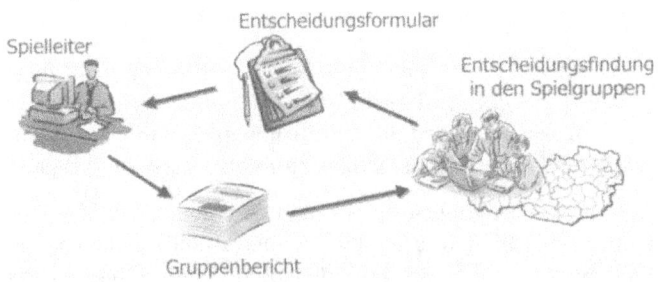

pen die Möglichkeit geboten werden, sich über die Infrastrukturentscheidungen der Konkurrenz zu informieren und durch die Offenlegung der einzelnen Ergebnisse eine bessere Einordnung der eigenen Spielsituation bezüglich des (formalen) Spielziels eines maximalen Shareholder Value vornehmen zu können.

Die Softwareunterstützung ist angesichts der hohen Komplexität des Planspiels insbesondere für die Verarbeitung und Simulation der Gruppenentscheidungen sowie für die Erstellung von Gruppenberichten unabdingbar. Mit der zum Planspiel dazugehörigen Software Logistics Parcel Service (vgl. nochmals Abbildung 15) können all diese und noch weitere Funktionen (v.a. Berechnung und Visualisierung von Kennzahlenverläufen) abgedeckt werden.

IV. Fallstudie

In der Abbildung 20 wird eine typische Designänderung des Logistiksystems im Spielverlauf dargestellt. Links ist ein sog. Rastersystem sichtbar, in dem die Hauptläufe durch insgesamt 56 Direktverkehre zwischen den acht Depots abgewickelt werden. Durch die Einführung eines zentralen Umschlagsplatzes werden die Direktverkehre durch nur noch 16 Hub-Verkehre ersetzt, wodurch sich in der Folge ein enormer Einsparungseffekt bei den Hauptlaufkosten ergibt. Auch der Sortieraufwand in den Depots nimmt deutlich ab.

Abb. 20: Einführung eines zentralen Umschlagsplatzes

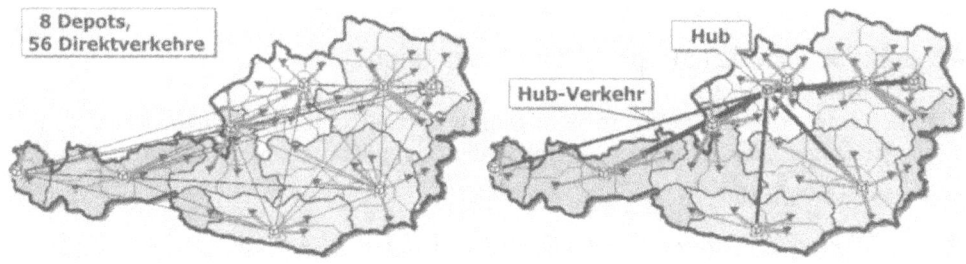

F. Resümee

Ziel des Einsatzes logistikbezogener Planspiele ist das spielerische und multimediale Erfahren der Funktionsweise logistischer Systeme. Das multimediale Erlebnis bezieht sich dabei einerseits auf das Element des Gruppenspiels mit der damit verbundenen Formularen und Spielkomponenten, zum anderen auf den Einsatz computergestützter Planungs- und Analyseinstrumente. Auch eine interaktive Einführung in das Thema in Form eines multimedialen Informations- und Lernprogramms (siehe nochmals Abbildung 17) kann hier wertvolle Unterstützung zum besseren Verständnis der Basisprozesse einer Branche oder eines Unternehmens leisten. Nicht zu unterschätzen sind auch die gruppendynamischen Aspekte solcher Plan- und Gruppenspiele, zum einen, weil Entscheidungen i.d. R. von der Gruppe als Ganzes getroffen werden, zum anderen, weil auch auf die Entscheidungen der anderen Gruppen in der einen oder anderen Form reagiert werden muss.

Jedes der oben vorgestellten Spiele zeigt bestimmte, in der Logistikkette immer wieder auftretenden Effekte auf (Peitschenschlag, Logistikkettenwettbewerb, Instrumenteneinsatz, strategisches Denken usw.). Auch von der Komplexität und Dynamik her werden unterschiedliche Anforderungen an die Teilnehmer gestellt, wodurch die Kombination der vier Planspieltypen insgesamt als sinnvoll und empfehlenswert erscheint. Dies wird auch durch die Erfahrungen am Institut für Industrie und Fertigungswirtschaft bestätigt: Beginnend mit dem relativ einfachen Bierspiel kann relativ leicht auf die Supply Chain Competition übergegangen werden. Darin wird v.a. ein Bedarf an Controlling-Instrumenten evident, der durch das Lean Production-Planspiel sowie das dazugehörige Data Warehouse und den Supply Chain Simulator abgedeckt wird. Die mehr strategische Unternehmensführung im Zusammenhang mit der Gestaltung eines Logistiksystems unter Einbeziehung operativer Entscheidungen und Prozesse kann dann abschließend durch das Planspiel Logistics Parcel Service geübt werden. Insgesamt kann festgehalten werden, dass die Motivation der teilnehmenden Spieler wie auch der daraus resultierende Lerneffekt relativ hoch ist; die multimediale Unterstützung der Planspiele fungiert hierbei gewissermaßen als Katalysator, der die entsprechenden Lernprozesse beschleunigt.

Weitere Informationen zu den einzelnen Planspielen findet der Leser auf der Homepage des Instituts für Industrie und Fertigungswirtschaft unter http://www.ifw.uni-linz.ac.at/tools.html

Anhang: Spielmodell Supply Chain Competition

Um die Komplexität des Gruppenspiels Supply Chain Competition anzudeuten, wird an dieser Stelle das Entscheidungsproblem für die Logistikkette k beschrieben:

Symbole und Variablen:

A_t^k Auslieferungsmenge der Logistikkette k an den Kunden in der Periode t
p_t^k Angebots- bzw. Verkaufspreis der Logistikkette k in der Periode t
PR_t^k Anzahl der Promotions (max. 1) sowie Marktforschungen (MF_t^k)
TR_t^k Transport zwischen Produzent und Distributor
LD_t^k Lagermenge des Standardprodukts beim Distributor
LP_t^k Lagermenge des Standardprodukts beim Produzenten
LB_t^k Lagermenge des Rohstoffs beim Produzenten
D_t^k Produktbestellung des Distributors an den Produzenten
P_t^k Produktionsmenge des Standardprodukts beim Produzenten
s_t^k Anzahl der Produktionsschichten des Produzenten
r_t^k Rohstoffeinsatzmenge pro Standardprodukt
B_t^k Rohstoffbestellmenge des Produzenten
R_t^k Rohstoffanlieferungsmenge zum Produzenten
y_t^k Inanspruchnahme des Mengenrabatts beim Lieferanten (Binärvariable)
SW_t^k Binäre Schichtwechselvariable (0 ... kein Wechsel, 1 ... Schichtwechsel)

Interaktive Lehrmethoden im Supply Chain Management

Maximiere

$$\sum_{t=1}^{T} \{A_t^k \cdot p_t^k - 100 \cdot PR_t^k - 100 \cdot MF_t^k - 2 \cdot LD_t^k - 30 \cdot TR_t^k - LP_t^k - 0{,}25 \cdot LB_t^k - r_t^k \cdot B_{t-3}^k (1 - 0{,}2 \cdot y_t^k) - 150 \cdot s_t^k - 75 \cdot SW_t^k\}$$

unter den Nebenbedingungen:

(1) Bestellmenge des Produzenten der Logistikkette k wird in drei Perioden nach der Bestellung angeliefert:

$$B_t^k = R_{t+3}^k \ \forall t = -2, \ldots, T-3$$

(2) Bestand im Eingangslager LB des Produzenten der Logistikkette k (Lieferant liefert frei Haus in der gleichen Periode):

$$LB_t^k = LB_{t-1}^k + R_t^k - P_t^k \ \forall t = 1, \ldots, T$$

(3) Bestand im Ausgangslager LP des Produzenten der Logistikkette k:

$$LP_t^k = LP_{t-1}^k + P_t^k - D_t^k \ \forall t = 1, \ldots, T$$

(4) Bestand des Distributors LD der Logistikkette k:

$$LD_t^k = LD_{t-1}^k + D_{t-1}^k - A_t^k \ \forall t = 1, \ldots, T$$

(5) Kapazitätsbedingungen des Produzenten (C ... Kapazität pro Schicht):

$$P_t^k \leq C \cdot s_t^k \ \forall t = 1, \ldots, T$$

(6) Logische Bedingungen

(6.1) Schichtwechselbedingung für Produzenten

$$|s_t^k = s_{t-1}^k| \leq SW_t^k \cdot KONS_1 \ \forall t = 1, \ldots, T \ (KONS \ldots \text{„große" Konstante, z.B. 9999})$$

(6.2) Beschaffungsbedingungen für Produzenten (mögliche Rabattinanspruchnahme beim Lieferanten)

$$B_t^k - 100 \cdot y_t^k \geq 0 \ \forall t = 1, \ldots, T$$

(6.3) Transportbedingungen für Distributor (der Produzent beauftragt einen Spediteur die Auslieferungsmenge an den Distributor zu transportieren, wobei eine Periode Lieferzeit zu beachten ist)

$$D_{t-1}^k \leq TR_t^k \cdot KONS_2 \ \forall t = 1, \ldots, T$$

(6.4) Auslieferungsbedingungen für den Endkunden der Logistikkette k (Auslieferungsmenge kann die Nachfrage N, die auf die Logistikkette k entfällt, nicht überschreiten)

$$A_t^k \leq N_t^k \ \forall t = 1, \ldots, T$$

(6.5) Definition der Fehlmengen F bezüglich Endkunden:

$$F_t^k = N_t^k - A_t^k \ \forall t = 1, \ldots, T$$

(6.6) Definition der Liefertreue $L\tilde{T}$ bezüglich des Endkunden in der Periode t:

$$L\tilde{T}_t^k = \frac{A_t^k}{N_t^k}$$

(6.7) Definition der exponentiell geglätteten Liefertreue LT bezüglich des Endkunden

$$LT_t^k = w \cdot \frac{A_t^k}{N_t^k} + (1-w)\, LT_{t-1}^k, \quad \text{wobei} \quad 0 \le w \le 1$$

(7) Nachfragebedingungen für die Lieferkette k (die Nachfrage in jeder Periode t ist abhängig von einem bestimmten Nachfragevolumen, Nachfrage der Wettbewerber, eigener Preis, Preise der Wettbewerber, eigene Liefertreue, Liefertreue der Wettbewerber, etc.), d.h.

$$f_t^k\,(N_t, N_t^1, \ldots, N_t^K, p_t^1, p_t^2, \ldots, p_t^K, LT_t^1, LT_t^2, \ldots, LT_t^K, PR_t^k, \ldots) = 0$$

Explizit ist diese Nachfragefunktion den einzelnen Logistikketten nicht bekannt, daher müssen sie unter ungewissen Bedingungen agieren. Durch Marktforschung lassen sich einzelne Einflussgrößen beziehungsweise Werte der Funktion abfragen, wobei dafür bestimmte Marktforschungskosten auftreten. Die genaue Spezifikation dieser impliziten Funktion ist nur dem Spielleiter bekannt.

(8) Nichtnegativitätsbedingungen:

Für alle $t = 1, \ldots, T$ gilt

$0 \le p_t^k \le \bar{p}_t$ ($\bar{p}_t$ entspricht dem vom Kunden in der Periode t maximal akzeptierten Preis)

$B_t^k \ge 0,\ R_t^k \ge 0,\ LB_t^k \ge 0,\ P_t^k \ge 0,\ LP_t^k \ge 0,\ LD_t^k \ge 0,\ A_t^k \ge 0,$

$s_t^k \in \{1, 2, 3\},\ SW_t^k \in \{0, 1\},\ y_t^k \in \{0, 1\},\ TR_t^k \in \{0, 1\},\ PR_t^k \in \{0, 1\},$

$MF_t^k \in \{0, 1\}.$

Literatur

Dörner, D. (1995): Die Logik des Misslingens: Strategisches Denken in komplexen Situationen, Rowohlt Taschenbuch Verlag, 3. Auflage 1995.
Huchzermeier, A. (1999): Logistik und Globale Produktion, in: Weber/Baumgarten 1999, S. 309–321.
Johnson, M. E.; Pyke D. F. (2000): Supply Chain Management Innovations for Education, POMS Series in Technology and Operations Management, Miami Florida.
Kaminsky, P.; Simchi-Levi, D. (1997): A New Computerized Beer Game: A Tool for Teaching the Value of Integrated Supply Chain Management, Northwestern University Production and Logistics Laboratory.
Lanzenauer, C. H.von; Pilz-Glombik, K. (1999): A Supply Chain Optimization Model for MIT's Beer Distribution Game, in: Zeitschrift für Betriebswirtschaft, 70. Jg., Heft 1, S. 101–116.
Senge, P. (1998): Die fünfte Disziplin: Kunst und Praxis der lernenden Organisation, Klett-Cotta Stuttgart, 6. Auflage.
Sterman, J. D. (1989): Modeling Managerial Behavior: Misperceptions of Feedback in a Dynamic Decision Making Experiment, in: Management Science, 35 (3), S. 321–339.
Weber, J.; Baumgarten, H. (1999): Handbuch Logistik, Schäffer-Poeschel Verlag, Stuttgart.
Zäpfel, G.; Piekarz, B. (1996): Supply Chain Controlling – Interaktive und dynamische Regelung der Material- und Warenflüsse, Ueberreuter Verlag, Wien.
Zäpfel, G.; Wasner, M. (1999): Der Peitschenschlageffekt in der Logistikkette und Möglichkeiten der Überwindung chaotischen Verhaltens, in: Logistikmanagement, 1. Jg., Ausg. 4, S. 297–309.

Interaktive Lehrmethoden im Supply Chain Management

Zusammenfassung

Supply Chain Manager müssen eine Vielzahl von Entscheidungen treffen, die sich wechselseitig beeinflussen und die zu zeitlich unmittelbaren und verzögerten Zielwirkungen führen. Die Vermittlung des Umgangs mit derartigen komplexen und dynamischen Entscheidungssituationen lässt sich wirkungsvoll durch Logistikplanspiele und Simulatoren unterstützen. In der vorliegenden Arbeit werden die am Institut für Industrie und Fertigungswirtschaft dazu entwickelten Planspiele und ihre Einsetzbarkeit im Unterricht vorgestellt.

Summary

Controlling the supply chain requires a variety of individual but interrelated operative decisions that have to be made continuously. In reality, this is a very complex task, given that individual activities and their planned results entail side effects on other objectives and that positive and negative feedback occurs. Logistics based simulation games are suitable tools for learning how to think and how to solve problems in complex decision situations. This paper presents three multimedia simulation games developed at the Department of Industry and Production Management, University of Linz, and their use in courses dedicated to a logistic issue.

42: Logistik (JEL M53)

Grundsätze und Ziele

Die **Zeitschrift für Betriebswirtschaft** ist eine der ältesten deutschen Fachzeitschriften der Betriebswirtschaftslehre. Sie wurde im Jahre 1924 von Fritz Schmidt begründet und von Wilhelm Kalveram und Erich Gutenberg fortgeführt. Sie wird heute von zehn Persönlichkeiten aus dem Bereich der Universität und der Wirtschaftspraxis herausgegeben.

Die Zeitschrift für Betriebswirtschaft verfolgt das Ziel, die **Forschung auf dem Gebiet der Betriebswirtschaftslehre** anzuregen sowie zur Verbreitung und Anwendung ihrer Ergebnisse beizutragen. Sie betont die Einheit des Faches; enger und einseitiger Spezialisierung in der Betriebswirtschaftslehre will sie entgegenwirken. Die Zeitschrift dient dem **Gedankenaustausch zwischen Wissenschaft und Unternehmenspraxis.** Sie will die betriebswirtschaftliche Forschung auf wichtige betriebswirtschaftliche Probleme in der Praxis aufmerksam machen und sie durch Anregungen aus der Unternehmenspraxis befruchten.

Die Qualität der Aufsätze in der Zeitschrift für Betriebswirtschaft wird nicht nur durch die Herausgeber und die Schriftleitung, sondern auch durch einen Kreis von Gutachtern gewährleistet. Das **Begutachtungsverfahren** ist doppelt verdeckt und wahrt damit die Anonymität von Autoren wie Gutachtern gemäß den international üblichen Standards.

Die Zeitschrift für Betriebswirtschaft veröffentlicht im Einklang mit diesen Grundsätzen und Zielen:

- **Aufsätze** zu theoretischen und praktischen Fragen der Betriebswirtschaftslehre einschließlich von Arbeiten junger Wissenschaftler, denen sie ein Forum für die Diskussion und die Verbreitung ihrer Forschungsergebnisse eröffnet,
- **Ergebnisse der Diskussion** aktueller betriebswirtschaftlicher Themen zwischen Wissenschaftlern und Praktikern,
- **Berichte** über den Einsatz wissenschaftlicher Instrumente und Konzepte bei der Lösung von betriebswirtschaftlichen Problemen in der Praxis,
- **Schilderungen von Problemen** aus der Praxis zur Anregung der betriebswirtschaftlichen Forschung,
- **„State of the Art"-Artikel,** in denen Entwicklung und Stand der Betriebswirtschaftslehre eines Teilgebietes dargelegt werden.

Die Zeitschrift für Betriebswirtschaft orientiert ihre Leser über **Neuerscheinungen** in der Betriebswirtschaftslehre und der Management-Literatur durch ausführliche Rezensionen und Kurzbesprechungen und berichtet in ihrem **Nachrichtenteil** regelmäßig über betriebswirtschaftliche Tagungen, Seminare und Konferenzen sowie über persönliche Veränderungen vorwiegend an den Hochschulen. Darüber hinaus werden auch Nachrichten für Studenten und Wirtschaftspraktiker veröffentlicht, die Bezug zur Hochschule haben. Die ZfB veröffentlicht keine Aufsätze, die wesentliche Inhalte von **Dissertationen** wiedergeben. Sie rezensiert aber publizierte Dissertationen.

Dem **Internationalen Herausgeber-Beirat** gehören namhafte Fachvertreter aus den USA, Japan und Europa an. In der ZfB können auch – wenn auch in begrenztem Umfang – englischsprachige Aufsätze veröffentlicht werden. Durch die Zusammenfassungen in englischer Sprache sind die deutschsprachigen Aufsätze der ZfB auch internationalen Referatenorganen zugänglich. Im Journal of Economic Literature werden die Aufsätze der ZfB zum Beispiel laufend referiert.

Herausgeber / Internationaler Herausgeberbeirat

Schriftführende Herausgeber

Prof. Dr. Uschi Backes-Gellner
Universitätsprofessorin und Direktorin des Seminars für Allgemeine Betriebswirtschaftslehre und Personalwirtschaftslehre an der Universität zu Köln. Ihre Hauptarbeitsgebiete sind Personal- und Organisationsökonomik, Mittelstandsforschung und Hochschulökonomie

Prof. Dr. Günter Fandel
Universitätsprofessor und Inhaber des Lehrstuhls für Betriebswirtschaftslehre, insbesondere Produktion und Investition an der FernUniversität Hagen. Seine Hauptarbeitsgebiete sind Industriebetriebslehre, Produktionsmanagement und Hochschulmanagement.

Prof. Dr. Wolfgang Kürsten
Universitätsprofessor und Inhaber des Lehrstuhls für Allgemeine Betriebswirtschaftslehre, insbesondere Finanzierung und Banken an der Universität Jena. Seine Hauptarbeitsgebiete sind Finanzkontrakte, Bankbetriebswirtschaftslehre und Risikomanagement.

Herausgeber

Prof. (em.) Dr. Dr. h.c. mult. Horst Albach
Professor der Betriebswirtschaftslehre an der Humboldt-Universität zu Berlin und Honorarprofessor an der Wissenschaftlichen Hochschule für Unternehmensführung Koblenz (WHU).

Dr. Dieter Heuskel
Senior Vice President, The Boston Consulting Group. Leiter des Management Teams der BCG Deutschland und Mitglied des weltweiten Executive Committees von BCG.

Dr. rer. pol. Detlef Hunsdiek
Gesamtleiter Personal der Bertelsmann AG. Er ist Vorsitzender des Beirats des Reinhard Mohn Stiftungslehrstuhls an der Universität Witten/Herdecke und Mitglied des geschäftsleitenden Ausschusses des mcm Instituts St. Gallen.

Dr. Bernd-Albrecht v. Maltzan
Deutsche Bank AG, Frankfurt, Bereichsvorstand Private Banking.

Prof. Dr. Werner Pascha
Lehrstuhl für Ostasienwirtschaft/Wirtschaftspolitik an der Gerhard-Mercator-Universität Duisburg.

Hans Botho von Portatius
Geschäftsführender Gesellschafter von Kappa IT Ventures Beteiligungs GmbH.

Prof. Dr. Hermann Sabel
Professor der Betriebswirtschaftslehre, insbesondere Marketing, der Universität Bonn und Mitglied im Wissenschaftlichen Beirat des Universitätsseminars der Wirtschaft (USW) in Erftstadt-Liblar.

Prof. Dr. Joachim Schwalbach
ist Inhaber des Lehrstuhls für Internationales Management, Humboldt-Universität zu Berlin.

Internationaler Herausgeberbeirat

Professor Alain Burlaud
Professor für Betriebswirtschaftslehre, insbesondere Rechnungswesen und Management Control, am Conservatoire National des Art et Métiers in Paris. Er ist Expert Comptable und Mitherausgeber zahlreicher bedeutender französischer Fachzeitschriften.

Prof. Dr. Santiago Garcia Echevarria
Professor für Betriebswirtschaftslehre, insbesondere Unternehmenspolitik, und Direktor des Instituto de Dirección y Organización de Empresas der Universität Alcalá.

Prof. Dr. Lars Engwall
Professor für Betriebswirtschaftslehre an der Universität Uppsala.

Prof. Dr. Robert T. Green
Professor für Marketing und Internationale Betriebswirtschaftslehre an der University of Texas in Austin, Texas, und Director des Center for International Business Education and Research.

Prof. Hiroyuki Itami
Professor für Management an der Faculty of Commerce der Hitotsubashi Universität, Tokyo.

Prof. Dr. Don Jacobs
Gaylord Freeman Distinguished Professor of Banking und Dean der J.L. Kellogg Graduate School of Management der Northwestern University in Evanston bei Chicago.

Prof. Dr. Koji Okubayashi
Professor für Betriebswirtschaftslehre, insbesondere Human Resources Management in der School of Business Administration der Kobe University.

Prof. Dr. Adolf Stepan
Professor für Betriebswirtschaftslehre, insbesondere Industriebetriebslehre an der Technischen Universität Wien und Leiter der Abteilung Wirtschafts- und Managementwissenschaften an der Donau-Universität Krems.

Prof. Dr. Kalervo Virtanen
Professor für Betriebswirtschaftslehre, insbesondere Management Accounting, an der Helsingin Kauppakorkeakoulu, der Helsinki School of Economics and Business Administration.

Verlag

Betriebswirtschaftlicher Verlag Dr. Th. Gabler GmbH,
Abraham-Lincoln-Straße 46, 65189 Wiesbaden,
Postfach 15 46, 65173 Wiesbaden,
http://www.gabler-online.de
http://www.zfb-online.de
Geschäftsführer: Dr. Hans-Dieter Haenel
Verlagsleitung: Dr. Heinz Weinheimer
Programmleitung Wissenschaft: Claudia Splittgerber
Gesamtleitung Produktion: Reinhard van den Hövel
Gesamtleitung Vertrieb: Heinz Detering

SCHRIFTLEITUNG:
Professor Dr. Günter Fandel
FernUniversität Hagen
Fachbereich Wirtschaftswissenschaft
58084 Hagen
E-Mail: ZfB@FernUni-Hagen.de

Anfragen an die Schriftleitung: Briefe an die Schriftleitung mit der Bitte um Auskünfte etc. können nur beantwortet werden, wenn ihnen Rückporto beigefügt ist. Von Anfragen, die durch Einsicht in die Jahresinhaltsverzeichnisse beantwortet werden können, bitten wir abzusehen.
Redaktion: Ralf Wettlaufer, Tel.: 06 11/78 78-2 34,
E-Mail: Ralf.Wettlaufer@bertelsmann.de
Annelie Meisenheimer, Tel.: 06 11/78 78-2 32, Fax: 06 11/78 78-4 11, E-Mail: Annelie.Meisenheimer@bertelsmann.de
Kundenservice: Britta Christmann,
Tel.: 06 11/78 78-1 29/1 32, Fax: 06 11/78 78-4 23,
E-Mail: Britta.Christmann@bertelsmann.de
Abonnentenbetreuung: Doris Schöne, Tel.: 0 52 41/80 19 68,
Fax: 0 52 41/80 96 20
Produktmanagement: Kristiane Alesch, Tel.: 06 11/78 78-3 59,
Fax: 06 11/78 78-4 39, E-Mail: Kristiane.Alesch@bertelsmann.de
Anzeigenleitung: Thomas Werner, Tel.: 06 11/78 78-1 38,
Fax: 06 11/78 78-4 30, E-Mail: Thomas.Werner@bertelsmann.de
Anzeigendisposition: Susanne Bretschneider,
Tel.: 06 11/78 78-1 53, Fax: 06 11/78 78-4 30,
E-Mail: Susanne.Bretschneider@bertelsmann.de.
Es gilt die Anzeigenpreisliste Nr. 25 vom 1.10.1995.
Produktion/Layout: Gabriele McLemore
Bezugsmöglichkeiten: Die Zeitschrift erscheint monatlich. Einzelverkaufspreis 35,– DM, 32,50 SFr; preisgebundener Jahresabonnementpreis **Inland** 348,– DM, 309 SFr; für Studenten 198,– DM, 176,– SFr (die aktuelle Immatrikulationsbescheinigung ist jeweils unaufgefordert nachzureichen); preisgebundener Jahresabonnementpreis **Ausland** 372,– DM, 331,– SFr.; Studentenpreis Ausland 264,– DM, 234,– SFr. inkl. Porto und ges. MwSt. Preis für besondere Versandformen auf Anfrage. Zahlung erst nach Erhalt der Abo-Rechnung. Persönliche Mitglieder des Verbandes der Hochschullehrer für Betriebswirtschaft e.V. erhalten einen Nachlaß von 20% auf den Abonnementpreis. Sie können das Abonnement – spätestens 6 Wochen vor Ablauf – zum Ende des Bezugsjahres kündigen (siehe letzte Abonnementrechnung). Geben Sie bitte unbedingt ihre Kundennummer an. Eine schriftliche Bestätigung erfolgt nicht. – Jährlich können 1 bis 6 Ergänzungshefte hinzukommen. Jedes Ergänzungsheft wird den Jahresabonnenten mit einem Nachlaß von 25% des jeweiligen Ladenpreises gegen Rechnung geliefert. Bei Nichtgefallen kann das Ergänzungsheft innerhalb einer Frist von drei Wochen an die Vertriebsfirma zurückgesandt werden.

© 2001 Betriebswirtschaftlicher Verlag Dr. Th. Gabler GmbH, Wiesbaden.
Der Gabler Verlag ist ein Unternehmen der Fachverlagsgruppe BertelsmannSpringer.
Alle Rechte vorbehalten. Kein Teil dieser Zeitschrift darf ohne schriftliche Genehmigung des Verlages vervielfältigt oder verbreitet werden. Unter dieses Verbot fällt insbesondere die gewerbliche Vervielfältigung per Kopie, die Aufnahme in elektronischen Datenbanken und die Vervielfältigung auf CD-ROM und allen anderen elektronischen Datenträgern.
Gesamtherstellung: Konrad Triltsch, Print und digitale Medien GmbH, 97199 Ochsenfurt-Hohestadt.
Gedruckt auf säurefreiem und chlorfrei gebleichtem Papier.
Printed in Germany
ISSN: 0044-2372

Hinweise für Autoren

Wenn Sie einen Beitrag geschrieben haben, der in der Zeitschrift für Betriebswirtschaft erscheinen soll, beachten Sie bitte unbedingt folgende Punkte.

1. Bitte beachten Sie die „Grundsätze und Ziele" der ZfB.

2. Manuskripte sind in zweifacher Ausfertigung an die Schriftleitung zu senden. Für das Begutachtungsverfahren müssen die Beiträge anonymisiert werden. Daher darf der Name des Autors nur auf der Titelseite des Manuskripts stehen. Der Autor verpflichtet sich mit der Einsendung des Manuskripts unwiderruflich, das Manuskript bis zur Entscheidung über die Annahme nicht anderweitig zu veröffentlichen oder zur Veröffentlichung anzubieten. Diese Verpflichtung erlischt nicht durch Korrekturvorschläge im Begutachtungsverfahren.

3. Aufsätze, die im wesentlichen Ergebnisse von Dissertationen wiedergeben, werden nicht veröffentlicht. Um die Ergebnisse von Dissertationen breiter bekannt zu machen, hat die ZfB eine Rubrik „Dissertationen" im Besprechungsteil eingeführt. Hier werden vorzugsweise Erstgutachten von Dissertationen – in entsprechend gekürzter Form – abgedruckt.

4. Alle eingereichten Manuskripte werden, wie international üblich, einem doppelt verdeckten Begutachtungsverfahren unterzogen, d. h. Autoren und Gutachter erfahren ihre Identität gegenseitig nicht. Durch dieses Verfahren soll die fachliche Qualität der Beiträge gesichert werden.

5. Die Manuskripte sind in Times New Roman, 12 Punkt, 1½zeilig mit 5 cm Rand links zu schreiben. Sie sollten nicht länger als 25 Schreibmaschinenseiten sein. Der Titel des Beitrages und der/die Verfasser mit vollem Titel und ausgeschriebenen Vornamen sowie beruflicher Stellung sind auf der ersten Manuskriptseite aufzuführen. Dem Beitrag ist ein „Überblick" von höchstens 15 Zeilen voranzustellen, in dem das Problem, die angewandte Methodik, das Hauptergebnis in seiner Bedeutung für Wissenschaft und/oder Praxis dargestellt werden. Die Aufsätze sind einheitlich nach dem Schema A., I., 1., a) zu gliedern. Endnoten (Times New Roman, 12pt) sind im Text fortlaufend zu numerieren und am Schluß des Aufsatzes unter „Anmerkungen" zusammenzustellen. Anmerkungen und Literatur sind getrennt aufgeführt werden. Im Text und in den Anmerkungen soll auf das Literaturverzeichnis nach dem Schema: (Gutenberg, 1982, S. 352) verwiesen werden. Jedem Aufsatz muß eine „Summary" in englischer Sprache von nicht mehr als 15 Zeilen Länge und eine deutsche Zusammenfassung gleicher Länge angefügt werden. Über Abbildungen und Tabellen ist eine Legende vorzugeben (z.B.: Abb. 1: Kostenfunktion, bzw. Tab. 2: Rentabilitätsentwicklung). Abbildungen und Tabellen sind an der betreffenden Stelle des Manuskripts in Kopie einzufügen und im Original (reproduzierfähig) dem Manuskript beizulegen. Mathematische Formeln sind fortlaufend zu numerieren: (1), (2) usw. Sie sind so einfach wie möglich zu halten. Griechische und Fraktur-Buchstaben sind möglichst zu vermeiden, ungewöhnliche mathematische und sonstige Zeichen für den Setzer zu erläutern. Auf mathematische Ableitungen soll im Text verzichtet werden; sie sind aber für die Begutachtung beizufügen.

Mit dem Manuskript liefert der Autor ein reproduzierfähiges Brustbild (Paßphoto) von sich sowie eine kurze Information (max. 7 Zeilen) zu seiner Person und seinen Arbeitsgebieten.

6. Wenn das Manuskript auch auf Diskette vorliegt, so sollte diese zur Vermeidung von Satzfehlern beigefügt werden. Papiermanuskripte sind aber in jedem Fall nötig.

7. Der Autor verpflichtet sich, die Korrekturfahnen innerhalb einer Woche zu lesen und die Mehrkosten für Korrekturen, die nicht vom Verlag zu vertreten sind, sowie die Kosten für die Korrektur durch einen Korrektor bei nicht termingerechter Rücksendung der Fahnenkorrektur zu übernehmen.

8. Der Autor ist damit einverstanden, daß sein Beitrag außer in der Zeitschrift auch durch Lizenzvergabe in anderen Zeitschriften (auch übersetzt), durch Nachdruck in Sammelbänden (z.B. in Jubiläen der Zeitschrift oder des Verlages oder in Themenbänden), durch längere Auszüge in Büchern des Verlages auch zu Werbezwecken, durch Vervielfältigung und Verbreitung auf CD ROM oder anderen Datenträgern, durch Speicherung auf Datenbanken, deren Weitergabe und dem Abruf von solchen Datenbanken während der Dauer des Urheberrechtsschutzes an dem Beitrag im In- und Ausland vom Verlag und seinen Lizenznehmern genutzt wird.

GPSR Compliance

The European Union's (EU) General Product Safety Regulation (GPSR) is a set of rules that requires consumer products to be safe and our obligations to ensure this.

If you have any concerns about our products, you can contact us on

ProductSafety@springernature.com

In case Publisher is established outside the EU, the EU authorized representative is:

Springer Nature Customer Service Center GmbH
Europaplatz 3
69115 Heidelberg, Germany

www.ingramcontent.com/pod-product-compliance
Lightning Source LLC
LaVergne TN
LVHW080313260326
834688LV00038B/1105

*9 7 8 3 4 0 9 1 1 8 7 6 7 *